성경의 형성
: 교회의 정경 이야기

교회의 정경 이야기

성경의 형성

2015년 11월 2일 초판 1쇄 발행

지은이 | 리 마틴 맥도날드
옮긴이 | 김주한
펴낸이 | 박영호
펴낸곳 | 도서출판 솔로몬

주소 | 서울시 동작구 사당로 155, 신주빌딩 B1
전화 | 599-1482
팩스 | 592-2104
직영서점 | 596-5225

등록일 | 1990년 7월 31일
등록번호 | 제 16-24호

ISBN 978-89-8255-539-8 03230

교회의 정경 이야기

성경의 형성

리 마틴 맥도날드 지음

김주한 옮김

Formation of the Bible

The Story of the Church's Canon

나에게 많은 것을 가르쳐 주었고

내가 많은 것을 배웠고

그 우정으로 내 삶을 풍성하게 해 주었던

그리스도의 친애하는 종 브루스 G. 레버만에게

● **일러두기**

본서에서 옮긴이는 고대 저자들의 명칭과 관련하여 한국 교회사 학회의 인명 통일안을 사용했다. 아래는 한국어 및 영어로 익숙한 명칭들과 차이가 나는 대표적인 명칭들이다. 기타 자세한 사항들에 대해서는 한국 교회사 학회의 자료를 참조하길 바란다.

예)

이전	한국 교회사 학회
그레고리 / Gregory	그레고리오스
멜리토 / Melito	멜리톤
바나바 / Barnabas	바르나바스
아타나시우스 / Athanasius	아타나시오스
어거스틴 / Augustine	아우구스티누스
오리겐 / Origen	오리게네스
유세비우스 / Eusebius	에우세비오스
제롬 / Jerome	히에로니무스
폴리캅 / Polycarp	폴리카르포스
필로 / Philo	필론
클리멘트 / Clement	클레멘스
키릴 / Cyrill	키릴로스
호머 / Homer	호메로스
허마스 / Hermas	헤르마스

차/례/

Contents

● **도표 목록**

● **그림 목록**

머리말

역사상 어떤 책도 성경보다 기독교인과 서구 세계에 지대한 영향을 주지 못했다. 기독교인에게 있어서 성경은 그들의 삶의 의미와 방향을 제시해 주는 가장 중요한 핵심 문헌들의 모음집이다. 물론, 기독교인은 성경이 잘 묶인 채로 금테두리에 둘러져 하늘로부터 떨어진 것이 아니라는 점을 알고 있다. 그러나 그들 중 소수만이 성경의 기원이나 어떤 역사적 요소들이 성경의 수집과 전승 혹은 배포에 관여되었는지에 대해 알고 있다. 성경 속의 다양한 책들이 어떻게 확정된 경전들의 모음집에 속하게 되었는지에 대한 이야기는 여전히 잘 알려져 있지 않다.

본서의 목적은 독자들이 성경의 형성에 대한 중요한 배경 지식을 갖도록 돕고, 그 연구로 제기되는 더욱 중요한 질문들에 대해 답하는 것이다. 이 과정 중에서 나는 하나님의 역할을 최소화하거나 무시하지는 않을 것이다. 다만, 역사적 연구로부터 발견될 수 있으며, 성경에 대한 우리의 이해에 중요한 영향을 줄 수 있는 성경의 기원에 대한 정보가 대단히 많다는 점을 말하고 싶다.

기독교인들은 왜 우리가 성경의 기원에 대해 알기 위해 시간을 투자해야 하는지를 물을 것이다. 즉, 교회의 사명을 증진시키기 위해 단순히 성경을 읽고 사용하는 것이 더 낫지 않은지? 배경 연구가 지금 무슨 차이를 만들며, 왜 우리가 초대 교회들의 성경에 집중해야 하는지? 오늘날 성경은 변하지 않을 법한 완전한 실체인데, 왜 성도들이 성경에 대해 걱정하는지? 이러한 질문들이 성경의 기원에 대한 이야기를 전하고자 하는 이들에게 생소한 것은 아니다. 그러나 만약 성경이 하나님의 말씀을 담고 있고 또한 성경이 우리에게 하나님이 누구시며, 우리를 위한 하나님의 뜻이 무엇이며, 하나님 백성으로서 우리는 누구이며, 이 세상에서의 우리의 사명이 무엇인지를 분명하게 해 준다면, 이 질문은 기독교 신앙에 있어서 중요할 수밖에 없다. 더 나아가 그러한 연구를 통해 우리가 얻게 될 결과는 성경의 기원에 대한 우리의 이해에 중요한 영향을 미칠 수 있다. 성경의 기원과 그 믿음에 대한 현대의 많은 학자들이 보이는 일반적인 회의적 태도를 고려할 때, 성경에 대한 최근의 도전들에 대해 답하고 성경을 경전으로 인정하나 성경의 기원의 문제를 규칙적으로 다루지 못하는 이들을 돕는 것은 중요한 일이다.

이 책은 교회의 중요한 필요를 채워 주기 위해 집필되었다. 성경학자들이나 대학 및 신학교에서 수준 높은 성경 신학을 공부하는 이들에 의한, 그리고 그들을 위한 연구서들이 있다. 그러나 모든 교회가 성경의 기원과 발전을 이해하는 것 역시 요구되는 중요한 일이다. 바라기는 이 작은 책이 바로 이 중요한 주제에 관심 있는 교회의 성도들에게 더 큰 이해를 가져다줄 수 있기를 희망한다.

목사 및 성경 신학 교수로 수년간 섬겨 온 기독교 목회자로서 나는 이 책에서 다룬 주제들을 다양한 교회들과 기독교 소그룹 및 봉사 단체, 대학 기관 및 신학대학원과 같은 보다 공적인 자리들에서 논의해 왔다. 나 역시 이런 문제들을 교회 구성원들과 논의하는 것을 일단의 목회자들이 주저하고 있다는 것뿐만 아니라, 교회의 평신도들에게 접근 가능한 신뢰할 만한 정보가 많지 않다는 점을 인식하고 있다.

내가 프린스톤 신학대학원에 객원 연구원 및 교수로 있게 된 이후 오래지 않아, 성경 신학 교수들 중 한 분께서 나에게 이 주제에 대한 평신도들을 위한 책을 알고 있는지를 물으셨다. 나는 그녀의 질문에 대해 심사숙고했고, 이 책으로 그 질문을 다루어 보기로 결심했다. 저술 당시에 내가 보기에는 성경의 기원과 관련된 날카로운 질문들을 제시할 수 있는, 교회들을 위해 설명을 잘해 주며 또한 책임감 있게 집필되었다고 추천할 수 있는 자료들이 거의 없었다. 희망하기로는 이 작은 책이 이러한 논의에 열의를 가진 성경신학자들과 성경을 영감과 영적 가르침의 원천으로 묵상하는 교회의 성도들 사이에 가교적 역할을 하는데 도움이 되길 바란다. 나는 흔히 사용되는 각주나 전문적인 용어 사용을 자제했다. 그러나 책의 마지막 부분에 있는 용어집에서 이 주제를 명료하게 하는 데 필요한 중요한 몇몇 용어들을 소개했다.

이 책과 관련하여 나는 이 과제를 진행할 수 있게 된 것에 대해 핸드릭슨 출판사에 있는 알렌 에머리Allan Emery 박사와 그의 동료들께 특별히 감사한다. 알렌은 내가 이런 종류의 책을 저술할 의향이 있는지 물어보기 위해 나에게 연락을 취한 최초의 사람이다. 나는 그 제의를 받아 들이기를 영광스럽고 기쁘게 생각했다.

나는 이 책을 나의 친한 친구 브루스 레버만Bruce Laverman 목사에게 헌정한다. 우리는 오래전에 알게 되었다. 그 당시 우리는 네브라스카Nebraska에서 동료 목회자로 있었다. 그가 담당하던 교회 성도들 중 한 분이 JAG 행정관(군사 법률가)이었는데, 그는 내가 군목으로 사역하는 동일한 영내에서 나를 도와주었다. 그는 자신의 목사님과 내가 잘 지낼 것이라고 확신했다. 리차드 페이언트Richard Payant는 우리 둘을 점심에 초대했고, 우리 서로를 소개시켰다. 그는 옳았다. 브루스와 나는 매우 좋은 친구가 되었다. 나는 곧바로 교회와 교회가 어떻게 운영되는지 대한 브루스의 설명에 감명 받았다. 나는 복음주의에 대한 그의 헌신과 기독교 목회에 있어 그가 가져온 결과에 대해 항상 감명 받았다. 그 당시 그리고 그 이후로 계속하여 나는 그로부터 많은 것을 배웠다. 내가 목회자가 되었을 때 내가 기억할 수 있는 것보다 훨씬 더 여러 번 그는 나에게 중요하고 도움이 되는 방향을 제시해 주었다. 우리는 현재 30년 넘게 친한 친구로 지내고 있다. 나는 이 작은 책을 기꺼이 그에게 헌정한다.

2012년 1월

리 마틴 맥도날드

약어

일반

AD 주후*anno domini*

ANF 니케아 공의회 이전의 교부들

BC 주전

c. 세기(도표에서만)

ca. 약

Gos. 복음서

LCL 로엡 고전 시리즈Loeb Classical Library

NPNF 니케아 공의회 및 니케아 공의회 이후 교부들

pl. 복수

Rev. 『요한계시록』, 개정, 목사

v(v). 절(들)

성경 목록

구약 성경

창 『창세기』
출 『출애굽기』
레 『레위기』
민 『민수기』
신 『신명기』
수 『여호수아』
삿 『사사기』
삼상 『사무엘상』
삼하 『사무엘하』
왕상 『열왕기상』
왕하 『열왕기하』
대상 『역대상』
대하 『역대하』
느 『느헤미야』
시 『시편』
잠 『잠언』
진 『진도서』
아 『아가』
사 『이사야』
렘 『예레미야』
애 『예레미야애가』
겔 『에스겔』
단 『다니엘』

신약 성경

마 『마태복음』
막 『마가복음』
눅 『누가복음』
요 『요한복음』
행 『사도행전』
롬 『로마서』
고전 『고린도전서』
고후 『고린도후서』
갈 『갈라디아서』
엡 『에베소서』
빌 『빌립보서』
골 『골로새서』
살전 『데살로니가전서』
살후 『데살로니가후서』
딤전 『디모데전서』
딤후 『디모데후서』
몬 『빌레몬서』
히 『히브리서』
약 『야고보서』
벧전 『베드로전서』
벧후 『베드로후서』
계 『요한계시록』

외경, 위경 및 사해 사본

Apos.Con.	『사도 규율집』*Apostolic Constitutions and Canons*
Bar.	『바룩서』
Ep Jer	『예레미야의 편지』
1 En	『에녹서 1서』
1-2 Esd	에스드라 1-2서
1-4 Macc	마카비 1-4
Wis	『솔로몬의 지혜서』
Gos. Heb.	『히브리인의 복음서』
Gos. Pet.	『베드로 복음서』
Gos. Thom.	『도마 복음서』
CD	『다메섹 문서』
QS	『공동체 규율집』

서론

성경이 교회의 가장 중요한 책이라는 데는 의문의 여지가 없다. 교회 역사를 통해 셀 수 없이 많은 기독교인들이 성경의 내용을 연구하고 해석하기 위해 수많은 시간을 드려왔다. 대중 매체의 과대광고와는 대조적으로 교회에는 성경 및 성경 형성 역사의 일부분을 감추려는 구체적인 노력이 없다. 교회와 성경에 대한 대중 매체와 대중적 설명들의 일부가 성경학에 긍정적인 영향을 끼쳐왔는데, 그 이유는 그것들이 많은 학자들로 하여금 성경을 구성하고 있는 책들의 기원에 대한 신선한 질문들을 하도록 유도했기 때문이다. 왜 어떤 책들은 성경에 포함되었고, 다른 책들은 제외되었는지에 대한 새로운 질문들이 종종 제기되었다. 누가 이러한 결정들을 했는지, 어떻게 그리고 언제 성경이 만들어졌는지, 그리고 특별히 왜 그랬는지? 이와 관련해 대중 매체의 영향은 유익한 것이었다. 왜냐하면 대중 매체는 이전에 진행되었던 것보다 학자들로 하여금 더욱 근면하게 작업을 하도록 독려했기 때문이다. 새로운 탐구의 아쉬운 점은 연구 결과의 대부분이 교회의 보다 광범위한 청중들이 접근할 수 있는 방식에 아직 이르지 못하고 있다는 점이다.

독자들은 우리가 제기하는 대부분의 질문들에 답변을 주는 고대 문헌들이 존재하지 않고 또한 기독교 성경의 형성을 설명해 주는 것들도 아예 없다는 점에 놀라게 될 것이다! 성경학자들은 우리가 정경 형성, 즉 어떤 책들이 성경을 형성하는지, 그리고 어떻게 성경이 현재의 상태에 이르게 되었는지의 복잡한 퍼즐을 맞추기 위해 제한된 수의 자료들로부터 성경 각 권의 기원과 확정에 대한 추론들을 제시한다. 그 결과 성경학자들은 종종 현존하는 빈약한 자료들을 어떻게 해석할 것인지에 대해 의견이 일치하지 않는다. 운 좋게도 우리는 이 문제에 대해 완전히 암흑 가운데 있지는 않다. 그러나 이 역사적 이야기의 다양한 부분들을 면밀히 조사하는 데는 주의가 필요하다.

질문, 주장 및 자료에 접근하기

초대 기독교인들은 성경의 기원에 대해 상대적으로 적은 관심을 보였다. 그리고 최근까지 이 주제에 대한 관심이 그리 많지는 않았다. 그러나 기독교 성경의 형성을 이끈 요소들 중 어떠한 것도 감추려는 구체적인 시도도 없었다. 오늘날의 기독교인들도 그렇듯이, 예수의 초기 추종자들은 그들의 신앙을 분명하게 표현하고 이 땅에서의 사명을 증진시키기 위해 성경을 사용했다. 그들에게 있어서 이 점이 성경의 기원과 확정에 대한 질문들보다 더욱 중요했다. 성경의 기원과 형성에 대한 질문들이 교회 발전의 가장 이른 시기에 존재했다는 증거는 없다. 이는 모든 사람이 이미 그 질문들에 대한 대답들을 이미 알았기에 질문할 필요가 없었기 때문일 것이다. 그러나 더욱 그럴싸한 이유는 초기 기독교인들은 다양한 핍박과 그들 가운데서 있었던 신학적 분열과 같은 교회에 닥친 다른 종류의 보다 긴급한 문제들에 더 많은 관심이 있었기 때문이었다. 초기에는 이러한 문제들이 주목 받았다.

1960년대 내가 신학교에 다닐 때쯤에는 성경의 기원에 대한 질문들은 주요 논의 주제들이 아니었다. 대신, 학생들은 구약 및 신약 개론 과목에서 이 주제에 대해 10쪽 남짓의 글을 읽어야 했다. 이 글들은 잘 논의된 입장들이라기보다는 요약 형식의 일반적 진술들이었다. 그 글들에는 많은 연구 결과가 포함되어 있지 않았고, 따라서 학생들은 성경의 형성에 대한 최근의 연구에서 지속적으로 등장하는 대다수의 주제들에 관심을 기울일 수 없었다. 우리는 성경 형성의 기본 윤곽이라 여겨지는 것들에 대해 배웠다. 구약은 예수 시대 이전 오래 전에 형성 및 "고정"되었고, 예수께서는 구약을 자신의 제자들에게 넘겨주었다. 신약의 형성은 근본적으로 주후 2세기 말에 가서야 마무리되었다. 그러므로 단순히 그러한 정보들을 공유한 선의를 가진 학자들을 포함한 우리 대다수는 성경의 형성에 대해 상대적으로 잘 알지 못했으며, 그 결과 교회에서 나눌 것들이 매우 적었다.

수년 후 내가 네브라스카에 있는 한 침례 교회의 목사로 있었을 때, 한 젊은이가 성탄절 휴가 기간 동안 대학에서 집으로 돌아왔다. 그는 대학에서 종교 과목을 수강했고 성경에 포함되지 못한 책들에 대해 배웠다. 주중 성경 공부 시간에 그가 나에게 성경에 포함되지 못한 고대 종교 문헌들에 대해 질문했다. 그리고 그는 왜 그것들이 배제되었고, 누가 그러한 결정을 내렸는지 알기 원했다. 나는 신학교 시절에 교육받은 정보를 전달하는 것으로 그에게 답해 주었다. 그러나 분명히 나의 답변은 적절하지 못했다. 나는 그에게 시간을 달라고 부탁했고, 그가 심사숙고하여 던진 질문들에 대해 보다 적절하게 답할 수 있었다. 곧 나는 내가 그에게 설명해 주었던 것 거의 모두가 부정확했다는 것을 깨닫게 되었다. 그래서 나는 이 질문에 대한 여러 저술물을 출판하도록 보다 심도 있는 연구를 시작하게 되었다.

그의 질문들과 여타의 것들은 신앙을 진지하게 받아들이고 그들의 영적 여정에 있어 성경의 중요성을 확신하는 수많은 기독교인들의 특별한 관심에 속했다. 수년 동안 학부와 대학원에서 가르쳐 온 사람으로서 나는 보다 광범위한 기독교 공동체들에게 가능한 한 성경의 기원에 대한 이러한 정보를 제공하는 것이 얼마나 중요한지를 깨닫고 있다. 진지하게 성경을 묵상하는 대다수 기독교인들은 분명히 어떻게 우리가 성경을 소유하게 되었는지에 대한 주요 요소들을 이해하고 판단할 수 있을 것이다. 만약 우리가 시간을 들여 그 요소들을 설명해 준다면 말이다.

최근 몇 년 동안 성경의 형성에 대한 논의는 구약 및 신약 정경 기원의 연대와 그 선별 과정에 관여한 요소들 혹은 기준들에 초점이 맞추어져 왔다. 왜 일부 고대 문헌들은 배제된 반면, 다른 문헌들은 초대 기독교인들에 의해 수용되었는가? 이 폭넓은 주제를 이해하기 위해서 정경 형성에 대한 많은 질문들을 촉발시킨 일단의 상황과 발견물을 고려하는 것이 도움이 될 것이다.

많은 이들이 댄 브라운Dan Brown의 대중적인 소설책인 『다빈치 코드』*The Da Vinci Code* 혹은 보다 이른 시기에 출판된 마이클 베이전트Michael Baigent와 리처드 레이Richard Leigh가 쓴 『성혈과 성배』*Holy Blood and Holy Grail*를 읽거나 들어봤을 것이다. 각각의 이야기들, 특별히 브라운의 책이 고대의 진정성 있는 자료들에 기초하고 있다는 주장은 많은 기독교인들을 깜짝 놀라게 만들었다. 그러고 나서 지극히 자연스럽게 많은 기독교인들은 교회 지도자들에게 왜 자신들이 이런 자료들에 대해 듣지 못했는지를 질문했다. 그 이후에 제기된 질문들은 왜 교회가 그러한 책들을 배제했는지, 그리고 혹시 교회가 성경을 구성한 책들을 수납하는 과정 중에 무엇인가를 감추려고 시도했는지에 초점이 맞추어졌다. 유사하게, 성탄절 및 부활절 전 주 쯤에 종종 특별 TV 방송들이 TV 채널들을 점령해 버렸다. 이런 방송 프로그램들에서 프로듀서들이나 작가들이 자신들의 정보가 중요한 고대 문서들에 근거하고 있다고 주장하는 것을 듣는 일은 특별한 일이 아니다. 그러한 주장들은 참조된 고대 문헌들이 교회의 성경에 포함되어 있지 않기 때문에 거기에는 교회가 교회사 및 성경을 구성하고 있는 책들의 역사에 흥미를 가지고 있는 사람들에게 숨기고자 하는 무엇인가가 있다는 식의 추론을 하게 만들었다.

얼마 전 한 출판사가 나에게 성경의 기원에 대한 대중적이며 여행 중에 읽을 만큼 짧은 책을 저술할 것인지를 수차례 문의했다. 나는 진정 이 작업을 하길 원했는데, 다만 문제는 그 출판사는 내가 "교회가 알기 원치 않는 것"의 관점에서 책을 써 주기를 바랬다는 것이다. 나는 그 제안에 솔깃했지만 그 출판사에게 교회가 우리가 알기 원하지 않는 것 혹은 대중들에게 숨기려고 한 것이 무엇인지 모르겠다고 답변했다. 이러한 제안은 근거 없는 선정주의가 어떻게 지속되는지를 설명해 준다. 또한 그것은 선정주의가 종종 교회와 성경에 관련된 문제들에 대한 진리보다 더 잘 "판매하는" 바를 뒷받침한다.

긍정적인 어조로 말하자면, 그러한 공상적인 주장들을 양산해 내는 자들은 종종 성경의 기원에 대한 굉장히 인기 있는 관심을 촉발시킨다. 그리고 뒤따르는 학계의 연구가 성경 혹은 예수에 대한 핵심 가르침과 관련하여 야기되는 많은 의문들을 분명하게 밝혀 준다. 수많은 성경 신학자들은 성경의 기원을 연구하고 또한 성경을 공부하는 학생들에게 적절하게 유용한 정보를 제공하려는 시도에 응답해 왔다. 그러므로 그러한 연구의 결과들을 보다 광범위한 청중, 특별히 성경을 충실히 읽고 오늘도 그 가르침에 맞게 살아가고자 하는 이들에게 유용하도록 제작하는 것이 특별히 중요하다.

교회가 성경을 어떻게 소유하게 되었는가의 문제에 관심이 증가하는 것을 볼 때마다 용기를 얻긴 하지만, 종종 어떻게 극소수의 기독교인들만이 성경의 기원에 대한 무엇인가를 발견하는지를 보는 것은 낙담되는 일이다. 대부분의 기독교인들은 성경이 "모서리가 금박된 상태로 하늘에서 떨어졌다"라고 말하지는 않겠지만, 그들은 성경에 대해 아는 것이 거의 없다. 어떠한 고대 책들이 저술되었고, 왜 우리의 성경 책들이 선택된 유일한 것들인가? 이러한 질문과 더 많은 질문들이 향후 연구의 핵심이 된다.

우리는 여기서 성경의 기원에 대해 유사한 질문들을 촉발시킨 정보의 또 다른 중요한 자료, 곧 우리가 책 후반부에서 보다 상세하게 다시 살펴볼 만한 자료를 언급할 것이다. 20세기의 가장 영향력 있는 발견들 중 하나는 그 유명한 사해 사본의 발견과 출판이다. 굉장히 우연히 몇몇 베두인 양치기들이 오늘날의 쿰란Qumran이라고 불리는 지역, 곧 사해the Dead Sea 북서쪽 해변 근처에서 이 고대 유대교 문헌들을 발견했다. 이 고대 두루마리들은 주전 약 170년에서 주후 68년에 주로 유대 사막에서 살았던 에세네파the Essenes로 알려진 작은 유대 종파에 의해 필사되고 보존되었던 많은 양의 종교 문헌들로 구성되어 있다. 나중에 설명하겠지만, 대략 960개로 추정되는 두루마리들이 쿰란에서 발견되었고, 그들 중 200여 개는 구약 정경 전체 혹은 일부분의 복사본이고, 사본들 중 700개 이상은 비-정경적 책들이다. 이 두루마리들에는 『에스더서』와 『느헤미야서』를 제외한 모든 구약 성경이 포함되어 있다는 것은 잘 알려져 있다. 그러나 우리는 주전·후 1세기 이스라엘 땅에서 통용되던 다른 많은 책들이 후대의 유대교 경전에 포함되지 않았다는 점에 대해서는 거의 들어보지 못했을 것이다.

사해 사본들에서 발견된 소위 비-정경적 문헌들의 일부는 후대의 초대 교회 내 일단의 무리들의 신앙에 대한 정보를 제공한다. 그러나 그것들은 최종적으로 유대교 및 기독교 성경에서 제외되었다. 이 비-정경적 문헌들은 주전 4세기 후반부터 주후 1세기 중반까지 저술되었으며, 그들 중 몇몇은 예수 시대 이전과 그의 생애 동안 이스라엘 땅에서 광범위한 영향력을 행사했다.

처음으로 독자들이 일반적인 관심을 갖게 될 때, 그들은 이 고대 문헌들에 대한 대중 매체의 엄청난 과대광고를 기억할 것이다. 그 당시의 교회가 그 고대 문헌들이 교회의 가르침들을 해칠 수 있다는 두려움 때문에 어떻게 하든지 그 문서들을 숨기려고 했다고 주장하는 학자들이 여럿 있었다. 이 근본적인 제안으로 인해 몇몇 대중적 책들의 판매고를 올렸다. 그러나 그러한 진술들은 근거가 없고 또한 기본적으로 말이 안된다는 것이 드러났다. 유대교 및 기독교 학자들은 조심스럽게, 그리고 현재까지 60여 년 넘게 매우 상세히 사해 사본을 조사했다. 그리고 그들의 연구 결과들은 앞서 언급한 선정적인 주장들이 사실에 입각한 것이 아니었음을 드러냈다. 전부는 아니지만, 거의 대다수의 사해 사본들은 예수의 공생애 및 초대 교회의 출현 시대 이전에 속했다. 또한 사해 사본은 신약의 가르침에 어떤 위협도 가하지 않는다. 오히려 그것들은 구약 및 신약의 여러 본문들을 보다 잘 이해할 수 있도록 현저한 기여를 했고, 또한 초대 기독교의 상황을 밝히는 데도 기여했다. 구약 성경에 대한 연구에서, 우리는 교회를 위한 사해 사본으로부터 발견될 적극적인 유익들을 보다 조심스럽게 살펴볼 것이다. 그리고 또한 어떻게 사해 사본이 구약 성경의 종결 및 형성에 대한 우리의 이해에 중요한 영향을 줄 수 있는지도 살펴볼 것이다.

이제 우리는 잠시 구약 및 신약 정경의 구성과 관련된 몇몇 특별한 질문들을 소개하려고 한다. 성경책들 중 일부는 성경에 포함될 명백한 후보들이었다. 예를 들어, 특별히 율법서(혹은 오경), 선지서, 시편, 신약 성경의 복음서들 및 여러 서신들이 그것들이다. 다른 한편, 하나님의 이름을 전혀 언급하고 있지 않는『에스더서』, 삶에 대해 운명론적이고 부정적 관점을 제공하는『전도서』, 유대인들 및 기독교인들 모두가 성도들에게 보다 적절하게 만들기 위해 그 내용을 알레고리적으로 혹은 영적으로 해석해야 했던, 그러나 기본적으로는 사랑 이야기인『아가』와 같은 몇몇 책들이 왜 포함되었는지는 그리 분명하지 않다. 유사하게, 『유다서』는 정경 외적 문헌을 경전으로 인용하고, 『요한계시록』의 해석은 학자들 및 평신도들 모두에게 특별한 도전거리였다.

우리가 후에 살펴보겠지만, 해당 책의 인기는 성경에 포함되거나 배제됨에 있어서 중요한 요소가 될 수 있다. 일단의 유대교 책들은 유대인들 중에서 그리고 후에는 기독교인들 중에서 매우 인기가 많았다. 그 결과 『시락서』*Sirach*(혹은 『집회서』*Ecclesiasticus*. 『전도서』의 영어 이름 Ecclesiastes와 구분할 것!), 『솔로몬의 지혜서』, 『마카비 1서』, 『마카비 2서』와 같은 인기 있는 책들이 종종 기독교 경전으로 인용되기도 했다. 반대로, 1세기에 유대인들과 기독교인들 모두에게 가장 인기 있던 구약 정경 문헌들은 『신명기』, 『시편』, 『이사야서』였다. 나는 이 책에서 바벨론 유수 기간 및 이후에 이스라엘의 하나님을 예배하는 자들이었던 사람들(과 그들의 성경, 사상, 종교 및 문화)을 규정하기 위해 "유대인" (및 "유대적인")이라는 단어를 사용하려고 한다. 또한 예수께서 유대인으로 나셨고, 자라셨고, 돌아가셨으며, 그가 본 성경은 유대교 성경이었다는 것을 상기해야만 한다. 머지않아 "기독교인"이라고 이름 불린 예수의 제자들은 오랜 기간 동안 유대인들로 살아왔음이 유력하다(그래서 "유대 기독교"라는 용어의 사용이 141, 165 및 306쪽에서 발견되며, 그들의 관계를 나는 종종 [종교적] "형제자매들"이라고 언급할 것이다).

기독교 문서들과 관련하여, 초대 기독교인들은 복음서들, 특별히 『마태복음』과 바울 서신을 광범위하게 읽었다. 그러나 그들은 (몇몇 인기 있는 본문을 제외한) 『히브리서』, 『베드로후서』, 『유다서』 혹은 『요한

계시록』을 읽거나 인용하는 데 많은 시간을 할애하지는 않았다. 다른 한편, 여러 세기 동안 교회에서 필사되고 읽혔던 가장 인기 많던 정경 외적인 기독교 문헌들은 『헤르마스의 목자서』, 『디다케』, 이그나티우스의 『편지들』, 『클레멘스 1서』, 『클레멘스 2서』였다. 이 문헌들은 많은 교회들에서 종종 회람되었으며, 신약의 일부 책들보다도 예배에서 더 광범위하게 낭독되었다. 예를 들어, 『헤르마스의 목자서』의 초기 몇 세기 사본의 수가 『마태복음』과 『요한복음』을 제외하고 여타 모든 신약 성경책들보다 많다. 이 문서는 주후 4세기 후반에 사용된 교회의 완전한 성경의 유명한 사본(시나이티쿠스 코덱스 혹은 시나이 사본)에 포함되어 있기도 하다.

그러나 왜 일단의 책들은 포함되고, 기독교인들 가운데 더 인기가 많던 다른 책들은 배제되었는가? 성경의 범위에 대한 질문들은 종종 교회가 추가적인 책들을 성경으로 포함시키기 위한 가능성을 여전히 열어 놓아야 하는지, 혹은 더 이상 기독교의 경전의 일부가 아닌 다른 책들이 지금은 포함되어야 하는 것인지 아닌지와 같은 다른 중요한 질문을 제기한다. 우리의 성경을 구성하고 있는 책들 중 어느 것도 영감의 시대가 종결되었다고 말하거나 단지 책들의 선별된 모음집만 교회에서 읽혀야 된다고 말하지 않기 때문에, 교회는 교회의 증거나 목회에 영향력 있는 새로운 책들을 추가해야만 하는 것일까? 교회의 일부 지도자들은 그 가능성을 제안해 왔다. 그리고 나는 이 문제를 아래에서 역점을 두어 다룰 것이다.

또한 일부 기독교인들이 이미 제안해 왔듯이 우리는 더 이상 교회의 필요에 부적합한 것으로 보이거나 혹은 어떤 이들을 일부 당혹시키는 것으로 보이는 책들이나 본문들을 배제해야 하는 것일까? 예를 들어, 오늘날 우리는 노예 제도를 다루고 있는 성경 본문(엡 6:5-9; 고전 7:21-24) 혹은 여성의 남편에 대한 복종을 다루는 성경 본문(고전 14:33하-36; 엡 5:22-30)을 가지고 무엇을 해야만 하는가? 여성은 생리 기간 동안 『레위기』에서 요구된 것(12:1-8; 15:19-30)처럼 성경의 명령을 따라야 하는가? 혹자는 서구 사회에서의 높은 이혼율과 오늘날의 교회 지도자들조차 이혼을 광범위하게 인정하고 있는 상황에서 이혼에 대한 성경의 명령들이 여전히 유효한지를 물어왔다. 오늘날의 기독교인들은 그들에게 더 이상 영향을 끼치지 못하는 성경적 관심사들 혹은 명령들과 관련하여 예외적인 존재로 취급되어야 하는가? 이것들은 쉬운 질문들이 아니다. 그러나 그럼에도 불구하고 여전히 성경을 공동체를 위한 하나님의 말씀으로 수용하고 있는 이들을 위해 대답이 주어져야 한다.

교회의 형성 기간 동안 어떤 책이 성경으로 받아들여지고, 어떤 책이 거부되어야 할지에 대해 결정하던 시점이 있었다. 초대 교회의 상황은 다양했고, 어떤 기준으로 교회가 성경의 범위를 결정했었는지 아는 것은 거의 불가능하다. 그러한 결정을 내린 교회들은 동일한 기준들을 사용하지 않았다. 사용되었던 기준들이 상시적으로 사용되었던 것도 아니었다. 예를 들어, 만약 사도들에 의해 기록된 책들만이 신약에 포함될 수 있었다면, 당연히 그 기준은 『마가복음』, 『누가복음』, 『히브리서』 및 아마도 다른 책들에 대해 설명할 수 없다.

주후 4세기 및 그 이후에는, 만약 교회가 책 표시된 저자가 그 작품을 기록하지 않았다는 것이 밝혀지면, 일반적으로 그 책들은 거부되었다. 우리는 고대로부터 보존되어 온 책들보다 더 많은 책들이 저술되었음을 알고 있다. 그러니 만약 혹자가 그 책들을 발견하게 된다면 우리는 무엇을 해야 하는가? 만약 혹자가 사도 바울이 신약 성경에서 언급하고 있는 고린도 교회 성도들에게 보낸 보다 이른 편지(고전 5:9를 보라)나 라오디게아 성도들에게 보낸 편지(골 4:16)와 같은 소실된 편지들을 발견한다면, 우리는 그것들을 어떻게 처리해야 하는가? 만약 누군가 그것들을 발견한다면, 우리는 어떤 편지건 간에 그것을 무시할 수 있을까? 유사하게, 예수의 가르침은 분명히 초대 교회의 권위 있는 기초의 핵심부에 놓여 있었다. 만약 예수께서 가르침을 교회에게 주셨다면, 교회는 그 가르침을 정착시킨다. 왜냐하면 예수께서는 교회의 최종 권위이기 때문이다(마 28:19; 롬 10:9). 그러니, 만약 복음서들이나 신약의 다른 책들에 포함되지 않은 진정성 있는 예수의 또 다른 말씀들이 발견되었다면 어떻게 해야 하는가? 우리는 이것들을 어떻게 처리해야 할까?

공교롭게도 예수의 수많은 말씀들이 신약에 최종적으로 포함되지 않은 채 초대 교회에서 회람되고 있었다. 그것들 중 일부는 고대 성경 사본에 잔존하거나 교회의 구전 전통의 형태로 회람되었다. 그리고 수많은 초대 교부들이 그것들을 언급했다. 이 말씀들은 일반적으로 아그라파*agrapha*라고 불린다. 대부분의 학자들이 이 말씀들의 대다수가 거짓이라는 것을 인정하는 반면(즉, 예수께서 말하신 바가 아니다), 그것들 중 일부가 예수에게서 기원한 것 같다는 데는 동의한다. 만약 이 말씀들이 진정성이 있는 것이라면, 교회는 이 말씀들을 어떻게 처리해야 하는가? 이 말씀들이 예배 시간에 성경으로 낭독되어야 하는가?

200여 개가 더 되는 이러한 말씀들 중 단지 8-16개가 진정성 있는 것으로 여겨진다. 예수께서 이것들을 말씀하셨던 것 같다. 이 모든 질문들은 성경 "정경"에 관한 것이다. 즉, 어떻게 성경이 존재하게 되었고, 그것이 오늘날 무엇을 의미하는지에 대한 이야기인 것이다. 우리가 그 질문들에 대해 어떻게 답할지에 따라, 교회가 고려할 만한 중요한 암시 점들이 있다.

지난 400년의 시간 중 어떤 시기보다 오늘날이야말로 정경의 유효성에 반대한 혹은 정경이라는 것이 존재해야 하는지에 대한 더 많은 도전들이 있다. 최근의 일부 학자들은 정경의 변화를 촉구했다. 그러나 그것이 어떤 차이점을 만들 수 있을까? 그 과정 중에 무엇을 잃거나 얻을 것이며, 많은 그리스도인들이 어떻게 이러한 변화들에 동의할 수 있겠는가? 성경 내의 무슨 변화가 교회의 정체성, 공동체의 삶 혹은 사명에 대한 교회의 고백을 다르게 만들 수 있겠는가? 이것들 역시 정경에 대한 질문들이다. 그리고 이 질문들은 세속적 신념들로 둘러싸인 기독교인들이 신앙과 행위와 사명에 있어서 근본적인 것으로 여겨지는 성경에 초점을 맞춘다.

우리는 성경에 대한 모든 문제들에 대해 답을 가지고 있는가? 결코 아니다. 독자들이 곧바로 발견할 수 있듯이, 성경의 기원과 형성은 복잡하고 매우 자세한 질문이다. 그렇기에 빠르고 간단한 답을 구하는 이들은 성경의 기원과 관련된 많은 질문들에 대한 우리의 이해 가운데 여전히 모호성이 자리 잡고 있다는 점에 틀림없이 실망할 것이다. 그러나 학문적 탐구의 지속적 발전 때문에 현재 우리는 이전 세대에서 가능했던 것보다 더 많은 것을 알고 있다. 또한 우리가 지금 알고 있는 것은 교회의 구성원들 및 성경에 대해 깊은 존경심을 가지고 있는 자들과 나눌 가치가 있다.

만약 성경이 하나님이 누구시며, 하나님의 뜻이 무엇이고, 예수는 누구시고, 하나님의 백성이 누구인가와 같은 문제들을 아는 데 결정적으로 중요하다면, 성경의 기원과 발전은 중요할 수밖에 없다. 이 연구의 끝부분에서 나는 고대 교회가 올바르게 이해했는지, 즉 그들이 성경 안에 포함시키기 위해 책을 바르게 선택한 것인지를 질문할 것이다. 나는 이 질문에 긍정적인 대답을 할 것이고 또한 왜 그런지 진술할 것이다. 그러나 나는 이 대답이 제공하는 일단의 중요한 암시점들에도 주의를 기울일 것이다.

본서의 구성과 청중에 대하여

본서의 구조와 예상되는 청중에 대해 마지막으로 몇 마디 하기 전에, 나는 왜 내가 정경화 과정 중에 있었던 성령의 역할에 대해 더 많은 시간을 투자하지 않는지를 간헐적으로 질문 받아왔음을 덧붙여 이야기해야 한다. 그에 대한 대답은 기독교인들이 성경의 기원과 발전 과정 가운데 하나님께서 깊이 관여하셨다는 것을 일반적으로 인식하고 있었다는 점을 제외하고 우리가 그 문제에 대해 아는 것이 많지 않다는 것이다. 이는 신앙의 문제이고 이 문제는 중요하다. 그러나 이 책에서 우리는 성경의 정경화 과정에 밀접하게 관계된 역사적 사건들에 초점을 맞출 것이다. 이 특성들의 다수는 지금의 우리에게 분명할 뿐만 아니라 성경의 메시지 자체의 중요성을 이해하는 데도 중요하다.

계속되는 장들에서 나는 기독교 성경의 형성과 관계된 가장 중요한 이슈들을 요약하여 제공할 것이다. 그것들은 독자들로 하여금 성경의 기원과 정경화에 대한 이야기를 이해할 수 있도록 해 줄 것이다. 바라기는 이 간단한 연구가 평신도, 성경 공부를 시작하는 이들 및 심지어 성경에 대해 보다 깊은 이해를 가지고 있는 이들을 위한 교회 학교에서 유용하게 사용되길 원한다. 나는 간헐적으로 유대교 성경과 기독교 성경 사이의 유사점과 차이점 및 언제 그리고 어디서 기독교 문헌들이 성경으로 인식되었는지를 결정하는 가장 중요한 이슈들에 주의를 기울일 것이다. 소망하기로는 본 연구가 다양한 신앙 공동체들 중에서 성경의 기원에 대해 보다 나은 대화를 촉진하길 바란다.

여러 장들에서 나는 초대 기독교 및 유대교의 성경 모음집의 목록들을 포함시킬 것이다. 이 목록들은 매우 중요한 이야기를 해 줄 것이고 또한 우리에게 고대 교회에서 현재의 성경을 구성하고 있는 대부분의 책들에 대한 광범한 일치와 더불어 다른 책들 간의 일단의 차이점들을 보여 줄 것이다. 이 정보는 성경의 기원과 발전에 빛을 비추는 데 가장 도움이 된다. 물론 이 주제에 대한 더욱 자세한 내용을 담고 있는 수많은 책들이 있다. 그것들은 본서의 마지막 부분의 선별된 참고 문헌에 실려 있다. 이 자료들을 가지고 독자들은 이 문제들에 대한 더욱 철저한 연구를 추구할 수 있을 것이다.

본서는 적절한 고대 자료들에 접근할 수 있고 성경 형성에 대한 주제에 대해 비평적 논의와 대화에 균형감 있게 참여할 수 있는 성경신학자들을 위한 것이 아니다. 이 책은 성경 형성에 대해 더 많은 것을 알기 원하는 기독교인을 위해 저술된 성경의 형성에 대한 개론서이다. 본서의 여러 목적들 중 하나는 교회의 성경공부반에 참여하지만 역사적, 언어적, 성경적 연구에 거의 혹은 전혀 훈련받지 못한 대부분의 사람들이 이해할 수 있는 방식으로 이 주제에 대한 최근 학계의 연구 평가를 제공하는 것이다. 나는 이 작은 책이 성경에 대한 우리의 생각에 있어서 아주 희미하게 빛이 드리운 복도에 일단의 빛을 더하는 것이 되길 희망한다.

성경 형성의 논의를 이해하는 데 도움이 되는 일단의 중요한 질문들을 숙고하는 것으로 본 연구를 시작함에 있어서, 우리는 먼저 간단하게 시각적이고 축약된 형식으로 성경의 발생과 형성을 보여 줄 역사 연표年表를 참조할 것이다. 이후에 우선 구약 성경 형성, 그 다음에는 신약 성경 형성에 초점을 맞출 것이고, 그러고 나서 정경 개념의 이해와 관련된 여러 중요한 이슈들을 다룸으로 책의 결론을 맺고자 한다.

성경 정경화의 시간 순서 요약

구약 성경 정경화의 주요 진전들

1. 신적 기원을 가진 책들의 모델을 따르는 거룩한 문헌/비문에 대한 인식(주전 약 1400-1300년)
2. 오경(율법서) 저술의 초기 단계(주전 1300-1200년)
3. 거룩한 문헌 모음집에 대한 인식(주전 700-619년. 대부분 오경[율법])
4. 전기 선지서 및 소선지서의 일부에 대한 인식(주전 500-200년)
5. 거룩한 유대 문헌에 대해 "성경"Scripture이라는 용어의 사용 시작(주전 130-100년)
6. 여러 비-정경적 책들에 대한 인식(주전 200년-주후 100년)
7. 기독교인 중에서 회람되던 일단의 외경 및 위경과 함께, 전체는 아니지만, 대부분의 구약 책들에 대한 광범위한 인식(주후 1-4세기)

신약 성경 정경화의 주요 진전들

1. 교회의 기준canon(권위, 주)으로서의 예수(주후 약 26-30년)
2. 기독교 문헌(복음서들 및 바울 서신들)의 가치에 대한 인식(주후 약 50-100년)
3. 구약 성경과 병행된 복음서들("사도들의 회상록")의 사용(주후 150-160년)

4. 기독교 문헌을 성경으로 승인(주후 180-200년)
5. 교회의 사용에 있어서 기독교 문헌들의 제한(혹은 선택 배제)(주후 175-300년)
6. 초기 역본들: 시리아 역 및 라틴어 역본(주후 약 200-400년)
7. 신약 문헌의 최초 목록들(주후 330-400년 및 400-850년)
8. 신약 문헌 선택에 있어서 제한과 더불어 기독교 문헌을 경전 및 신약으로서의 광범위한 인식(주후 400-500년)
9. 최초 공의회들이 구약 및 신약의 범위에 대해 광범위하게 동의함(라오디게아 공의회[주후 363년], 히포 공의회[주후 393년], 카르타고 공의회[397년]).
10. 교회의 사본들은 "성경" 문헌들의 범위에 대해 안전하지는 않지만 대다수 일치를 보여 준다(주후 350-500년).
11. 주후 367년에 아타나시오스Athanasius는 구약 및 첫 번째로 현재 로마 가톨릭 교회, 정교회, 개신교의 신약을 구성하고 있는 문헌들을 목록화했다. 그 당시 모든 기독교인이 이견 없이 이 목록에 동의한 것은 아니었다. 신약 성경의 목록의 완전한 일치를 위해 여러 세기가 더 걸렸다.
12. 향후 교회 공의회들이 열렸고 성경의 범위를 결정했다: 정교회(주후 7-9세기), 로마 가톨릭 교회(트렌트 공의회[주후 1546년 4월]), 개신교(주후 1550-1885년). 모두가 최종적으로 신약 성경에 속한 책들의 목록에는 동의했다. 그러나 구약 책들의 목록에는 합의가 이루어지지 않았다.
13. *최초 영어 성경들은 외경을 포함했다: 위클리프Wycliffe(주후

1380년), 틴데일Tyndale(주후 1525년), 커버데일Coverdale(주후 1535년), 『매튜 성경』*Matthew's Bible*(주후 1537년), 『대 성경』*the Great Bible*(주후 1539년), 『제네바 성경』*Geneva Bible*(주후 1560년), 『비숍 성경』*Bishop's Bible*(주후 1568년), 『듀에 가톨릭 성경』*Douae Catholic Bible*(주후 1609년), 『킹제임스 성경』*King James Version*(주후 1611년)

14. *최근 영역본: *Revised Version*(주후 1881년), *American Standard*(주후 1901년), *Revised Standard*(주후 1952년), *Berkeley Bible*(주후 1959년), *Amplified Bible*(주후 1965년), *Jerusalem Bible*(주후 1966년), *New English Bible*(주후 1970년), *Living Bible*(주후 1971년), *New American Standard Bible*(주후 1971년), *New International Version*(주후 1978년), *New Revised Standard Version*(주후 1990년), *Common English Bible*(주후 2010-2011년), *English Standard Version*(주후 2011년)

* 본 목록은 선별적이지 완전한 것은 아니다.

구약

거룩한 문헌에 대한 인식
주전 1400–1300년

율법서(오경) 저술
주전 1400–1200년

선지서 저술
주전 750–300년

율법서(오경) 발견
주전 619년

일부 유대인에게 최종적으로 승인된 구약 성경
주후 100–400년

일부 기독교인의 구약 외경 문헌을 수용
주후 30년–현재

위경 문헌이 거부됨
주후 230–900년

신약

예수의 생애와 사역
주전 6–4년~주후 30년

기독교 문헌 저술 시작
주후 48–49년

복음서 저술
주후 62–95년

교회에서 복음서와 바울 서신이 권위 있게 사용되기 시작
주후 65–90년

정경의 종결 과정의 시작
주후 약 200–450년

대다수 기독교인에게 최종적으로 승인된 구약 정경
주후 330–500년

라오디게아 공의회
구약 및 신약책들의 목록화
주후 363년

주전 500년	주전 400–200년	주전 500–160년	주전 300년–주후 약 100년
(성경으로서의) 율법서(오경)에 대한 새로운 서약	선지서 인식	여타 구약 문헌 인식	구약 외경 및 위경 문헌

주후 7–9세기	주후 1546년	주후 1525–1885년
정교회의 구약 정경의 채택	로마 가톨릭 교회의 트렌트 공의회의 구약 및 구약 외경 재확인	개신교의 구약 외경 거부

주후 약 150년	주후 180–200년	주후 175–200년
교회에서 복음서가 구약 성경과 함께 읽혀짐	일부 기독교 문헌이 성경으로 불림	신약의 번역 시작

주후 367년	주후 393년	주후 397년	주후 416년
아타나시오스가 신약의 모든 책들의 첫 번째 목록 제시	히포 공의회에서 아타나시오스의 목록 확인	카르타고 공의회에서 신약에 대한 히포 공의회의 결정 재확인	제2차 카르타고 공의회가 신약에 대한 히포 공의회의 결정 재확인

Formation of the Bible

The Story of the Church's Canon

1장

성경이란 무엇인가?
개관

오늘날 세계 3대 종교인 유대교, 기독교, 이슬람교 각각은 거룩한 문헌의 모음집, 즉 자신들의 신, 믿음 체계, 종교적 활동을 확인해 주는 경전을 갖고 있다.

세계 도처의 기독교인들은 성경을 그들의 신앙의 근본적인 권위요 판단 기준으로 받아들인다. 그들은 성경 가운데서 하나님이 누구시고, 하나님이 그들을 위해 무엇을 하고 계시며, 예수 그리스도는 누구이고, 그에 의해 성취된 역사가 무엇인지를 이해한다. 우리가 이미 살펴보았듯이, 성경은 기독교인들에게 하나님의 백성으로서 그들이 누구인지 그리고 자신의 사명이 무엇인지를 분명하게 해 주는 근거이기도 하다. 이에 버금가는 위치에 있는 책은 없다. 모든 곳의 기독교인들은 예배 시에 규칙적으로 성경을 낭독한다. 성경은 교회 학교에 있어서 필수적이다. 기독교인들은 성경의 메시지를 신뢰하고, 그들의 다양한 신념들은 성경의 가르침에 뿌리를 두고 있다. 성경이 무엇을 가르치던 간에 대다수 기독교인들에게 성경은 거룩하며 하나님에게서 기원한 말씀이며, *심지어* 하나님이 하신 그 말씀이기도 하다.

비록 어떤 책이 성경을 구성하고 있는지에 대해서 보편적인 동의가 없더라도, 기독교인들은 성경의 중요성을 결코 의심하지 않았다. 서론 부분에서 주지했다시피, 로마 가톨릭 교회, 정교회, 개신교 모두는 신약을 구성하고 있는 책들에 동의하고, 전부는 아니더라도 구약을 구성하고 있는 거의 모든 책들에 대해서도 동의한다. 개신교는 구약에 있어서 가장 보수적인 책 목록을 채택해 왔다. 개신교는 일반적으로 히브리어 성경, 곧 유대교 성경으로 언급되는 책들로 구성된 책들을 수용한다. 그러나 개신교는 보통 그 책들을 다른 순서로 배열한다. 앞서 기록했듯이, 로마 가톨릭 교회와 정교회는 개신교가 "외경"Apocrypha라고 부르는 더 많은 여러 책을 포함시킨다. 이 용어는 그리스어 명사의 복수형으로 "감춰진 것들"을 의미한다. 이것들은 성경의 고대 헬라어 및 라틴어 역본들에 등장하는 책들이다. 그러나 히브리어 성경에는 포함되어 있지 않다. "제2 정경"deuterocanon 및 "제2 정경적"deuterocanonical(="두 번째 정경" 혹은 "이차적으로 정경적인")이라는 표제가 주후 1400년대 중반 가톨릭 신학자 시에나의 식스투스Sixtus of Siena에 의해 이 작품들에 붙여졌다. 그리고 로마 가톨릭 교회 및 정교회는 이 작품들을 구약 정경의 두번째 부분으로 받아들였다. 정교회는 로마 가톨릭 교회보다 더 많은 몇몇 책들을 포함시켰다(142-143쪽의 도표 3을 보라). 영국 국교회는 『39개 신조』*Thirty-Nine Articles*(주후 1562년)에서 (『에스라 3서』 및 『에스라 4서』를 추가하여) 제2 정경 혹은 외경 문헌들을 읽도록 허락하나 교리를 세우는 데는 사용될 수 없다는 문구를 가지고 있다.

본서 전반에서 나는 고대 용어인 "캐논"canon(정경)을 사용할 것이고, 이 부분에서 그 의미에 대해 무엇인가 언급할 필요가 있다고 본다. 이 용어는 거리 혹은 길이를 측정하는 자 혹은 지침과 같은 측량 도구를 가리킨다. 이는 건축이나 예술에서 사용되던 규격들을 언급하기도 하며, 심지어 철학에서 무엇이 진실이며 추구할 가치가 있는지를 결정하는 표준을 가리키기도 한다. 건축 규범들의 계속되는 예들은 어떻게 그리스인들이 성전, 주신柱身, columns, 기둥 위의 주두柱頭, capitals의 세 규범적 오더들orders(양식들)을 발전시켰는지를 보여 준다. 도리아식, 이오니아식, 고린도식 주신들은 지중해 세계 전반에 있어서 일반적이었다.

● 그리스 아테네에 위치한 아크로폴리스의 파르테논 신전. 이 유명한 신전은 도리아식 주신과 각 주신 위의 주두에 의해 지지되고 있다.

● 오늘날의 터키에 위치한 사르디스의 아르테미스 성전의 잔해. 이 신전은 이오니아식 주신으로 설계되었다(계속되는 사진을 보라). 그 당시의 표준적인 주신과 주두는 이오니아식이었는데, 이는 주두의 각 면에 말려있는 두루마리와 닮은 동그란 모양의 소용돌이들(volutes)을 가지고 있다.

● 사르디스에 있는 주신으로부터 나온 이오니아식 주두들 중 하나. 주신의 각 면에 특징적이고 표준적인 원들이 있음에 주목하라.

● 그리스 아테네에 위치한 제우스 신전. 이 신전은 고린도식 주신을 가지고 있고 가장 후기 시대의 고대 그리스 성전 양식을 반영한다.

마지막으로 "캐논"은 후대 작가들이 독자들에게 환영받기 위해 모방해야 할 표준들로 인식된 문학 작품 모음집들에도 사용되었다. 주후 4세기에 이르러 이 용어는 교회의 성경을 이루고 예배 시간에 낭독되고 기독교인들에 대해 신성한 권위가 있는 것으로 간주된 거룩한 책들의 목록을 규정하는 데 사용되었다. 거룩한 책들의 이 목록은 기독교인들에게 그들의 정체성, 신념들, 세상에서의 사명을 제공한 책들이라는 관점에서 모든 기독교인들을 위한 표준이 되었다.

계속되는 내용에서 우리는 오늘날 우리가 사용하고 있는 성경의 형성 혹은 "정경화"를 이끈 유대교 회당 및 초대 교회에 의한 거룩한 책들에 대한 인식의 다양한 과정들 혹은 단계들에 초점을 맞출 것이다.

성경의 기원

유대교 성경(히브리어 성경) 및 우리가 구약이라고 부르는 것과 관련된 전승들의 기원에 대해 알지 못해도, 기독교 구약의 기원을 아는 것은 불가능한 일은 아니다. "구약 성경" 및 "신약 성경"이라는 용어는 그것들이 거룩한 책들의 모음집에 대해 사용될 경우 특별히 기독교적인 것들이다. "신약新約"new testament 혹은 "새 언약"new covenant이라는 용어는 예레미야 31:31-34에서 사용된다("새 언약"이 "첫 번째 언약"과 대조를 이루는 히 8:8-11도 참조하라). 그러나 이 경우 성경의 모음집과 관련되지 않는다. 이 용어들은 우선 주후 2세기 말쯤에 기독교인들에 의해서 성경 모음집과 관련하여 언급된다. 이 용어는 주후 4세기의 늦은 시기에조차 대부분의 기독교인들에게까지 생소한 표제들이었다. 그러나 그 무렵에 이르러 이 표제들이 더 많은 수의 기독교인들에게 더욱 익숙해졌다.

고대 종교 책들의 또 다른 모음집들도 있었다. 성경학자들이 종종 굉장한 유익을 얻었으며, 또한 그 책들을 균형 있게 읽었지만, 그 문헌들은 대체로 개신교 성경에 포함되지 못했다. 이러한 모음집들 중 첫 번째 것은 구약 "외경"으로 알려진 책들로, 로마 가톨릭 교회는 이것들을 정식적으로 제2 정경적 책들이라고 부른다. 이 책들은 로마 가톨릭 교회 및 동방 정교회 성경에 포함되어 있다. 정교회는 구약에 있어서 로마 가톨릭 교회보다 몇 권을 더 가지고 있고, 이 양자는 그들의 구약에 개신교보다 더 많은 책들을 포함시키고 있다.

다른 모음집은 일반적으로 구약 위경이라 언급되며, 그것은 "가명假

名으로 생산된 작품들"의 의미를 갖는다. 이 가명 작품들의 많은 수는 대부분 주전 3세기에서 주후 1세기 사이에 출현했다.

이 모음집들의 표제들, 즉 외경과 위경이라는 말은 시대착오적인 용어들이다. 이 표현은 이 작품들에 대해 후대에 교회가 부과한 것이다. "성경", "성경 외적(혹은 비-성경적)", "정경", "정경 외적(혹은 비-정경적)", "외경", "위경"과 같은 용어들 모두는, 비록 문헌들 중 일부가 후대에 교회의 성경에 포함되지 못했을지라도, 처음에 경전으로 받아들여진 작품들에 대한 후대의 표제들이었다. 개신교에서 보통 "외경" 혹은 "외경 문헌들"이라고 부르는 "제2 정경적"이라는 용어는 문자적으로 "두 번째 정경"을 의미하며, 그 안에 포함된 문헌들은 앞서 언급했듯이 유대교 성경 및 (유대교 성경과) 책들의 다른 배열을 가지고 있는 개신교 성경에서 발견되는 소위 "첫 번째 정경적" 책들과 구분이 된다.

완전히 털어놓자면, 나는 성경, 곧 그 안에 포함된 모든 가르침을 포함하여 구약 및 신약 모두를 교회의 거룩하고 권위 있는 책으로 보고 있다. 기독교인으로서 우리가 믿고 실천하는 모든 것과 관련하여 기독교 신앙은 이 책에서 분리될 수 없다. 성경은 권위 있고 거룩한 책이라고 인식하는 동시에, 우리는 또한 이 권위가 *파생된* 권위라는 것과 모든 그리스도인들에게 있어서 최종 권위는 예수 그리스도라는 것 역시 인식하고 있다(마 28:19). 그는 교회의 주이시며(롬 10:9), 성경은 그의 가르침, 삶, 최후 및 오늘날의 교회를 위한 그의 중요성을 정확하게 반영하고 있다. 우리는 성경을 예배하지 않는다. 대신 성경이 우리의 복종, 예배, 찬양을 드리라고 명령하는 분, 곧 하나님께 예배한다.

그러나 교회를 위한 성경의 중요성 때문에 교회의 일부분인 우리는 성경의 기원과 발전의 중요성을 무시할 수 없다. 우리는 성경의 발전 과정에서 하나님의 활동을 부인하지 않는다. 그러나 우리는 인간 단체들과 사람들이 성경 형성에 동참했음 또한 알고 있다. 그리고 이 후자가 계속되는 부분에서 우리가 많은 주의를 기울여야 할 부분이다.

일단의 책들을 추가하여 성경을 확장시키려는 최근의 시도들과 성경에 속한 다른 책들을 거부하려는 시도들이 결코 성공할 것 같지는 않다. 그러나 만약 성경을 원原 역사적 상황 가운데서 이해하길 원하는 자들이 성경 시대 가까운 시기에 기록되었으나 후에 성경에서 배제된 작품들을 조심스럽게 연구한다면, 그들은 굉장한 보상을 받게 될 것이다. 보수주의자든, 중도주의자든, 자유주의자든 간에 성경신학자들은 정경 외의 이 오래된 책들이 종종 우리로 초대 기독교의 보다 광범위한 정황을 이해하도록 가르치는 상당한 양의 유용한 정보를 담고 있다는 점을 오랫동안 인식해 왔다. 그들은 또한 이 작품들이 종종 어려운 표현들이나 상징들의 의미, 특별히 신약 성경에 사용된 것들의 의미에 대해 우리를 안내한다는 점을 발견했다. 성경에 포함되지 않은 많은 수의 소위 외경 및 위경 책들은 우리가 성경 내의 책들의 기원과 발전에 대한 정보를 포함하여 성경에 속한 아직 다루어지지 않은 다른 많은 이야기들과 성경에 대한 것들을 함께 모을 수 있도록 하는 데 도움이 된다.

나는 성경 전체 혹은 그 일부를 포기할 것을 주장하지도 않으며, 새로운 책들을 추가하여 성경을 확장할 것도 주장하지 않는다. 다만, 나는 기독교인들이 초대 기독교인들에게 정보를 주었던 동일한 작품들로부터 정보를 얻게 되는 것이 중요하다고 생각한다. 이 작품들은 현재 많은 기독교인들이 외경 혹은 위경 작품이라고 규정한 책들을 포함한다.

성경에 포함된 책들의 실제 작성과 관련하여, 단순히 우리는 많은 이들이 스스로 하나님의 뜻이라고 믿고 있는 것을 기록했고, 그들과 그들의 작품들을 추종한 이들은 그 신념에 있어서 그 저술가들에게 동의했다고 말할 수 있다. 그들이 현재 우리가 성경으로 인식하고 있는 작품들을 보전한 것은 이 이유 때문이다. 그런데 성경은 이스라엘인들(주전 약 586년 이전 그 국가에 속한 국민들에 대한 용어)과 유대인들(주후 586년 이후 그 국가의 국민들로부터 태어난 사람들에 대한 용어)에 의해 생산된 고대 종교 문헌의 모음집이며, 성경의 두 번째 부분은 예수의 추종자들(대부분 유대인들이었으나 일부 비-유대인[이방인] 저자들도 그의 추종자들 중에 있었다)에 의해 작성되었다. 우리가 현재 가지고 있는 형태로 이 책들을 수집한 사람들은 이 작품들이 신적 기원을 가지고 있다는 것을 믿었다. 다시 말해, 그들은 하나님께서 이 책들을 영감하셨다고 믿었다. 유대인과 기독교인은 하나님께서 성경 저자로서 각각의 문헌 모음집을 생산하도록 자극하거나 영감하셨다고 믿는다. 사실상 유대교 및 기독교의 모든 기본적인 신념들과 관습들은 성경에 뿌리박고 있다. 이 때문에 사람들은 유대인들 그리고 후에는 기독교인들에 대한 "책의 백성"과 같은 친숙한 표현을 보다 쉽게 이해할 수 있다. 우리가 살펴보겠지만, 실천적인 의미에서 우리는 "백성의 책"이라는 말도 쓸 수도 있을 것이다. 왜냐하면 성경이 사람에 의해 기록되고 번역되었으며, 수 세기를 거쳐 하나님께 쓰임 받은 신실한 자들에 의해 보존되어 왔기 때문이다.

"성경"이라는 용어는 헬라어 *따 비블리아*ta biblia("책들")에서 기인했으며, 히브리어 표현 *하-세파림*ha-sefarim("책들")을 번역한 것이다. 유대인들은 성경 혹은 경전을 보통 *타나크*Tanak라고 불렀다. 타나크라는 용어는 유대 성경의 세 부분인 율법서(*토라*Torah), 선지서(*네비임*Nebi'im; 다른 소개서에서 *네뷔임*Nevi'im과 같은 다르게 음역한 표현을 만날 수도 있다), 성문서(*케투빔*Ketubim)의 히브리어 단어의 첫 글자를 합성한 약성어acronym이다. 유대교의 거룩한 책은 "(크게) 낭독 됨"을 가리키는 히브리어 용어 *미크라*Miqra(혹은 *믹라*Mikra)로 언급되기도 한다. 이 용어는 책이 기록된 것뿐만 아니라, 회당 및 유대교 학교에서 구두로 읽혀진 것을 강조한다. 이에 상응하는 용어들인 "거룩한 책들" 및 "거룩한 성경"은 히브리어 표현인 *키트베이 하-코데쉬*kitvei ha-qodesh("거룩한 저작들")에서 기인한 것이다.

유대교 성경에는 24권의 책들이 있다. 그러나 그것들은 (비록 순서는 다르지만) 개신교 구약을 구성하는 39권의 책들과 동일하다. 이러한 차이는 기독교인들이 개별적으로 계수한 여러 책들을 함께 묶은 유대교의 관습에서 기인한 것이다. 예를 들어, 유대교 성경은 『사무엘상』과 『사무엘하』를 한 권으로 계수한다. 그러나 기독교 성경에서는 두 권으로 계수된다. 열왕기와 역대기에서도 동일하게 적용된다. 게다가 우리가 개별적으로 계수하며 소선지서(열두 권의 작은 분량의 예언서들의 모음집)라고 부르는 책들은 유대인들에 의해 보통 "열둘"Twelve 혹은 "열둘로 된 책"Book of the Twelve이라고 불리는 작은 책들의 큰 모음집 하나로 계수된다.

모든 기독교인들은 구약의 39권의 책들을 인정한다. 반면, 위에서 주목했듯이, 몇몇 (사실은 많은) 이들은 구약의 39권보다 더 많은 책을 인정한다. 모든 기독교인들은 우리가 신약이라고 부르는 27개의 다른 책들, 즉 네 개의 복음서들, 『사도행전』, 바울에게 속한 13권의 서신들, 『히브리서』, 7개의 일반 (혹은 공동) 서신(『야고보서』, 『베드로전서』, 『베드로후서』, 『요한일서』, 『요한이서』, 『요한삼서』, 『유다서』), 『요한계시록』 또한 인정한다.

구약 및 신약을 이루고 있는 책들은 (인쇄술이 발달하기 전 오랫동안) 손으로 필사되었기 때문에 그것들이 처음에는 단독 사본이나 두루마리에 담겨 개별적으로 유포되었다는 점에 주의를 기울일 가치가 있다. 단지 후대에 이르러서야 그것들이 함께 모이고 보다 큰 두루마리에, 그리고 좀 더 이후에는 여전히 손으로 필사되었지만 책의 형태(원래 "코덱스"*codex* [복수 형태는 *codices*]라고 불린 형태)에 담기게 되었다. 이 책들을 담고 있는 거의 모든 초기 사본들은 구약이든 신약이든 모든 책을 담고 있지 않다. 책들이 함께 묶이고 그것들이 확정된 순서로 배열되며 최종적으로 한 권의 책으로 놓게 된 과정은 수 세기가 걸렸다. 성경의 몇몇 책들보다 더 많은 책들을 담고 있는 초기 코덱스들은 드물었고, 또한 매우 크기가 컸으며, 가격이 매우 비쌌다. 기독교 성경 전체가 한 권의 책으로 함께 묶이는 일은 거의 드물었고, 다만 중세 후기에 인쇄술의 발명에 의해서만이 실현 가능하게 되었다.

앞서 주목했듯이, 많은 기독교인들은 때때로 개신교에 의해 "외경" 혹은 로마 가톨릭 교회에 의해서는 "제2 정경"이라고 불리는 고대의 다른 종교적 책들을 그들의 성경책의 일부로 인정했다. 이보다 더 큰 책 모음집은 다음의 책들을 포함한다. 『토빗서』, 『유딧서』, 『에스더 추가』, 『마카비 1서』, 『마카비 2서』, 『솔로몬의 지혜서』, 『시락서』, 『바룩서』(6장=『예레미야의 편지』). 라틴어 성경 『불가타』*the Latin Vulgate*는 부록에 『에스드라 3서』, 『에스드라 4서』, 『므낫세의 기도』도 포함하고 있다. 그리스 정교회 성경은 이 책들과 함께 (『느헤미야』를 담고 있는) 『에스드라 1서』 및 『에스드라 2서』, 『마카비 1서』, 『마카비 2서』, 『마카비 3서』, (부록에) 『마카비 4서』, 『므낫세의 기도』, 『시편 151편』을 포함한다. 슬라브어 성경도 『에스드라 3서』를 포함하고 있다.

영국 성공회는 개신교가 받아들인 39권의 책뿐만 아니라, 『성공회 기도서』*the Book of Common Prayer*(혹은 『공도문』)의 제 4조에 따르면 외경들이 "삶의 예와 예법의 지도를 위해 읽혀도 되나 교리를 세우기 위해서는 안된다"라고 권면한다. 성공회의 외경 목록은 『에스드라 3서』, 『에스드라 4서』, 『토빗서』, 『유딧서』, 『에스더 추가』, 『솔로몬의 지혜서』, 『시락서』, 『바룩서』, 『아자랴의 기도』, 『세 젊은이의 노래』, 『수산나』, 『벨과 용』, 『므낫세의 기도』, 『마카비 1서』, 『마카비 2서』를 포함하고 있다.

아래에서 보게 되겠지만, 이 세상의 다수 기독교인은 그들의 성경 안에 포함된 대다수의 외경들을 환영한다. 그러나 유대교와 개신교는 히브리어 성경 혹은 구약 성경에 이 추가된 작품들을 허용하지 않는다. 개신교, 로마 가톨릭 교회, 정교회에 있어 구약 성경의 차이는 성경 안에 포함되기 위한 고대의 다른 경쟁자들이 있었다는 사실을 강조한다. 구약 성경 범위에 대해 기독교에서 완전한 동의가 이루어지지는 않았다. 우리는 불과 종교 개혁 시기에 개신교가 외경을 거부하기 시작했고, 그러나 주후 1831년처럼 늦은 시기에도 일부 교회들은 예배 시간에 외경을 지속적으로 낭독했다는 점을 주목해야 한다. 주후 1599년 이전의 대부분의 개신교 성경들은 외경을 포함하고 있었다. 그리고 주후 1611년 『킹 제임스 성경』을 포함하여 대다수의 성경이 그 이후에도 외경을 포함했다. 주후 1650년쯤에 이르러서 개신교 성경들은 외경들을 배제했다. 대부분 개신교 번역자들에 의해 제작된 오늘날의 몇몇 성경 번역본들은 구약의 부록으로 외경들을 담고 있고, 그것들을 구약과 신약 사이에 위치시킨다. 그러나 모든 유대인들과 기독교인들은 유대교 성경과 개신교 구약 안에 있는 책들의 신성함에 대해서 동의한다.

계속해서, 거의 모든 기독교인들이 동일한 신약 성경을 인정하고(물론 에티오피아 기독교인들은 조금 넓은 범위의 신약 성경을 가지고 있다) 또한, 구약 성경을 이루고 있는 책들의 저술이 그랬던 것처럼 기독교 구약의 범위를 선택하는 데 수 세기가 걸렸다는 점을 기억할 가치가 있다. 구약의 일부는 주전 1000년이나 될 만큼 이른 연대를 가지고 있다. 반면, 외경들은 일반적으로 주전 2세기 초반에서 주후 1세기 후반 사이에 기록되었다고 인정된다. 반대로, 신약의 책들은 대부분 주후 1세기 중반부터 후반에 이르는 비교적 짧은 기간에 저술되었다.

대체로, 성경 문헌들은 처음, 곧 그것들이 유대교 및 기독교 공동체 내에서 우선 작성되고 그 후에 회람되었던 시점에는, 그 공동체들에 의해 거룩한 작품들로 수용되지 않았다. 이 작품들을 거룩한 것으로 인식하는 데는 오래 시간이 걸렸으며, 그 동안 유대교 및 기독교의 다양한 신앙 공동체들이 그들의 예배와 교리 교육, 혹은 구두 형태의 종교적 가르침들 안에서 이 작품들의 다양한 부분을 수용하고 사용했다. 이 문헌들을 거룩한 작품들로 수용하는 행위는 그것들을 어떻게 부를 것인가에 대한 동의가 있기 전에, 그리고 구약 혹은 신약의 범위 혹은 규정 요소에 대한 결정이 있기 전에 발생했다. 주후 약 130년 어간에 이르러서야 비로소, 성경의 책들은 "경전"라는 용어로 규정되기 시작했다. 시편 119편의 22번째 단락에서 특별히 현저하게 나타나는 "주의 법", "당신의 계명", "당신의 법규", "당신의 명령" 및 "당신의 법령"의 예들에서 볼 수 있듯이, 그 전에는 다른 용어들이 이 문헌들에 사용되었다. 거룩한 문헌들은 그것들이 오늘날 우리가 성경이라고 부르는 책들의 확정된 모음집들 안에 자리 잡기 오래 전 (종종 수 세기 전에) "경전"으로 인식되었고 그렇게 불렸다.

성경에 대한 일단의 기본적 금언들

계속되는 부분에서 우리는 성경의 기원, 안정화, 전달에 초점을 맞추고 성경의 형성과 권위에 대해 일반적으로 제기되는 수많은 문제들에 답을 주도록 시도할 것이다. 블레어E. P. Blair는 기독교인들에게 성경을 소개하는 *The Bible and You: A Guide for Reading and Understanding the Bible*이라는 유용한 책을 저술했다. 그의 접근법에서 근본적인 것은 성경을 배우는 학생들이 그들의 성경을 이해하는 데 여전히 도움이 될 금언의 모음집이다. 나는 이곳에서 진행 순서대로, 그러나 약간 다른 순서로 그것들을 요약하여 제시할 것이다. 그리고 블레어의 목록에 다른 금언도 추가하기도 할 것이다.

● 그리스-로마 세계에서 두 번째로 큰 도서관인 그 유명한 페르가뭄 도서관 유적지. 이 도시는 고대 세계에서 책 제작을 위해 항상 인기가 많았던 재료인 양피지의 주요 생산지였다.

1. 성경은 책들을 모아둔 서고書庫이다

위에서 주지했듯이, 모든 기독교 성경은 적어도 66권의 책들로 되어 있다. (그리고 성공회, 로마 가톨릭 교회, 정교회 성경은 12-15권의 책들을 더 가지고 있다). 많은 사람들이 천년 혹은 그보다 오랜 기간에 거쳐 이 책들을 기록하는 데 관여했다. 성경의 메시지는 여러 가지 문학 양식들 속에 매우 다양하게 나타난다. 예를 들어, 찬송, 비유, 시, 비유적 언어, 설교, 편지(서신), 역사, 묵시적 신탁, 단화短話 및 여타 다른 종류의 저술 방식이 있으며, 각 작품의 형식(혹은 장르)은 해석에 대한 독특한 도전 거리들을 제공한다. 또한 성경은 책의 모음집이다. 이 다양한 모음집들에는 율법서(법적 및 윤리적 명령과 금지를 포함하고 있는 오경), 역사적 이야기들(사무엘서, 열왕기, 역대기, 『에스라』-『느헤미야』, 『사도행전』), 『시편』, 『잠언』, 선지서, 복음서, 서신서 및 환상의 언어로 기록된 책들(『다니엘』, 『요한계시록』)이 포함되어 있다. 이 서고는 매우 다채롭다. 그러나 장차 보게 되겠지만, 그것을 함께 묶는 그 무언인가가 존재한다.

2. 성경은 *관련된* 책들의 서고이다

성경의 대다수 책들은 독립적으로 기록되었다. 그러나 그것들은 많은 공통점을 가지고 있다. 모든 저자는 세상과 사람들의 삶 가운데서 하나님의 임재와 활동을 당연한 것으로 여겼다. 그 책들 모두는 사람들로 하나님과 올바른 관계를 갖도록 하거나, 그를 따르는 사람들로부터의 대답으로 하나님께서 행하시고 기대하시는 행위들을 기술하는 데 초점을 맞춘다. 독자들과 청중들이 하나님의 뜻에 복종하게 하는 성경 저자들의 요청에는 상당한 중복이 있다. 또한 여러 책들 중에는 하나님의 뜻에 대한 불복의 결과들에 대해 언급하는 많은 주의점들이 등장한다.

3. 성경은 *고대* 책들의 서고이다

다양하지만 서로 관련된 책들의 서고는 고대 공동체들을 위해 기록된 것이다. 성경 저자들은 모든 시대를 위해 의식적으로 저술한 것이 아니라, 그들이 속한 시대에 현존한 특수한 이슈들과 문제들에 특별히 역점을 두고 다루었다. 성경 저자들은 우리가 살고 있는 첨단 기술 시대를 알지 못했고, 유전 공학, 우주여행, 인터넷 등과 같은 오늘날 우리에게 친숙한 많은 이슈들에 대해 알지 못했다. 그러나 그들은 큰 기쁨, 도전, 실망 속에 세상을 살고 있는 모든 자들에게 닥칠 스트레스와 도전들에 대해서는 잘 인식하고 있었다. 삶의 모든 이슈들이 성경에서 다루어지고 있지는 않지만, 삶의 현재 상황들과 관련된 많은 원리들이 균형 있게 성경에서 발견된다. 성경 해석의 결정적인 부분으로 성경의 독자는 성경 각 권의 옛 문맥을 인식할 필요가 있다. 성경 메시지는 일정하게 고대의 상황과 문맥을 드러낸다. 엄밀함에 대한 21세기의 기준들, 현대의 과학적 이해, 현재의 문화적 규범들을 성경 연구에서 기대되어서는 안 된다. 그럼에도 불구하고, 성경적 원리와 법칙들은 오늘날에도 유효하다.

4. 성경은 *동양* 책들의 서고이다

성경에 포함된 책들은 특정한 기후, 지역, 지형, 언어, 가부장적이라고 불리는 사회에 의해 영향 받은 특별한 문화를 공유한다. 이 문화적으로 연관된 이슈들이 어느 정도까지 성경의 중요하고 영속적인 메시지의 부분인가? 다시 말해서, 성경의 모든 이슈들과 명령들은 전 시대에 걸쳐서 참인가 아니면 일단의 명령, 금지, 훈계는 다만 한시적으로 현존하지 않는 상황을 다루기 위해 의도된 것인가? 예를 들어, 여성들은 장신구를 해야만 하고 머리를 땋아야만 하거나(딤전 2:9) 혹은 머리를 덮은 채 예배에 참석해야 하는가(고전 11:2-16)? 아내들은 모든 일에 있어 남편들에게 복종해야 하는가(엡 5:22-24)? 노예 제도가 허용되어야 하며, 또한 노예와 주인의 관계가 더 이상 존재하지 않는 시점에도 그 관계는 유지되어야 하는가(엡 6:5-9)? 이것들은 문화적으로 조건 지어진 시대적인 명령들인가, 아니면 모든 상황과 전 시대에 중요한 것들인가? 성경 내 작품들의 많은 부분들이 부족 사회의 유산 및 족보와 심지어 예수를 충실히 따르는 일에서 현저하게 나타나는 신앙에 대한 유목민적 이해nomadic understanding에서조차 드러나는 혈연관계의 중요성에 초점을 둔다(예를 들어, 요 10:3-7 및 롬 1:5; 히 3:17-4:6; 10:39를 보라).

성경적 신앙은 단지 *우리가 하나님에 대해 무엇을 진실로 알고 있느냐*에 관심 있는 것만 아니라, 성경 메시지의 선포에서 우리에게 다가오는 *하나님의 부르심을 충실하게 따르는 것*에도 관심이 있다(롬 1:5; 살전 1:2-3). 같은 맥락에서, 셈어와 성경의 기원에 있어서 중동이라는 문맥은 매우 숙고할 만하며, 생생하며 구체적이다. 성경에는 추상적인 가르침이 거의 없다. 저자들은 이스라엘 땅 혹은 이방의 포로기 혹은 포로기 이후의 공동체에서 유대인들에게 친숙했던 구체적인 그림들 혹은 사건들을 전형적으로 사용한다. 예를 들어, 성경 저자들은 사랑, 시간, 지혜의 추상적 개념들을 특정하고 구체적인 행위들 가운데 상징적인 언어로 묘사한다. 신약 성경에서 가장 유명한 구절들 중 하나에서 예수는 "하나님이 세상을 이처럼 사랑하사 *독생자를 주셨으니*…" 라고 말씀하셨다. 성경에서 사랑은 추상적인 생각보다 자신을 내어 주는 것으로 종종 나타난다(요 3:16 및 13:34-35; 15:13; 눅 10:25-37을 보라).

5. 성경은 *구속사적인* 책들의 서고이다

성경의 책들은 그것들이 묘사하고자 하는 상황에 중립적인 객관적이며 선입견 없는 역사적 책들이 아니다. 저자들은 이 책들이 생물학, 역사, 천문학, 심리학 혹은 현대 과학의 그 무엇에 대한 교재로서 사용되도록 결코 의도하지 않았다. 만약 혹자가 복음서 저자들을 예수에 대한 사실을 보고하는 데 객관적인 상태와 불충분함에 대해 고소한다면, 복음서 저자들은 의심할 것 없이 상처를 받을 것이다. 대신, 복음서들은 죄의 용서와 소망을 가져올 하나님과의 올바른 관계의 결과, 예수에 대한 믿음에로의 부름이 되도록 의도되었다. 성경은 전형적으로 어떻게 인간이 하나님과 올바른 관계에 들어갈 수 있는지(요 20:30-31)와 인간의 역사, 특별히 이스라엘의 출애굽과 죽은 자들로부터 예수의 부활에 하나님의 관여하신 것에 있어서 하나님의 행위에 초점을 맞춘다. 이것들은 *구속사적 사건*들이라 불린다.

6. 성경은 *번역된* 책들의 서고이다

고대로부터 성경은 많은 언어로 번역되었다. 일반적으로 성경학자들은 예수께서 정식으로는 고대 아람어로 말씀하셨고, 아마도 히브리어도 사용하셨다는 것을 인정한다. 그러나 신약 성경은 오로지 헬라어로만 기록되었다. 구약 성경은 히브리어와 아람어로 기록되었으며, 주전 281-280년 및 주후 약 100년 사이에 헬라어로 번역되었다. 조만간 성경책들은 많은 언어로 번역되었다. 기독교인들은 자신들의 메시지를 유대인뿐만 아니라, 지중해 세계의 헬라어, 라틴어, 시리아어를 사용하는 이방인에게 전달하길 원했다. 기독교 성경의 가장 초기 사본들과 번역본들은 이 언어들로 되어 있다. 성경의 원 의미는 성경의 가르침이 원어와 원 문맥에서 설명될 때 최상으로 이해될 수 있다. 한 문맥 혹은 한 언어에서 한 가지 의미만 갖는 단어들은 종종 그 주어진 언어와 문맥이 바뀔 때처럼 또 다른 정황이나 언어에서 어느 정도 다른 의미들을 갖는다. 많은 성경 번역본들이 있다. 사실 오늘날 성경 전체는 약 370개의 언어로 성경의 부분 번역은 약 1,865개의 언어로 된 번역본들이 있다. 준비 중인 것까지 하면 더 많아진다.

7. 성경은 *선별된* 책들의 서고이다

처음에 거룩한 작품들 혹은 경전으로 승인되었으나 후대에 대다수 교회에서 거부한 많은 유대교 및 기독교의 종교적 책들이 고대에 생산되었다. 유대교 및 기독교 성경에 포함되지 않은 유대교 종교 문헌은 약 80권이 있다. 앞서 주목했듯이, 이 문헌들은 종종 "위경적" 문헌이라고 불리고 있으며, 주후 4세기에 이르러서 유대인 및 기독교인 모두에 의해 각각의 정경에 포함되지 못했다. 유사하게, 기독교 "외경적" 문헌으로 알려진 약 80여 권의 책들이 있다. 이들은 처음에는 그렇지 않았으나, 정경에 포함되는 문제에 있어서, 이 책들은 거국적으로 혹은 전체적으로 고대 교회에 의해 거부되었다. 몇 세기 후에 유대인 및 기독교인 모두는 그들의 거룩한 문헌의 범위를 확정했다. 그 과정에서 많은 종교적 문헌들이 잊혀졌다. 그러나 다른 책들은 교회에 의해 지속적으로 거룩한 경전으로 인정되었다. 그 책들은 "정경화 되었고", 오늘날까지 지속적으로 성경을 구성하고 있다. 소위 "비-정경적 문헌"이라 불리는 다른 책들의 저자들은 저술 당시 자신들은 하나님의 영감을 받았다고 주장했다. 많은 기독교인들이 이 주장들을 수용했고 잠시 동안이나마 그 문학 작품들은 경전으로 인정되었다. 예를 들어, 『클레멘스 1서』(47:3)와 이그나티우스의 『편지들』(『필라델피아인들에게』, 7:1b-2)의 저자들인 로마의 클레멘스Clement of Rome와 안디옥의 이그나티우스Ignatius of Antioch는 자신들의 작품들이 영감되었다고 주장했다. 여기에서 나의 요점은 우리의 성경을 구성하고 있는 책들은 보다 광범위한 종교적 문헌의 모음집으로부터 선별되었다는 것이다. 이 사실로부터 발생하는 논리적인 질문들은 당연히 (1) 어떤 책이 성경에 포함될 것인지에 대해 누가 최종적인 결정을 내렸는지와 (2) 어떤 기준들이 이 결정에 사용되었는지를 포함한다. 우리는 계속되는 장들에서 이 문제들에 초점을 맞출 것이다.

이 금언들로 이뤄진 기초 지식을 가지고 성경을 읽는 이들은 현 세대를 위한 성경의 적절성에 대한 더 나은 이해뿐만 아니라, 고대 문맥에서 성경적 가르침에 대한 보다 나은 이해로 보답 받게 될 것이다. 일반적으로 말해서, 우리가 이 기초 금언들에 대해 더 잘 이해하면 할수록 우리는 성경을 더욱 정확하게 해석하게 될 것이다.

네 가지 잘못된 전제들

우리가 성경의 기원에 대한 이야기를 할 때, 성경의 기원과 발전에 대해 보편적이지만 거짓된 전제들을 밝히는 것이 중요하다. 이는 성경의 형성을 이해하려고 찾는 사람들에 의해 만들어진 여러 실수들을 설명해 줄 것이다. 이 잘못된 전제들 중에서 아마도 다음에 나올 네 가지가 가장 두드러진 것들이다.

첫째, 종종 만약 어떤 지역의 한 고대 저자가 특정한 작품이 경전에 속한다고 주장했다면 그 시대, 지역 및 로마 제국 전체의 모든 저자들

이 동일한 결론을 갖게 되었을 것이라고 종종 전제된다. 당연히 이 증언은 그러한 의견을 지지하지 않을 뿐만 아니라, 초대 기독교인들이 대부분의 다른 문제들에 대해 일관된 생각을 가지고 있었다는 점도 지지하지 않는다. 반대로, 초대 교회는 다양한 신념들과 관습들을 가지고 있었고, 그들의 다양한 관점들은 성경신학자들 및 초대 교회사가들에게는 잘 알려져 있다. 예를 들어, 기독교인들은 교회의 구조, 세례 방식, 성찬식 (혹은 주의 만찬), 예수 그리스도의 재림에 대한 자세한 내용들, 교회의 미래 및 그들의 신앙에 정보를 제공하는 책들과 관련된 질문들에 있어서 의견이 거의 일치하지 않았다. 더욱 중요한 것은 초대 기독교인들은 예수의 정체성(기독론) 혹은 그의 구원 사역의 본질(구원론)에 대해서도 완전히 동의하지는 않았다는 것이다. 예수는 누구였나? 몇 세기 동안 초대 기독교인들은 예수가 하나님이셨는지, 그냥 신이었는지, 천사였는지, 영이었는지, 하나님께 능력을 입은 사람이었는지, 아니면 그런 것들이 혼합된 것이었는지에 대해 논쟁했다. 대다수 교회는 주후 4세기에 이 이슈에 대한 답을 내렸다. 그러나 그 이후에도 몇 세기 동안 많은 기독교인들은 논쟁을 지속했다. 이 다양성을 고려한다면, 사실 모든 기독교인들이 성경의 범위와 권위에 대한 통일된 생각을 가지고 있었다면 그것은 이상한 일일 것이다.

초대 교회가 신학적 신념들의 주요 이슈들을 정착 시키는 데 수 세기가 걸렸다. 그리고 교회가 그들의 정체성을 규정하는 신념들을 정초시키기 이전까지, 교회의 성경책들의 범위를 결정하는 일은 거의 불가능 했을 것이다. 교회의 핵심 신념들은 대부분의 고대 기독교 문헌들에 편만했던 반면, 많은 예외들도 있었다. 교회의 신학적 정체성의 주요 요소들이 정착될 때까지, 확정된 성경 모음집 혹은 정경의 개념에 많은 관심이 있었다고 상상하기는 어렵다.

어떤 방식이든 이 논의는 순환적이다. 왜냐하면 교회의 믿음은 교회가 성경이라고 부르는 거룩한 문헌 모음집 안에 최종적으로 수집된 그 동일한 작품들에 의해 형성되었기 때문이다. 다른 한편, 그 작품들은 이 문헌들이 생성되기 전 교회에서 회람되었던 예수에 대한 초기 가르침들과 일치해야만 했다. 많은 기독교인들은 초기 기독교 작품들 중 일부가 기독교 신앙을 충분히 혹은 정확하게 가르치지 않는다고 결론지었다. 그래서 최종적으로 그러한 작품들은 거부되었다. 주후 4세기 혹은 5세기의 교회 지도자들이 기독교 성경의 범위를 논의하고 어떤 문헌들이 교회에서 읽힐 수 있는지 혹은 없는지에 대해 논의했을 때, 그 당시 혹은 그 이후로 상당히 오랫동안 이 문제에 대해 완전한 동의란 거의 존재하지 않았다. 여러 책의 신성함에 대한 논쟁이 수 세기 동안 있어 왔다. 그러나 신앙을 형성시킨 핵심적 책들에 대해서는 일반적으로 논쟁이 없었다. 구약 성경에서 핵심적 책들은 오경, 선지서 및 시편이다. 신약 성경에서 거의 논쟁거리가 되지 않았던 핵심적 책들은 복음서 및 바울 서신들이다. 비록 현존하는 고대 유대교 및 기독교 문헌들 중에서 거의 언급되지 않을지라도, 구약에 사무엘서, 열왕기, 역대기가 포함되는지에 대해서도 거의 의심이 없었다. 유사한 사항이 신약 성경에 있어서도 사실이다. 예를 들어, 『사도행전』이 의심받았던 때는 없었던 것 같다. 그러나 초대 기독교 작품들에서 광범위하게 인용되지는 않는다.

둘째, 종종 초대 기독교인들이 성경이라는 확정된 혹은 고정된 모음

집을 생산해 냄으로써 주후 2세기에 출현한 이단들에 답변했다고 전제되곤 한다. 그러나 주후 2-3세기 교회의 역사에는 이 관점을 지지하는 어떠한 자료도 없다. 이 문헌들에서 우리가 발견하는 것은 초대 기독교인들이 주후 1세기 교회의 시작으로부터 교회의 구전 전통에서 전해진, 라틴어로 종종 *레굴라 피데이regula fidei*("신앙의 규칙")라고 불리는, 신앙의 *기준canon*(곧, 일반적으로 확증된 진리들)을 제시함으로서 신학적 도전들(종종 "이단"이라고 칭해진다)에 답했다는 것이다. 신약성경 내의 여러 작품들은 그 신앙의 기준을 지지했다. 그러나 주후 4세기 때까지 이 작품들을 받아들이거나 승인한 공식적인 모임이나 공의회는 없었다. 주후 2세기 및 곧 뒤따르는 시대의 기독교인들은 교회의 초기 가르침들과 일치하는 작품들이나 책들을 받아들였다. 주후 2세기에 출현했으나 교회 초기의 핵심 가르침들과 일치하지 않는 가르침들은 최종적으로 거절당했다. 다른 말로 하면, 초대 교회는 신학적인 도전들에 대해 대다수 기독교인들이 참이라고 믿었고, 지도자들이나 초대 기독교 문헌들을 통해 한 세대로부터 다른 세대로 기독교 가르침에 대한 "사도적 유산"apostolic deposit을 전달하는 것을 의미하는 사도적 계승apostolic succession을 통해 그들에게 이르렀다고 믿게 되었던 신학적 진술들로 답변했다. 나는 이 이슈를 계속되는 장들에서 더욱 집중적으로 다룰 것이다.

그 기준 혹은 "신앙의 규칙"은 주후 2세기 및 후대의 기독교인들이 교회에서 회람되던 이상하거나 의심스러운 가르침들에 답변하는 데 사용되던 것이었다. 신약 문헌들, 특별히 복음서들과 일부 바울 서신들은 초대 기독교인의 신앙을 형성하고 지지했으며 또한 교회에 전해 내

려온 가르침들과 모순되지 않았다. 어떤 책이 확정된 거룩한 모음집에 속하는지에 대한 논의는 주후 2-3세기까지는 등장하지 않는다. 그러나 교회에서 가장 소중이 여겨지던 가르침들은 전해졌고 이 문헌들을 지지하고 확증하는 주후 1세기에 속하는 문헌들은 광범위하게 받아들여졌다. 교부 이레나이우스Irenaeus가 오늘날 신약의 복음서들을 구성하고 있는 네 복음서만을 주장했다는 것은 사실이다. 그러나 그는 신약의 다른 책들에 대해서는 유사한 주장을 하지 않았다.

셋째, 종종 고대 저자들이 특별한 본문을 언급하거나 인용하면 언제든지 그 본문이 해당 저자에게 경전으로 간주되었음에 틀림없다고 전제되곤 한다. 다시 한번 말하지만, 어떠한 것도 이 결론의 정당함을 증명해 주지 않는다. 일단의 인용문들은 단순히 예증들로 사용되며, 바울이 자신의 설교(연설)에서 고대 철학자들 혹은 시인들을 언급할 때처럼, 성경 인용 방식으로 언급되지 않는다(예. 행 17:28; 딛 1:12). 오히려 인용 혹은 언급은 응당 어떻게 해당 저자가 그 자료를 보았고 사용했는냐를 결정하는 것으로 고려되어야 한다. 일부 경우에 고대 저자들은 그들의 논점들을 설명하고 지지하는 데 있어서 성경 및 성경 외의 종교 본문들이나 자료들 모두를 언급한다. 언급된 본문이 기독교 신념을 세우거나 행위를 지시하기 위해 권위 있는 방식으로 사용되고 있는지 혹은 본문이 단지 논점을 설명하기 위해 사용되고 있는 것인지는 개인이 결정해야 한다. 이는 오늘날 많은 목회자들이 설교에서 그들이 만드는 논점을 지지하거나 설명하기 위해 성경 외의 본문들을 사용하는 방식과 다르지 않다.

여기서 중요한 질문은 본문 혹은 자료가 하나님께 복종을 요구하는 경전으로 언급되며, 또한 기독교 신념을 지지하기 위한 자료인가 하는 것이다. 예를 들어, 교회의 가장 오래된 고백들 중 하나인 로마서 10:9에서 우리가 보듯이, 기독교 신앙의 부름은 하나님과의 올바른 관계를 성취하기 위한 수단인 믿음에 대한 호소로서 이의 없이 언급될 수 있다. 요한복음 3:16 역시 하나님께서 그의 독생자를 주셨다는 것, 그 결과 독생자에 대한 믿음을 갖는 사람은 하나님께서 그들을 위해 준비해 놓으신 생명을 발견하게 될 것을 주장하는 예수에게서 종종 언급되는 본문이다. 그러한 많은 본문들은 초대 교회에서 하나님의 부르심에 대한 복종이라는 교회의 호소를 지지했던 권위 있는 종교적 본문들로 언급되었다. 다시 한번 말하지만, 고대의 개별 자료들은 그것이 어떻게 언급되었는지, 즉 권위 있는 방식인지 아니면 단순히 예증으로서 언급된 것인지 결정하기 위해 개별적으로 관찰되어야 한다.

넷째, 앞선 내용과 유사하게, 종종 일부 성경학자들은 초대 교회 교부들에 의해 언급되거나 암시된 모든 문헌들이 그들이 믿기에 성경이라고 여겨지는 책들을 구성한다고 전제하곤 한다. 다른 말로 하면, 언급된 책들은 정경 혹은 경전들의 모음집을 구성했다는 것이다. 해당 저자 역시 성경 외의 자료들을 사용하는지 아닌지를 묻는 것과 별도로, 종종 잊히는 사항은 목록으로 제시된 언급들 혹은 암시들은 매우 종종 *특수한 정황 중에 특별한 문제*들을 역점을 두어 다루기 위해 제시된 것이었다는 점이다. 그러한 경우에 있어서 저자들은 *그 상황들 중에* 자신의 주장이나 관점을 반드시 진전시킬 문헌들에만 호소할 것이다. 그러나 이러한 사항이, 단지 부분적으로만 작품들이 남아 있는 고대 저자들이 그들이 거룩하고 영감 받은 것으로 간주한 작품 모두를

언급한 것이라는 것을 주장하는 데 사용될 수는 없다. 만약 고대 저자들이 다른 상황들을 다루고 있었다면, 그들은 그 경우를 논의하기 위해 다른 거룩한 본문들을 사용했을 것은 거의 확실하다. 고대의 많은 문헌들이 그 성격에 있어, 우리가 신약 서신서에서 특별히 발견할 수 있듯이, 특별한 목적, 즉 특별한 상황 혹은 사정을 다루기 위해 작성된 것이기 때문에, 혹자가 어떤 저자들이 사용했던 자료들을 수집할 때, 그/그녀가 해당 저자가 거룩하다고 간주한 문헌 모음집 전체를 제시할 수 있을 것 같지는 않다. 심지어 우리가 해당 저자가 제시했던 모든 자료에 접근하고 있다고 전제하더라도 상황이 다르지 않다. 후대의 아우구스티누스Augustine 혹은 히에로니무스Jerome의 경우처럼, 만약 고대 저자들이 자신들이 성경이라고 믿었던 문헌들을 실제로 나열했다면 그것은 다른 문제가 된다. 그리고 그때 우리는 고대 저자들이 성경으로 간주한 특별한 책들에 대한 증거를 갖는 것이 될 것이다. 그러나 주후 4세기 이전에 그러한 증거는 매우 드물다.

이 일반적인 전제들은 성경 형성에 대한 다른 중요한 일단의 연구들의 결과들을 종종 왜곡했다. 반면 고대 문헌들에 대한 언급들은 그것들의 정황 가운데서 연구되어야 하며, 모든 사람이 동일한 시점에 동일한 결과들을 도출한 것으로 결론짓기 전에 주의가 요구된다. 우리가 최고로 (이른 시기의) 고대 유물들(즉, 성경적 및 성경 외적 본문들, 초대 교회사, 현존하는 성경 사본들) 가운데서 발견한 증거는 고대에 승인된 권위들에 대해 종종 다른 관점을 제공한다.

몇몇 중요한 예비적 관찰

성경이 어떻게 존재하게 되었는가에 대한 이야기를 시작함에 있어서, 비록 교회가 회당으로부터 거룩한 책들에 대한 개념을 물려받았을지라도, 우리는 *교회가 거룩한 책들의 확정된 모음집의 개념을 물려받은 것이 아니었다*는 *것*을 의식하고 있어야 한다. 또한 성경이라는 교회의 개념은 교회의 기독론에 영향을 지대하고 받고 있었다. 즉 유대교 성경(구약 성경)을 사용함에 있어 대다수의 초대 기독교인들은 예수 안에서의 기독론적 성취에 초점을 맞췄다. 어떻게 예수 그리스도가 성경을 성취했는지가 초대 기독교의 성경 이해의 핵심이었다. 정경의 실제적인 확증, 즉 기독교 성경에 궁극적으로 포함될 책들의 선별과 여타 책들의 배제는 교회가 시작된 지 몇 세기 후에 출현했다. 그리고 특별히 신약 성경이 고려되는 한 그 최종 결과물은 그리스도 중심적 초점을 가지고 있었다.

교회는 주후 1세기에 유대교의 분파로 태어났다. 그리고 그 정황은 초대 기독교인들이 자신들의 설교와 가르침에서 사용했고 종종 언급했던 유대교 경전의 큰 모음집에 대한 인식까지 포함했다. 초대 기독교인이 가장 자주 호소했던 책들은, 전체는 아니지만, 현재 구약 성경을 구성하고 있는 책들의 다수를 포함했다. 그들이 매우 빈번히 언급했던 몇 권의 책들은 『신명기』, 『시편』 및 『이사야』였다. 이 책들은 당시 그들의 동료 유대인들에 의해 가장 많이 언급되던 책들과 동일하다. 그러나 일부 기독교인들은 유다서 13절의 『에녹 1서』 1:9의 언급에서처럼 히브리어 성경 혹은 교회의 구약 성경에 최종적으로 자리 잡지 못한 다른 책들도 언급했다.

교회가 시작되었을 때, 초대 기독교인들은 그들이 유대교 성경 전통을 상속했을 뿐만 아니라, 그들 자신이 하나님의 살아 계신 말씀이 선지자들의 새로운 세대를 통해 성령 가운데 정식으로 하나님의 백성들에게 보내진 성령의 시대에 살아가고 있다고 이해했다. 최초 기독교인들은 선지자적 목소리가 성령의 능력을 통해 그들 가운에서 살아 역사한다고 믿었다(행 2:17-21; 고전 12:10, 28; 13:2, 8; 14:6, 29-33을 보라). 수 세기 후, 특별히 종교개혁 시대 동안 및 그 이전에, 교회의 많은 학자들은 (이론적 측면에서가 아니라) 실천적 측면에서 성령께서 하나님의 백성들에게 더 이상 새로운 말씀을 전하지 않는다고 생각했다. 그들은 성령께서는 이제 오직 교회의 종결되고 확정된 성경을 통해서만 말씀하신다고 생각했다. 현재의 성경을 형성하는 데 사용되었던 기준들을 전제한다면, 어떤 새로운 문헌들이 어떤 방식으로 수용될 수 있을지 상상하기도 어렵다. 그러나 다시 한번 말하지만, 그 일은 혹자가 고대 기독교의 결정들에 두었던 가치나 지혜에 엄청나게 의존했을 것이다.

성경은 종결되었고, 더 이상 다른 책들이 성경에 더해질 수 없다는 관점은 특별히 종교개혁 이후 개신교 신학에서, 그리고 보다 이른 시기의 로마 가톨릭 교회 및 정교회 신학에서 성행했다. 그러나 무슨 근거로 기독교인들은 영감된 예언이 그쳤다고 주장할 수 있는가? 어떻게 일단의 기독교인들은 마지막 사도가 사망했을 때 하나님의 영이 어떠한 방식으로든 간에 영감된 말씀으로 교회에 말씀하시기를 멈췄다고 믿게 되었는가? 물론, 초대 교회는 이러한 관점을 가르치지 않았다. 주후 4세기에 이르러, 영감된 문헌들은 더 이상 생산되지 않고 있다는 일반적인 전제가 있었다. 최초의 사도들 모두는 예수의 삶과 사역의 목격자였던 이들과 함께 사망했다. 영감된 문헌들이 종식되었다는 관점의 출현과 함께, 기독교인들은 신약에서 발견되는 많은 해석적 예들을 가지고 "영감된" 다양한 *해석학* 혹은 해석 과정들을 지속적으로 발전시켰다. 이것들은 교회가 직면한 완전히 새로운 상황들에 성경을 적용시키는 데 있어 교회를 도우려고 의도된 것이었다. 교회는 기독교의 대의를 진전시키는 데 중요했던 후대의 문헌들을 귀하게 여기긴 했다. 그러나 그것들이 교회의 성경에 포함되지는 못했다.

성경과 정경

전체 논의와 관련하여 필수적인 또 다른 중요한 문제는 "성경"과 "정경"이라는 용어들의 의미이다. 놀랍게 보이겠지만 성경신학자들은 아직 이 용어들의 의미에 대해 일치된 견해를 가지고 있지 않다. 그리고 이는 구약 및 신약the Bible 형성에 대한 지속적 연구에서 상당한 혼란을 야기해 왔다. 이 용어들에 대한 현대적 여러 의미들, 그러나 현저하게 다른 의미들이 있다. 용어들을 정의함에 있어서 일치된 견해가 없었기 때문에, 성경 신학자들이 성경과 구약 및 신약의 형성, 곧 정경의 형성에 대해 논의할 때, 서로 다르게 이야기했다. 계속되는 부분은, 비록 학자들 중에서 합의된 것은 아닐지라도, 일부 잘 알려지고 잘 사용할 수 있는 정의들이다.

기본적으로 "성경"은 기독교인들이 신적 기원, 즉 (선지자적 인물) 개개인이 하나님께서 그들에게 말씀하셨다고 믿었던 바를 기록하도록 하나님에 의해 "영감"되었다고 믿고 있는 거룩한 문헌들을 가리킨다. 이 문헌들은 유대인들에 의해 "성문"(즉, 거룩한 문헌들)이라고 불렸고, 간단히 성문서Writings(히브리어로는 *케투빔Ketubim*)로 표현되었다. 이 용어에 대한 헬라어 용어는 *하기오그라파Hagiographa*("거룩한 문헌들")인데, 헬라어 용어 *그라페graphē*("기록물", 복수. *그라파이graphai*, "기록물들" 혹은 "책들")는 히브리어 단어 배후에 있는 의미를 번역한 것이다. 문헌들에 대한 라틴어 용어는 *스크립투라scriptura*인데, 기독교 신앙을 형성한 거룩한 책들의 모음집이 최종적으로 "스크립쳐"Scripture("성경")라는 명칭으로 알려지게 되었다. 라틴어에서 기인한 용어가 교회에서 지속적으로 사용되고 있고, 그 결과 우리가 현재 가지고 있는 거룩한 책들을 "스크립쳐"("성경") 혹은 "더 스크립쳐스"the Scriptures(그 책들" 혹은 "성경")라고 불린다. 이 책에서 종종 그러듯이, 이따금씩 이 단어는 대문자로 시작하여 표시될 것이다. 그 경우("Scripture")에는 이 단어가 교회의 성경을 가리키는 것이다. 반면, 소문자로 시작되는 경우("scripture") 이 단어는 유대인의 책이든, 기독교인의 책이든 혹은 여타의 책이든 간에 상관없이 광범위한 의미에서 경전이라는 개념을 전달한다.

그렇기에 하나님께서 개개의 문헌들을 통해 말씀하셨고 수많은 종교적 본문들이 성경을 이룬다는 이해가 유대인 및 기독교인 양자에게는 기본적인 신념이다. 이 경전들은 그들의 정체성을 규정하고 그들의 사명을 분명히 함으로써 종교적으로 권위 있는 문헌들로 기능한다.

성경이 인용된 특별한 방식은 어떠한가? 종종 고대 유대인들과 기독인들은 그들의 경전들을 "기록되었으되", "이사야[혹은 다른 선지자]가 이르기를", "성경이 말한 것 같이", "책이 이르기를", "성경이 이르기를" 및 "성경에 따르면"과 같은 특별한 도입구로 소개한다. 분명히 말할 수 있는 것은, 그러한 도입구들이 사용될 때는 언제든지, 그것들은 성경임을 확인하는 데 사용되었다는 것이다. 그러나 때때로 신약 책들 및 초대 교회 문헌들의 저자들은 그러한 것과 유사한 도입구 없이 단순히 진술하기도 했다. 비록 그들이 그러한 방식으로 성경을 언급하지는 않았을지라도, 그들은 "성경을 가지고" 저술했다고 말해야 할 것이다. 이는 일부 초대 기독교 저술가들이 위에서 언급한 성경 도입구들 없이 자신들의 문헌에 다양한 경전들을 포함시켰음을 의미한다. 예를 들어, 예수께서는 마가복음 14:62에서 어떤 도입구("기록되었으되") 없이 다니엘 7:13을 언급한다. 그러나 마가는 분명히 그의 청중들이 『다니엘』의 본문이 성경으로 권위 있게 언급되고 있음을 인식하길 원했다. 유사하게 『히브리서』의 저자는 신약의 다른 성경 저자들보다 더 많은 구약 본문들을 언급하면서 "성경에"라고 기록한다. 그러나 성경에 대한 일반적인 언급 혹은 명칭은 거의 사용하지 않는다. "기록한 것과 같이"(헬라어, *게그랍따이gegraptai*) 혹은 유사한 것이 사용된 유일한 부분은 히브리서 10:7이다. 보다 종종 『히브리서』의 저자는 어떤 성경 인용 형식구 없이 성경은 언급한다. 예를 들어, 히브리서 1:5-13에서 저자는 자료들 중에서 시편 2:7, 사무엘하 7:14, 역대상 17:13, 신명기 32:43, 시편 104:4, 45:6-7, 102:25-27, 110:1 및 8:6-8을 앞서 언급한 어떤 전형적인 성경적 명칭 없이 언급한다. 유사한 방식으로 동일한 저자는 히브리서 1:2-3에서 외경 혹은 제2 정경에 속한 『솔로몬의 지혜서』(7:22 및 7:25, 26 및 8:1)로부터 어휘들을 인용한다(혹은 사용하여 저술한다). 『마가복음』 및 『히브리서』에서 저자들은 그들의 논의를 성경에 두었다. 비록 그들이 언급한 성경 본문을 사용함에 있어서 일반적인 성경적 도입구들을 사용하지는 않았을지라도, 그들이 말하고 있는 바가 신적 권위가 있다고 믿었다.

이 기독교인들은 자신들의 성경이 기원에 있어서 하나님께 속했다고 믿었기 때문에 이 문헌들은 변화될 수 없었고, 다만 믿고 복종할 수밖에 없었다. 이 개념은 원래 모세의 법(신 4:2를 보라)에 적용되었다. 그러나 결과적으로 모든 성경에 적용되었다. 『요한계시록』의 저자는 그의 책을 유사한 명령으로 마무리한다(22:18-19). 이 거룩한 문헌들은 결과적으로 다른 거룩한 문헌들과 함께 놓이게 되었고, 머지않아 확정된 거룩한 책들 모음집에 포함되었다. 어떤 것도 거룩한 문헌들에 추가될 수도 혹은 그것으로부터 제거될 수도 없었다. 이 문헌들은 함께 기독교 정경을 형성했다.

그렇기에 고대 세계에서 종교적 작품들의 신성한 위치의 승인에 대한 이야기는 오늘날의 기독교인들에게는 특별한 관심사일 수 있지만 초대 교회에서는 그렇게 중요한 이슈는 아니었다. 결과적으로, 특별히 초대 교회는 성경이 어떻게 형성되었는지에 대한 분명한 논의를 남겨두지는 않았다. 그들은 모두가 그것을 알고 있었다고 가정했던 것 같다! 거룩한 문헌들의 *확정된* 모음집의 개념은 현존하는 최초 기독교 문헌들 중 어느 곳에서도 논의되지 않는다.

"캐논"canon("정경", "기준")이라는 단어와 관련하여 경합하는 두 개의 주요 개념들이 있다. 그러나 그것들은 상호 배타적이지는 않다. 앞서서 살펴보았듯이, 원래 측정하는 지팡이나 막대기를 가리키는 "캐논"은 머지않아 건축, 문법, 시학 및 수사학에서든 상관없이 따라야 할 모델, 지침, 예들을 가리키는 일반적인 용어가 되었다. 그리고 마침내 기독교인들이 그들의 신앙과 삶을 명령하는 데 사용하는 책들 곧 성경을 구성하는 책들을 가리키는 데 사용되었다. 이 책들만이 기독교인들이 세상에서 하나님의 뜻과 그들의 사명을 분별하기 위해 따라야 할 기준 혹은 규칙이었다. 주후 4세기에 이르러 "규칙" 혹은 권위의 개념이 성경의 확정된 목록의 개념까지 포함하는 데까지 확장되었다. 이 의미들은 종종 겹친다. 그리고 그것이 왜 일단의 학자들이 다른 학자들보다 "정경"의 형성을 훨씬 이른 시기에 위치시키는지에 대한 근거가 된다. 예를 들어, 복음서들이 처음으로 기독교 증거나 가르침들을 지지해 주기 위해 언급되었을 때, "성경"라는 단어는 사용되지 않았다. 그러나 그럼에도 불구하고 그 언급들은 권위 있는 것으로 이해되었다. 나는 이것을 "정경 1"canon 1이라고 부른다. 주후 4세기에 성경의 다양한 목록들이 등장하기 시작했을 때, 우리는 "정경 2"canon 2, 즉 기독교인들을 위해 신앙의 규칙으로 기능했던 거룩한 책들의 신성불가침적이며 확정된 모음집들에 대해 이야기하게 된다.

일부 학자들은 성경책들이 권위 있는 방식으로(즉, 성경으로써) 기능하기 시작했을 때, 정경의 개념이 현안이 되었다고 주장한다. 그들은 정경 형성을 훨씬 이른 시기에 위치시키는 경향이 있다(일부는 심지어 성경 정경이 주후 1세기에 존재했다고 생각하기도 한다). 다른 이들은 주후 2세기 말에 대대적으로 완결된 합의가 있었다고 생각한다. 또 다른 이들은, 비록 훨씬 이른 시기에 진행되었더라도, 주후 4세기에 이르러서야 최종적으로 *확정된* 성경 정경이 출현했다고 주장한다.

"구약"과 "신약"

주후 2세기 후반에 몇몇 기독교인들은 그들의 경전을 "구약"과 "신약"이라는 용어로 확인하기 시작했다. 이것은 "새 언약"New Covenant 혹은 기독교 시대에 기독교인들에 의해 생산되었던 문헌들과 구별된 것들로서, 유대인들에 의해 "옛(구) 언약"Old Covenant 혹은 율법이라는 이름하에 제시되던 그 문헌들에 대해 말하는 기독교 방식이었다. "언약"Covenant 혹은 "계약"Testament은 상호 교환되어 사용된다. 신약에서 이 두 용어가 사용되고 있다. 그러나 책의 모음집과 관련된 것은 아니고 하나님과의 언약 관계를 언급하는 데 사용된다. 옛 언약은 하나님께서 율법에 기초하여 자기 백성을 다루시는 것을 가리킨다(히 8:6-13을 보라). 물론, "새 언약"라는 용어는 예레미야 3:31-34로 거슬러 올라간다. 후에 예수께서 최후의 만찬을 베푸셨을 때, 그 자신이 "언약"이라는 용어를 사용하셨다(막 14:22-24; 마 26:27-28; 눅 22:18-19. 고전 11:25와 비교하라).

"계약" 혹은 "언약"은 동일한 히브리어 단어(*베리트berith*) 혹은 헬라어 단어(*디아테께diathēkē*)로부터 번역된 것이다. 그러나 고대 세계에서 주후 2세기 초중반까지 어떤 용어도 경전 모음집에 대해 사용되지 않았다. 일부 학자들은 "계약"이라는 용어로 거룩한 문헌들의 모음집을 규정하는 개념은 위경 모음집인 『열두 족장의 유언』에 뿌리를 두고 있는 것 같다고 제안했다. 그러나 이는 증명될 수 없다. 그럼에도 불구하고, 초대 교회가 거룩한 작품 모음집을 가치 있게 여겼고, 최종적으로 그것들을 "계약"으로 규정하게 되었다는 것은 도움이 된다.

예수의 죽음과 부활을 통해 하나님이 인간을 위해 무엇을 하셨는지를 반영해 주는 문헌들을 신약 문헌들이라고 불린다. 그러나 그 명칭은 주후 2세기 중후반까지 기독교 문헌들에 사용되지 않았다. "옛" 언약이라는 용어는 신약 성경에서 발견되지 않는다. 대신, 율법에 의존한 율법 제도를 통한 의롭게 됨에 대한 옛 제도와 관련하여, 히브리서 8:7, 13 및 9:1에서 "첫 언약"이 사용된다.

현재 확정될 수 있는 한에서 보면, 구약 및 신약이라는 용어는 이레나이우스(주후 약 170-180년)의 문헌들에서 처음 등장한다. 그는 다음과 같이 진술했다.

> … *두 계약들both Testaments* 모두에 하나님께서 보응하실 때 [나타나는] 하나님의 동일한 의가 있다. 하나에서는 확실히 전형적이며, 한시적이고 또한 보다 적절하게. 그러나 다른 하나에서는 실제적이고, 인내심이 많으며 또한 보다 엄격하게… *신약에서*는 하나님 안에 [거하게 된] 사람의 그 신앙이 [이미 드러난 것에] 더하여 하나님의 아들을 영접함으로서 강화되었다. 그 사람은 또한 하나님과 함께하는 자일 것이다(『이단 반박』 4.28.1-2. 강조는 추가됨. 영역 ANF를 사역함).

주후 2세기에 해당하는 또 다른 전승은 후에 멜리톤Melito(사르디스의 주교. 주후 약 170-180년)를 언급하는 에우세비오스Eusebius(주후 약 325년)에 의해 전해진다. 멜리톤은 다음과 같이 전한다. "내가 동쪽으로 가서 이것들이 설파되고 실천되는 장소[즉, 이스라엘 땅]에 도달하여 *구약의 책들books of the Old Testament* (헬라어=*빨라이아스 디아테께스 비블리아palaias diathēkēs biblia*)을 정확하게 배웠을 때, 나는 그 사실들에 관심을 기울였고 그것들을 너에게 보냈다"(『교회사』 4.25.13. 일부 변경). 멜리톤 이후, 테르툴리아누스Tertullian는 다음과 같이 기록했다. "만약 내가 구약으로부터의 논쟁을 인정할 만한 본문들로써 (우리 신앙에 대한) 이 조항을 해결하는 데 실패한다면, 나는 신약으로부터 우리의 관점에 대한 확증을 얻게 될 것이다. 그 결과 당신은 내가 성자에게 돌린 모든 가능한 [관계와 조건을] 성부에게 곧바로 돌리지 못하게 될 것이다"(『프락세스 논박』 15. 영역 ANF를 사역함. 주후 약 200년). 그리고 주후 약 220년경에 이집트 알렉산드리아의 오리게네스Origen는 다음과 같이 주석했다.

> 그러므로 나에게는 진실한 방법으로 교회의 교리를 제시할 수 있는 사람, 그리고 부정확하지만 소위 지식의 이 중개인들[영지주의자들]을 논박할 수 있는 사람이 역사적 허구들에 반대하여 자신의 주장을 제시해야 하고 또한 그들에 반대하여, *구약과 소위 신약* 모두에서 발견되는 교리들의 일치가 매우 명백하고 완전히 나타나는 참되고 고상한 복음적 메시지를 제시해야만 한다는 것이 나에게는 필수적인 것 같다(『요한복음 주석』 5.4. 강조는 추가됨. 영역 ANF를 사역함).

헬라 문화에 영향을 받은 유대 역사가 요세푸스Josephus의 정경을 묘사하면서, 에우세비오스는 주후 4세기에 다음과 같이 기록했다. "이것들 중 첫 번째로 그는 *소위 구약*이라고 불리는 수많은 정경적 경전들을 제공했다. 그리고 계속해서 고대 전통에 속한 것으로서 히브리인들 중에서 논쟁거리가 없는 것들을 보여 주었다"(『교회사』 3.9.5. 강조는 추가됨. 영역 LCL을 사역함). 후에 신약에 대해 말하면서, 그는 "이쯤에서 인용되어 온 *신약의 문헌*들을 요약하는 것이 이치에 맞다"(『교회사』 3.25.1. 강조는 추가됨. 영역 LCL을 사역함)라고 말한다.

다시 한번 말하자면, 이 용어들은 주후 2세기에 등장했지만, 거룩한 책들에 대한 두 개의 계약들two Testaments에 대한 이 용어들은 주후 4세기 후반 중엽까지 교회에서 *규칙적* 사용되지도 혹은 일반적으로 알려져 있지도 않았다. 주후 4세기에 이르러서야 이 용어들은 어떤 조건 없이 기독교 성경의 두 부분에 대해 사용되기 시작했다. 우리는 이것을 라오디게아 공의회(주후 약 360-363년)의 『규범』 59에서 발견한다. 이에 따르면, "*개인적 시편들 및 정경으로 승인되지 못한 책들은 교회에서 읽혀져서는 안되고, 단지 신약 및 구약의 정경적 [책들]만이 읽혀져야 함이 [공포되었다]*"(*Evidence Tradition*의 D. J. Theron의 번역을 사역함).

주후 2세기 후반에도 어떤 문헌들이 이 두 "계약들"Testaments에 속했었는지가 완전히 분명하지는 않았다. 교회에서 "구약"이라는 용어가 주후 2세기 후반까지 최초의 성경에 대해 사용되지 않았기 때문에, 그러므로 신약 시대 이전 혹은 심지어 그 시대 동안에 그 책들의 모음집을 확인하는 것은 시기상조이다. "구약"을 구성한 책들은 주후 1세기 이후 오랫동안, 즉 주후 4세기 중후반까지 교회에서 광범위하게 확인되지 않았었다.

일부 학자들은, 만약 성경을 이루는 이 두 본체들이 주후 2세기 말에 그 명칭들로 확인된다면, 이 모음집들의 범위 역시 적어도 일단의 기독교인들에게는 분명했음이 틀림없었을 것이라고 주장해 왔다. 그러나 이것이 그런 경우는 아닌 것 같다. 기독교 문헌들의 모음집들은 우선 성경으로 확인되기 시작했고, 그러고 나서 주후 170년 어간에 구약과 신약 문헌들로 확인되었다. 주후 2세기 말 사르디스의 주교 멜리톤으로부터 구약 성경 모음집을 확인한 주후 4세기의 에우세비오스의 유일한 언급이 존재한다. 그러나 그 목록은 오늘날 개신교 성경의 구약과 동일하지도 않다. 우리는 다음 장에서 그 목록에 대해 더 많은 것을 논의할 것이다. 지금은 단순히 그 시대 이전 혹은 그 시대에는 기독교인을 위한 경전들의 확정된 모음집들이 존재하지 않았다고 결론지을 수 있을 것이다. 이레나이우스(주후 약 170-180년)만이 4 복음서의 확정된 모음집에 대해 논의했다. 그러나 그는 교회의 다른 거룩한 책들의 제한된 수에 대해서는 어떤 말도 하지 않았다. 그리고 자신의 세대의 다른 이들처럼 『에녹 1서』를 경전으로 받아들이기까지 했다. 주후 2-3세기 교회에서 언급되던 기독교 성경들은 우선 복음서들과 바울 서신들 중의 일부였다. 이후에야 나머지 신약 문헌들이 이 모음집에 추가되었다.

구약 및 신약과 정경 형성에 대한 이 간단한 소개와 함께 우리는 교회가 어떻게 성경을 갖게 되었는지에 대한 보다 자세한 그림을 제공할 것이다. 구약에 대한 승인 과정에 보다 깊이 있는 탐구로 시작하자.

Formation of the Bible

The Story of the Church's Canon

2장

구약 성경의 기원

성경과 성경 모음집들의 시작

창조와 홍수 이야기 이후, 기독교인들이 구약이라고 부르는 유대교 성경의 첫 번째 이야기는 아브라함으로 하여금 (오늘날 동남 이라크, 티그리스 및 유프라테스 강들의 삼각주 가까운 곳에 위치한) 갈대아 우르에 있는 자신의 고향을 떠나라는 부르심에 대한 이야기로 시작된다. 아브라함은 하나님께서 자신에게 보여 준 땅에서 자신을 위대한 나라로 만드시겠다고 한 장소인 가나안 땅으로 가야만 했다(창 12:1-3). 이것이 히브리 민족과 이스라엘 나라의 시작이었다. 아브라함은 번영했고 그의 가문은 최종적으로 엄청난 숫자로 증가했다. 그러나 그 당시 아브라함이 지침으로 의지할 수 있는 성경은 없었다. 아브라함의 가문은 아브라함의 아들 및 손자인 이삭과 야곱의 계보를 따라 이스라엘이라는 큰 나라로 성장했다.

이집트 땅에서 약 400년간의 오랜 체류 동안 하나님께서는 야곱의 가문을 보존하셨고(창 46-50장), 또한 유대인들은 숫자적으로 매우 많이 성장했다. 그 결과 그들은 이집트인 주인들에 의해 억압당하게 되었다. 성경 이야기가 진행되듯이, 그 시점에 하나님께서 자신의 백성을 이집트에서 인도하여 그들에게 약속하셨던 땅인 가나안 땅으로 돌아가도록 하기 위해 모세를 부르셨다. 이집트로부터의 이 "탈출" 및 광야를 통해 가나안 땅으로 돌아가는 도중에 하나님께서 모세에게 시내산으로 갈 것을 명하셨다. 그리고 거기서 하나님께서는 이스라엘 나라를 위한 신적 계명들을 모세에게 주셨다. 모세는 하나님의 계명들을 기록했고 또한 이집트에서의 속박으로부터의 하나님의 해방에 대한 이야기와 율법 수여에 대해 이야기했다(출 20장). 아브라함, 모세 및 율법 수여에 대한 이이야기들은 오늘날 우리가 오경(헬라어, *뻰따 뜌코스pentateuchos* = "다섯 개의 책으로 구성된") 혹은 유대인들이 율법서 혹은 *토라Torah*라고 부르는 것을 구성하고 있는 다섯 권의 책 모음집에 기록되어 있다. 이 모음집의 다섯 번째 책인 『신명기』는 『출애굽기』, 『레위기』 및 『민수기』의 많은 이야기를 재진술하고 있고 또한 백성들에게 하나님께서 그들에게 주셨던 율법들을 지킬 것을 명령한다. 『신명기』는 백성들을 향한 하나님으로부터의 기록된 메시지라는 의미에서 그 자체를 "성경"으로 이해한 첫 번째 성경에 속한 책이다(신 17:19-20; 28:58; 29:19; 31:11을 보라). 비록 그 내용을 설명하기 위한 용어를 사용하고 있지는 않지만 말이다. 그러나 여기에는 그 메시지가 바뀔 수 없다는 강한 명령(신 4:2-5)이 있고 또한 그 책 안에 있는 모든 계명들을 지키는 것에 대한 특별한 축복들과 순종하는 데 실패한 것에 대한 심판들에 대한 언급을 담고 있다(신 11:8-21; 13:17-18).

고대 이스라엘에서 성경에 대한 개념의 발전은 신적인 지식과 하나님의 법령들을 담고 있던 "천상의 책"heavenly book의 개념에 대한 그 당시의 보편적인 신념에서 기인했던 것으로 보인다. 이 천상의 책의 형식과 내용은 일반적으로 지혜, 운명(혹은 법령들), 행위의 책, 생명의 책을 포함했다. 이 개념은 고대 메소포타미아와 이집트로 거슬러 올라가며, 그곳에 속한 천상의 책은 신의 미래 계획들을 포함하고 있을 뿐만 아니라 인간의 운명들까지 포함했다. 천상의 책에 대한 이 개념의 흔적들이 시편 139:15-16에서 발견된다.

> "내가 은밀한 데서 지음을 받고 땅의 깊은 곳에서 기이하게 지음을 받은 때에 나의 형체가 주의 앞에 숨겨지지 못하였나이다. 내 형질이 이루어지기 전에 주의 눈이 보셨으며 나를 위하여 정한 날이 하루도 되기 전에 주의 책에 다 기록이 되었나이다."

이 개념은 요한계시록 5:1, 3 및 미래에 대한 이야기를 포함하고 있는 6:1-17에서 천상의 책의 개봉에 대한 묘사에서도 발견된다(계 8:1-10:11도 보라). 20:12-15에는 하늘에 있는 하나님의 크고 흰 보좌 앞에 펼쳐져 있는 책들이 있다("생명의 책"). 그 안에는 "생명의 책"에서 발견되지 않는 자들에 대해 선언된 심판들이 담겨 있다. 이는 주께서 죄를 지은 사람들은 자신의 책으로부터 지워질 것이라고 말한 출애굽기 32:33과 유사하다. 신약에서 바울은 "그 이름들이 생명책에 있"는 글레멘드(클레멘스Clement)와 사역의 동역자들에 대해 언급한다(빌 4:3).

모세는 명령들의 신적 창시자이신(출 34:1 및 신 4:13; 10:4) 하나님의 말씀들과 법령들을 받고, 전달하고 기록했다(출 24:3; 34:4, 27). 이 행위가 하나님의 율법이 선지자 모세를 통해 기록의 형태로 전달되었다는 개념을 이끌어낸 것 같다. 그리고 이 점이 모든 이스라엘에게 규범적이었던 계시되고 권위 있는 책에 대한 생각의 발전에 중요한 역할을 했다.

고대 유대교와 기독교 모두에게 있어서 "성경"의 기본적 특성들은 적어도 네 개의 기본적인 내용을 포함하고 있었던 것으로 보인다. 일반적으로 말해, 성경은 (1) 기록된 문서이고, (2) 신적인 기원을 가진 것으로 여겨졌고, (3) 신앙 공동체를 위해 하나님의 뜻과 진리를 말하고 있으며, (4) 그 백성의 집합적이며 개인적인 삶과 행동을 위한 규율들을 제공하는 것이다. 유대인들과 그 이후 기독교인들이 어떤 특정한 문헌이 하나님에게서 기인한 신적으로 영감 되고 권위 있는 본문이었다고 인식했을 때, 그 문헌이 "성경"이라고 불리기 전에조차 성경의 지위로 격상되었다. 비록 경전으로서 인식은 한시적이었지만, 몇몇 문헌들이 그렇게 인식되기도 했다. 예를 들어, 『엘다드와 모다드』, 『바르나바스의 편지』, 『헤르마스의 목자서』, 『클레멘스 1서』 및 이그나티우스의 『편지들』이 그것들이다. 일단의 기독교인들은 한때 이것들과 다른 문헌들을 경전으로 수납했다. 그러나 대부분의 경우 최종적으로 그 문헌들은 그 특별한 지위를 더 이상 유지하지 못했다. 그런 문제들에 대해 초대 교회에서는 제한된 논의와 약간의 일치만 있었다. 그리고 처음 두 세기 동안에는 성경으로 인식된 책들에 대해 선택적인 일치만 있었을 뿐이다. 이미 살펴보았듯이, 주후 3세기 이전에 구약의 범위에 대한 기독교인들의 논의는 거의 없었다.

혹자는 『신명기』에서 본 것과 같이 거룩한 명령들이 고대 이스라엘에서 대단한 비중을 가지고 있었고, 또한 이스라엘 백성들이 모세를 통해 주어진 하나님의 율법을 지키는 데 열심이었다고 어렵지 않게 상상할 수 있을 것이다. 그러나 구약 문헌들 중 지극히 일부만이 이스라엘 백성들에게 우리가 그들의 성경에서 발견하는 계명들을 지킬 것을 말한다. 선지서들을 읽어 보면, 그것들이 계명들과 유사한 점이 거의 없는 것 같다. 시편 119편에서와 같이, 구약의 후대 책들에 거룩한 문헌들에 대한 약간의 언급이 있는 반면, 구약 성경 자체에는 율법서나 성경에 대한 언급은 거의 없다.

때때로, 우리에게 이상하게 보이는 것은 나단 선지자가 우리아와 밧세바에 대한 죄 때문에 다윗과 대적했을 때(삼하 12:1-15), 나단 선지자가 다윗이 어긴 계명들이나 살인과 간음에 대해 십계명이 말하고 있는 것을 언급함(출 20:13-14)으로 다윗에 반한 자신의 주장을 강화하지 않았다는 것이다. 비록 나단 선지자가 다윗이 "여호와의 말씀을 업신여겼다"라고 말하고 있을지라도, 거기에는 무슨 특별함이 없다. 어떤 시점에, 아마도 무시되었기 때문이었던 같은데, 모세가 받아 백성에게 준 신적인 율법은 이스라엘 가운데서 웬일인지 분실되었고 자리를 잃었다. 국가는 재차 선지자들에 의해 하나님의 계명들을 지키라고 경고 받았으나 긍정적인 답변은 없었다(왕하 17:34b-40).

요시아 통치 기간에 있었던 개혁 이전에는 성경에 대해서 많은 것이 언급되지 않았다(왕하 22-23장). 독자들은 예루살렘의 대제사장 힐기야가 율법서의 한 사본(아마도 『신명기』의 사본)을 성전에서 발견했을 때, 그가 그것을 요시아 왕에게 가져왔던 것을 기억해야 한다(왕하

22:3-13; 대하 34:8-21). 비록 짧은 기간 동안이었지만, 성경을 붙잡은 것이 이스라엘의 전 국토를 통한 개혁을 이끌었다.

어떻게 경전 혹은 성경 모음집이 유대인들 중에서 상실될 수 있었는지는 여전히 수수께끼로 남아 있다. 그러나 그 사태는 백성들에게 경전/성경을 읽어 주는 책무에 대한 제사장들의 태만 때문이었을 것이다. 또한 제사장들의 최우선 집중 사항은 성전을 둘러 싼 제의들뿐만 아니라 성전과 관련된 희생 제사 제도에 있었고 또한 대부분의 유대인들은 이때 성경을 읽지도 않았고 또한 개인적으로 성경 사본을 가지고 있지 않았을 것이기 때문에 율법서를 읽는 일이 무시되었을 것이다. 이윽고 아주 소수의 사람들만이 율법서를 알았다. 성전("여호와의 전")에서 한 사본의 재발견으로 백성들에게 율법책에 나온 주의 계명들에 복종하도록 촉구한 새로운 관심이 촉발되었다.

주전 587-586년 바벨론에 의한 유대 국가의 지독한 파괴 기간 동안 유대인들의 많은 지도자들이 바벨론으로 잡혀갔다. 바벨론에 머무는 동안 일부 유대인들은 하나님의 뜻을 포기하는 것의 결과들에 대해 그들에게 경고했던 선지자들의 이전 메시지를 숙고하기 시작했다. 그리고 다시 모세의 율법으로 돌아섰고, 그 후에, 만약 그들이 하나님의 법규를 지키거나 혹은 되돌아온다면 하는, 희망을 그들에게 제공한 선지자들의 메시지들로 돌아섰다(왕하 17:13, 35-40). 선지자들이 경고했던 것은, 만약 유대인들이 하나님의 계명들을 지키는 데 실패한다면 발생할 일들이었고, 사실 그것들이 발생했다. 그리고 유대인들은 그들의 고통스런 과거로부터 하나님의 법들을 지키고 선지자들의 말씀에 귀를 기울이는 것이 그들에게 본질적인 것임을 기억해 냈다.

바벨론 포로 생활이 50여 년 지난 후에, 바벨론인들을 제압한 페르시아 왕 고레스(키루스Cyrus)의 조서로 유대인들은 자신의 고향으로 돌아가도록 허락받았고, 그곳을 재건했다. 하지만 모든 유대인이 바벨론을 떠나 고향으로 되돌아간 것은 아니었다. 그러나 이스라엘 땅으로 돌아온 이들은 모세 법들에 대한 국민적 복종을 회복시킴으로 남은 생존자들에게 개혁과 갱생을 가져온 에스라와 느헤미야의 지도를 받았다(느 8:1-8). 이것이 국가에 있어서 새로운 시대의 서막이었다. 그때부터 계속해서 유대인들은 하나님의 율법들을 정기적으로 읽고 순종했다. 그들 역시 선지자들의 말씀을 기억했던 것 같다. 그러나 여전히 모세의 율법이 국가 갱생의 핵심이었던 것 같다. 이후 페르시아의 이스라엘 땅 통치 기간 동안에 발생한 사항들에 대한 우리의 지식에는 채울 수 없는 간격이 존재한다. 그러나 이 기간 동안 율법에 대한 유대인의 신실함은 중단됨 없이 지속되었던 것으로 보인다.

하나씩 살펴보면, 구약 시대 초창기에 율법서(오경) 혹은 선지서들이 유대 백성들에게 많은 영향 혹은 영향력을 끼쳤다는 증거가 거의 없다. 주전 587년에 바벨론 의한 유대 국가 파괴 및 많은 백성들의 강제 이주 이전에, 예루살렘 성전에서의 율법서(아마도 『신명기』) 발견의 결과로서 단지 요시야에 의한 짧은 개혁만이 이스라엘 땅에 있었다.

또한 율법서에 주어진 우선권은 부분적으로 이스라엘이 가장 위대한 선지자에 의한 것이라고 주장되는 저작권뿐만 아니라, 기원 시기에 근거를 두고 있는 것으로 보인다(신 18:15). 유대인들이 바벨론으로부터 귀환했을 때 『에스라』(3:2; 6:18; 7:6, 10, 12, 21, 25, 26; 10:2-3)및 『느헤미야』(8:1-9, 13-14, 18; 9:3, 13, 14, 29; 10:28, 29, 34, 36; 12:44;

13:3)에서 강조되듯이 "모세의 율법" 혹은 "율법"에 대한 그들의 헌신적인 갱생이 있었다. 『에스라』는 선지서를 *작성하고 있는* 특정 이름들을 두 번 제공한다(5:1-2 및 6:14는 학개와 스가랴를 이름으로 언급한다). 그리고 또한 『에스라』는 하나님의 계명들을 전달하는 보다 큰 선지자 무리들을 언급한다(9:11). 『느헤미야』는 6:7, 14에서 *거짓* 선지자들을, 9:26, 30, 32에서 하나님의 선지자들을 언급한다. 혹자가 보다시피, "모세의 율법" 혹은 "율법" 혹은 하나님의 계명은 최고 우선권을 갖게 된다. 그렇다면 모세 율법*과* 선지자들의 작품들 둘 다의 권위에 대한 인정이 있었는가? 의심할 바 없다. 그러나 우선권은 모세의 율법에 있었다. 모세에 대한 언급이 단지 『신명기』 혹은 십계명에 관한 것인지, 아니면 오경 전체에 관한 것인지는 불분명하다. 그러나 모세가 우위를 점했다는 데는 이론의 여지가 없다. 선지자들에 대한 언급들은 일반적으로 모세의 계명들 혹은 율법을 백성들에게 기억나게 하는 데 초점이 맞춰져 있다.

늦어도 주전 2세기 초(주전 약 180년)에 예수 벤 시라Jesus ben Sira(혹은 시락Sirach)라고 불린 한 저자가 『시락서』(혹은 Ecclesiasticus[『집회서』]. 다시 한번, 『전도서』의 영어 이름 Ecclesiastes와 혼동하지 말 것)라고 불리는 책을 저술했다. 그곳에서 저자는 그가 신적 지혜라고 믿었던 바를 제공했다. 자신의 저서에서 저자는 또한 유대 국가에게 하나님께 복종했던 과거의 위대한 영웅들과 하나님의 명령들 혹은 법규들에 불복한 자들의 결과들을 생각나게 했다(『시락서』 44:1-50:24). 보다 이른 시기의 영웅들에 대한 찬양에서 『시락서』는 고대의 많은 영웅들뿐만 아니라 많은 거룩한 책들도 인식하고 있었다. 저자는 『에스겔』,

『욥기』, 『12 선지서』(소선지서)를 그 명칭으로 언급하고(『시락서』 49:8-10) 또한 말라기 4:5-6을 인용하기까지 했다(『시락서』 48:10). 그가 어떤 책들에 친숙했는지는 분명하지 않은 반면, 그는 확실히 『창세기』, 『출애굽기』, 『사무엘상』, 『사무엘하』, 『열왕기상』, 『열왕기하』 및 『사사기』에 등장하는 위대한 지도자들, 선지자들, 이스라엘의 왕들에 대한 이야기들을 알고 있었다.

『시락서』 이후에 선지자들의 작품들을 인용하고 사용하는 것이 일반적이 된 듯하다. 여러 유대 문헌들은 주전 2세기 중반부터 후반기에 이르기까지 유대인들 중에서 회람 도서로 있던 거룩한 책 모음집들에 익숙했음을 반영해 준다. 그것들 중에 시락의 손자(주전 약 130년)가 『시락서』를 헬라어로 번역한 이후 기록한 『시락서』의 『서문』*Prologue*이 포함된다. 『서문』에서 저자는 "율법서와 선지서들 및 우리 조상들의 다른 책들"에 대해 말한다. 어떤 책들이 선지서들이나 "우리 조상의 다른 책들"로 분류되었는지는 분명하지 않다. 그러나 그 저자가 자신의 할아버지의 작품을 그것들에 포함시켰다는 것의 거의 확실하다. 후에 헬라어 구약 성경에 포함된 『시락서』의 보급은 이 점을 확증해 준다.

후대의 책들 중에 거룩한 유대교 경전들의 모음집들에 대한 언급들이 있다. 주전 198년 판Pan(신약 시대에는 가이사랴 빌립보에서 이집트의 톨레미 왕조와 결정적인 전투가 벌어진 이후 다메섹([다마스커스] Damascus)에 본부를 두었던 셀류코스 왕조의 헬라 지도자가 이스라엘 땅을 통치하게 된 다음에 잠깐 동안 평화가 찾아왔다. 그러나 안티오코스 4세 에피파네스Antiochus IV Epiphanes(= "[신의] 현현")가 주전 175년에 왕좌에 올랐을 때(『마카비 1서』 1:10-14), 그는 도시들을 불태우고, 유대인들로 제우스에게 희생 제사를 드리도록 강제하면서 예루살렘 성전의 유대인 제단에서 돼지를 제물로 드렸다. 유대인들이 반발했을 때, 그는 그들을 잔인하게 대했다. 무시무시한 고문들과 유대인의 경전들을 파괴하는 것으로 특징된 맹공격을 퍼붓기 시작했다. 이 이야기가 『마카비 1서』와 『마카비 2서』에서 진술되어 있다. 그러나 『마카비 2서』에서 그 저자는 유다 마카비(유다스 마카베우스Judas Maccabeus)가 셀류코스 왕조를 패퇴시키고 유대 성전을 탈환한 이후의 이야기를 자세히 진술한다. 그는 자신의 나라에서 발생한 전쟁으로 이해 소실된 "책들"을 모았고, 동료 유대인들이 그것들을 필요로 할 때 사용할 수 있도록 만들었다. 우리의 목적을 위해 그 이야기의 적절한 일부분을 인용해 보자.

> 그 동일한 것들이 느헤미야서의 기록과 회고록에 보고되어 있다. 그리고 또한 그가 한 도서관을 발견했고, 그리고 왕들과 선지자들에 대한 책들, 다윗의 문헌들 및 봉헌 제사들에 대한 왕들의 편지들을 수집했다. 동일한 방법으로 *유다* [마카비] *또한 우리에게 닥쳤던 전쟁 때문에 소실되었던 모든 책들을 수집했다. 그리고 우리가 그것들을 가지고 있다. 그래서 만약 너희가 그것들이 필요하면 그것들 얻기 위해 우리에게 사람들을 보내라*(『마카비 2서』 2:13-15. 강조는 추가됨. 영역 NRSV를 사역함).

비록 느헤미야에 대한 언급, 왕과 선지자에 대한 책들, 다윗의 문헌 및 왕들의 편지는 단순히 모세의 율법서보다 더 큰 모음집을 제안하기는 하지만, 위의 본문이 여기서 저자가 마음에 두고 있던 책이 무엇인지에 대해서는 분명히 말해 주지는 않는다. 『마카비 1서』 1:56에서 저자는 헬라 군인들이 유대인의 성경, 곧 "그들이 발견한 율법의 책들"을 "찢어 버렸다"고 보고하고 있기에 유다 마카비에 의해 수집된 책들은 특별히 율법서의 책들을 포함했을 것이라 추정된다.

토라가 유대인들 중에서 처음으로 승인되었다는 증거는 오경만을 포함한 히브리어 성경의 첫 번째 번역본(주전 약 281-280년)을 통해 관찰된다. 만약 다른 책들이 *그 당시에* 성경으로 여겨졌더라면 그것들 역시 그 번역본에 포함되었을 것이다. 추가 증거는 어떻게 70여 명의 서기관 출신의 번역자들이 헬라어 오경을 만들어 냈는지에 대한 이야기를 전해 주는 『아리스테아스의 편지』(주전 약 100년)에 등장한다. 학자들은 이 문서에서 등장하는 전설적인 요소들을 거부했다. 그러나 그 안에는 일부 역사적 전승들, 즉 아마도 알렉산드리아 도서관에 유대인의 거룩한 책들을 추가하길 원했던 이집트 왕(파라오)과 사서의 부추김으로 이집트의 알렉산드리아에서 착수된 이 번역본을 위해 저본으로 사용된 히브리어 본문은 예루살렘으로부터 가져온 것 같다는 점은 인정했다. 그 지역의 유대인들은 이 번역본을 사용했다. 그 이유는 그 당시 그들의 모국어는 더 이상 히브리어가 아니라 헬라어였기 때문이었다. 주전 약 130-100년쯤에 구약의 나머지 책들의 대부분이 많은 외경적 혹은 제2 정경적 책들과 함께 헬라어로 번역되었다. 그러나 구약의 헬라어 번역은 오경으로부터 시작되었다. 만약 『70인역』이 시작되었을 때 히브리어 성경의 다른 책들이 유대인들 중에서 성경으로 광범위하게 승인되었더라면 그것들은 그 번역본에 포함되었을 것이다. 그러나 그것들은 포함되지 못했다.

그러나 우리는 주전 4세기 이전(아마도 더 이른 시기) 및 그 이후에 유대인들 중에서 있음직한 선지서들의 중요한 영향력을 무시해서는 안된다. 우리는 열왕기하 7:13에서 선지자들의 작품에 대한 언급들을 본다. 또한 예레미야 26:4-6, 16-18(보다 이른 미 3:23을 언급하면서), 역대하 26:22 및 32:32(이사야 선지자를 언급하면서), 에스라 9:10-12 및 스가랴 7:12에서 보듯이, 구약의 후기 문헌들에서 선지서들에 대해 주의를 기울일 것이 요청된다. (현재 소실된 영향력 있는 예언서들에 대한 언급들에 대해서는 대상 29:29; 대하 9:29; 12:15; 13:22; 33:19를 보라). 그럼에도 불구하고, 율법서가 모든 문서들 중에서 우선권이 주어졌다는 데는 의심이 없다. 율법서는 유대교 성경의 다른 책들보다 앞서 기록되었다고 믿어진다. 일부 학자는 율법서와 선지서에 대한 동시 승인이 있었다고 제안한다. 그러나 누구도 위에서 언급된 본문들로부터 그러한 인상을 받지 않는다. 유사하게, 유대교 성경의 3분의 1을 차지하는 성문서에 대한 승인은 분명 후대에 이루어졌다. 따라서 주후 2세기 중후반까지 구약의 어떤 목록이나 모음집에 나타나지 않는다. 그 이전에 등장한 어떤 추가적인 모음집이 있었을까? 아마도 그럴 것이다. 그러나 그것들은 이름 붙여지지도 않았고, 또한 보다 이른 시기의 언급들은 시대착오적으로 후대의 분류들에 도입했다는 것을 제외하고는 우리가 그 안에 무엇이 포함되었는지를 말할 수도 없다.

● 주전 약 170년부터 주후 68년까지 경전의 두루마리들을 복사하고 제작한 에세네파 유대 공동체의 쿰란 유적. 중간에 보이는 보다 넓은 공간은 스크립토리움(*scriptorium*, 필사실)이라고 불렸다. 이곳에서 경전 사본들이 제작되었다.

사해 사본

위에서 언급된 성경 모음집들 중 어느 곳에도 속하지 않았던 많은 유대 종교 본문들이 주후 1947년 및 이후 몇 년 동안에 사해 사본들 가운데서 발견되었다. 사해 북서쪽 해변에 위치한 쿰란 및 근교의 동굴들에서 발견된 960개 이상의 종교적 사본들 중에서 『에스더』를 제외한 구약책들 모두가 발견되었고 또한 그들 중 일부는 다수의 복사본들에서 등장했다. 『에스더』의 부재는 역사의 우연인 것 같다(아마도 그 책이 발견되었던 동굴에는 벌레가 한 마리 더 있었던 것 같다!). 그러나 이 발견은 단지 구약책들뿐만 아니라 다른 많은 책들도 포함하고 있다.

사본들의 대략 200개는 성경의 책들을 담고 있고, 약 700개의 사본들은 주전 약 170년부터 주후 68년까지 유대인들 중 에세네파의 신앙에 대해 정보를 제공하는 다른 유대 종교 책들을 담고 있다. 여기서 언급하고 싶은 것은 사본들의 정확한 숫자를 딱 맞게 진술하는 것이 어렵다는 점이다. 왜냐하면 많은 사본들이 조각난 상태이고 또한 사실 서로 다른 사본들에 속한 것이라고 여겨지는 조각들의 일부는 동일한 사본에서 나왔을 수 있기 때문이다. 그러므로 그곳에서 발견된 사본들의 정확한 숫자를 결정하기 어렵다.

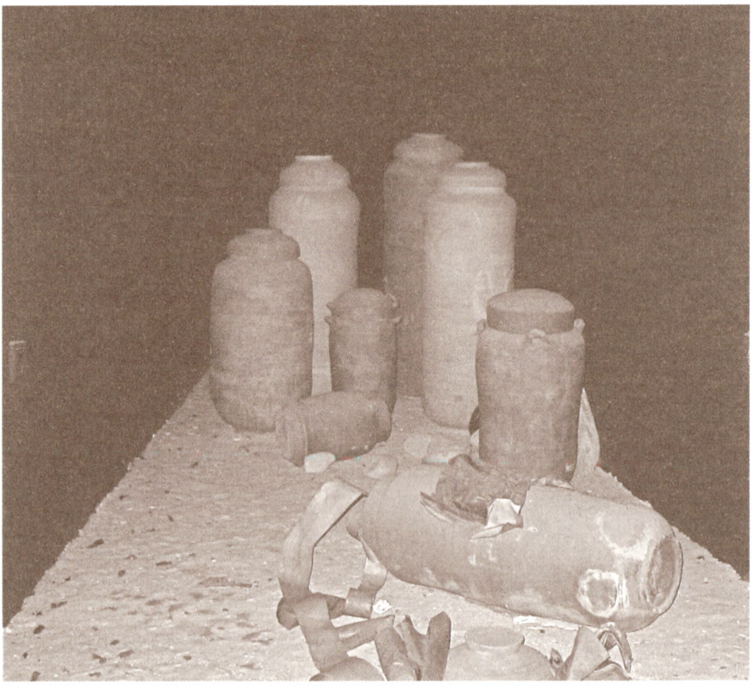

● 쿰란의 방문자 안내소에 진열되어 있는 쿰란 근처에서 발견된 사해 사본들을 담고 있었던 항아리들의 복제품.

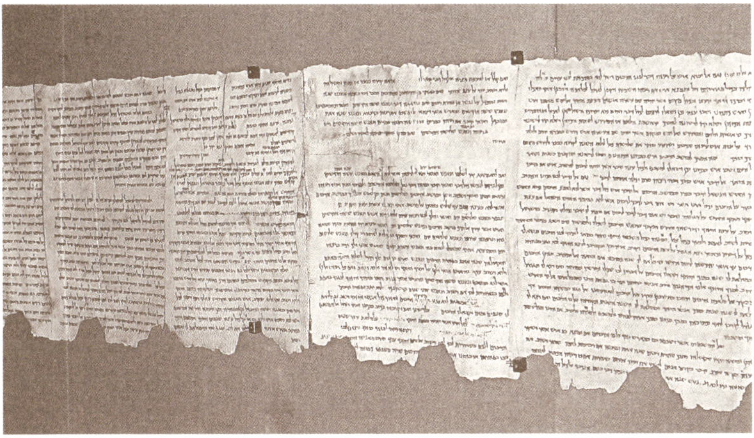

● 사해 북서 해변의 쿰란에 위치한 방문자 안내소에 진열되어 있는 사해 사본 복제품.

일부가 주전 4세기 후반의 연대를 가지고 있는, 쿰란의 성경 외의 많은 책들의 존재는 유대교 성경의 범위 문제가 예수 시대에 정착되지 않았음을 시사한다. 많은 학자들이 제기하듯이 여타 많은 유대교 종교 본문들이 주전 2-1세기 동안 유대인들에 의해 작성되고 수용된 이후, 계속해서 기독교인들에 의해서도 수용되었기 때문에 유대교 성경 정경이 그 시대 이전 혹은 그 기간 동안에 정착되었다는 것은 믿기 어렵다. 현재 비-성경적이라고 여겨지는 많은 문헌들이 쿰란 혹은 그 근교의 11개로 알려진 동굴들에서 성경책들과 어떤 명백한 혹은 일관된 구분 없이 나란히 놓여 있었다. 물론, 이는 유대교 성경의 최종 형태가 주전 1세기 및 주후 1세기 동안에 여전히 진행 중인 작업이었음을 시사한다.

● 뒤쪽에 보이듯이 사해의 북서쪽 해선에 위치한 쿰란 에세네파 공동체의 폐허를 바라보는 광경.

쿰란에서 발견된 사해 사본의 대부분은 분파적이지 않다. 즉, 이 사본들을 필사하고 보존했다는 에세네파로 알려진 작은 유대 종파가 이 책들 모두를 저술하지 않았다는 것이다. 대신 그 책들은 이스라엘 땅 그 어느 곳에서 이 공동체로 옮겨졌다. 또한 그것들은 예수 시대에 회람되었다. 일부 두루마리들은 신약의 언어에서 발견되는 병행 본문들을 가지고 있다. 예를 들어, "인자가 그의 영광의 보좌에 좌정했다"라고 말하는 『에녹 1서』를 구성하는 다섯 개의 부분들 중 하나인 『비유의 책』*Parables of Enoch*의 한 구절이 있다(『에녹 1서』 62:5. 『비유의 책』에 대해서는 『에녹 1서』 37-71을 보라). 이 구절은 마태복음 19:28 및 25:31에 동일한 혹은 유사한 표현을 사용한 예수의 가르침 가운데서만 발견된다. 다시 한번 말하지만, 이 말씀은 유대 문학 중 어느 곳에서도 발견되지 않는다. 비슷하게, 잘 알려져 있듯이, 유다서 14절은 『에녹 1서』 1:9을 언급한다. 그러한 많은 문헌들이 이스라엘 땅과 예수 시대의 다른 곳에서 회람되고 있었다. 그리고 후대에 많은 기독교인들이 그들 중 일부를 자신들의 초창기 거룩한 모음집들에 포함시켰다. 일부 기독교인들은 그 책들의 일부를 경전처럼 지속적으로 사용하고 언급했는데, 특별히 에티오피아에서 그랬다. 그러나 다른 곳에서도 수 세기 동안 지속되기도 했다.

● 유명한 쿰란 동굴 4번. 이곳에서 대량의 사해 사본이 발견되었다. 이 동굴은 쿰란 유적으로부터 불과 몇 백 미터 떨어져 있다.

● 쿰란에 위치한 큰 시편 모음집으로 가장 잘 알려진 사해 사본 동굴 11번. 많은 시편들이 성경 본문 안에 있는 것과 동일하나 그렇지 않은 것들도 많다. 몇몇, 쿰란 시편 판들은 학자들이 정경 시편들 중에 있는 이전의 차이 혹은 불연속들을 채우는 데 도움을 준다.

또한 사해 사본들 중에는 유대인들 중에서 경전들의 또 다른 모음집들을 확인해 주는 중요한 본문이 하나 있다. 이 본문은 4QMMT (혹은 4Q394-399, 아마도 주전 약 150년의 이른 시기)로 항목화되었는데, 이는 또한 『할라카식의 편지』*Halakic Letter* 혹은 *믹사트 마아세흐 하-토라* *Miqsat Ma'aseh ha-Torah*(히브리어, "율법에 대한 일단의 작품들")로 알려져 있다. 이는 "모세의 책과 선지자들과 다윗… 그리고 세대들의 말씀들"이라고 언급한다. 일부 학자들은 이 본문이 세 부분으로 된 유대교 정경에 대한 언급이라고 주장한다. 그것이 승인된 책들의 유대 모음집의 성장에 대한 초기 언급인 것 같기는 하나 전체적으로 모호하다. "다윗"은 다윗 시편 모두를 언급하는 것일 수 있다. 그러나 혹자들이 제안하듯 다른 시가서들을 언급하는 것일 수 있다. 혹은 그것은 단순히 시편을 언급할지도 모른다(눅 24:44의 경우처럼).

쿰란에서 유대교 성경에 대한 가장 일반적인 명칭은 "모세… 그리고 선지자들"(1QS 1:23) 혹은 "율법의 책들… 그리고 선지자들의 말씀들"(CD 7:15-17)인 것이 분명하다. 이 세 본문들 중의 생략들은 이 파편적 사본들에서의 공백들을 보여 준다.

사해 사본은 벌레들이나 날씨에 따른 악화로 인해 본문에 공백을 종종 가지고 있고 매우 파편적이기 때문에, 종종 그것들을 읽는 것은 특별한 도전거리가 된다. 『성전 두루마리』*Temple Scroll*와 『여호수아』에서의 다음의 두 예들은 이 본문들을 읽는 것의 어려움을 상세히 설명해 준다. 다행스럽게, 적외선 카메라와 기술들의 유용성이 이 사본들에 있는 본문을 보다 분명하게 파악하는 것을 가능하게 했다. 비록 이 기술들조차 잃어버린 것을 복원할 수는 없을지라도 말이다. 그것은 종종 원 본문의 단어들을 종합하도록 학문적 추측을 이끌어 낸다.

사해 사본 중에서 발견되는 많은 양의 성경 외의 책들의 존재는 유대교 성경의 범위 문제가 주전 1세기 및 주후 1세기에 혹은 그 전에 정착되지 않았음을 시사한다. 많은 학자들이 제기하듯이, 여타 많은 유대교 종교 본문들이 주전 2세기 및 1세기 동안 유대인들에 의해 작성되고 받아들여진 이후 계속해서 기독교인들에 의해서도 받아들여졌기 때문에 유대교 성경이 그 시대 이전 혹은 그 기간 동안에 정착되었다는 것은 믿기 어렵다. 현재 비-성경적이라고 분류되는 많은 문헌들이 쿰란 혹은 그 근교의 11개로 알려진 동굴들에서 성경책들과 어떤 명백한 혹은 일관된 구분 없이 나란히 놓여 있었다. 물론, 이는 유대 성경의 최종 형태가 이 기간 동안에 여전히 진행 중인 작업이었음을 시사한다.

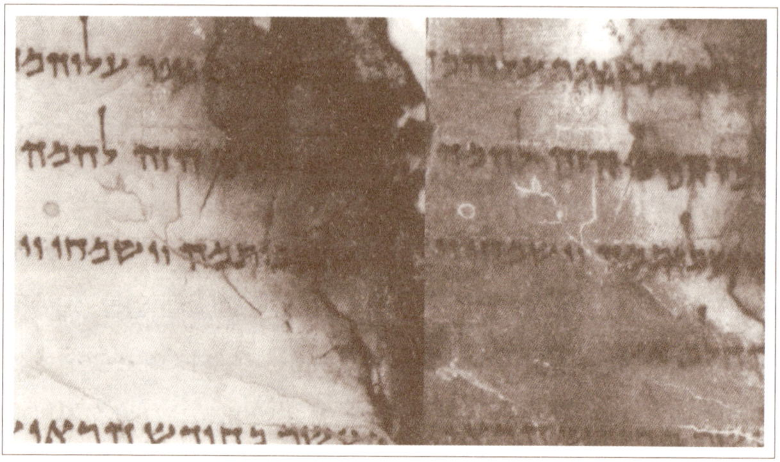

● 일반 사진(왼쪽)과 강화 사진(오른쪽)에 담긴 쿰란 근교에서 발견된 사해 사본에 속한 『성전 두루마리』 파편(17번째 세로 단). 기록된 본문의 뚜렷한 선명도에 주의하라. 특별히, 보이는 다섯 중의 네 번째 줄. 본문의 그 짧은 줄은 일반 사진에서는 거의 보이지 않는다. J.H. Charlesworth, Ken and Bruce Zuckerman, K.T. Knox, R.L. Easton 및 R.H. Johnston의 허락을 받음.

● 여호수아 1:7-12 및 2:2-3의 사해 사본 복사본 파편. Schøyen Collection, MS 2713에 대한 허가를 받음. collection@schoyen.net에서 이것들과 다른 사본들을 보라.

● 쿰란에 인접한 곳의 산들을 바라본 광경. 이곳에서 사해 사본들을 담고 있던 11개의 동굴들 중 일부가 발견되었다. 사진 중간에 손으로 만든 통로는 우기 동안에 쿰란에 있는 지하 물탱크에 물을 공급하는 와디(wadi, 종종 말라버리는 강바닥)로부터 나오는 수로였다.

성경에 대한 1세기 언급들

헬라 문화에 영향을 받은 유대인 학자 필론(필로)Philo(주전 약 20년-주후 40년)가 『묵상 생활에 대하여』*On the Contemplative Life*라는 논문을 기록했다. 거기서 그는 경건한 유대인 무리에 대해 이야기하는데, 그들은 *테라페우타이Therapeutae*(문자적으로 "치유자들"을 의미하는 유대교 분파의 고행 수도자들-옮긴이)라는 이름으로 통했고, 기도와 "율법과 선지자들의 입을 통해 전달된 신탁들 및 시편들과 그 밖에 무엇인가 [혹은 '나머지 것들']"을 공부하기 위해 특별한 은신처로 갔다(『묵상

● 몇몇 사해 사본이 발견된 실제 진흙 항아리. 이것은 베들레헴의 위치한 William Kando 상점에 있다. 현 소유자의 아버지는 사해 사본을 발견했던 베두인 목동들로부터 그것들의 일부를 구입한 첫 번째 사람이었다.

생활에 대하여』 3.25). 다시 한번, 이 구절은 율법서와 선지서들뿐만 아니라 다른 문헌들을 인식하고 있는 것처럼 보인다. 불행하게도, 필론은 어떤 책들이 이 범주들의 어떤 곳에 속하는지 명료하게 하지 않았다. "시편들"에 대한 언급은 앞서 살펴본 누가복음 24:44의 구절과 유사한 것처럼 보인다. 이는 단지 특정화되지 않은 시편 모음집에 대한 일반적인 언급일 것이다.

필론으로부터의 이 예는 율법서가 먼저 승인되고, 그러고 나서 선지서들이 승인된 구약 성경 승인의 더딘 진전을 잘 보여 준다. 이러한 점은 회당에서 율법을 읽는 일에 항상 부여된 우선권뿐만 아니라, 다른 모든 책들에 대해 항상 "토라"에 부여된 우선권에서 발견될 수 있다. 또한 율법서는 회당에서 분리되어 보관되었고, 선지서 혹은 성문서는 율법서 위에 결코 얹어질 수 없었다.

신약에서 잘 알려진 유대인들과 사마리아인들의 분열이 유사한 실례가 된다(눅 9:52-53; 10:29-37; 마 10:5-6). 이 분열은 이스라엘 땅에 대한 페르시아 통치 시기에 발생했고(주전 약 500-330년), 에스라 4장에서 맨 처음 언급됐다. 그 이후(주전 약 150-100년) 사마리아인들은 자신들만의 오경 판본을 제작했다. 이 판은 유대인의 오경과 일치하지 않는 점들이 있었는데, 특별히, 출애굽기 20:17과 그리심산이 제사 장소로 소개되는 신명기 27:4에서 그렇다. 자신들의 오경을 구성함에 있어, 사마리아인들은 오경의 헬라어 『70인역』 배후에 있는 것과 동일하거나 유사하면서도, 연대적으로 주전 3세기 초반에서 중반 사이에 속한 듯한 히브리어 본문을 사용한 것 같다. 그들은 또한 현재 히브리어 성경의 마소라 본문Masoretic text보다 더 이른 시기의 본문을 사용했다. 사마리아인들에게 있어서는 *토라* 혹은 사마리아 오경Samaritan Pentateuch만이 성경이었다. 그들은 자신들의 성경을 제작할 때 히브리어 성경에 포함되어 있는 선지서들 혹은 성문서들을 채택하지 않았다. 그래서 그들이 유대인들과 결별하게 되었을 당시에, 유대교 성경의 일부분으로서 선지서들에 대한 어떤 형식적 승인이 없었다는 것이 논쟁거리가 되었다. 일부 성경학자들이 그 논쟁에 이의를 제기했을지라도, 그 논쟁은 약간의 유익이 있었다.

주후 1세기 후반에 유대인 역사가이자 변증가인 요세푸스 『아피온 반박』이라고 불리는 유대인들을 위한 변증서를 저술했고, 로마에서 그것을 로마 황제 칼리굴라Caligula 앞에 제시했다. 이 호소에서 그는 유대교 성경에 속한 문헌들에 대한 제한된 숫자, 즉 22권의 문헌들에 대해 말했다. 그는 그것들을 문헌 유형, 즉 *분류* 혹은 범주로 구분했다. 그러나 그것들을 명명하지는 않았다. 그 구절이 유대교 성경 정경에 대한 초기 연대를 주장하는 이들에게 매우 중요하기 때문에 다음에 포함시키고자 한다.

> 그러므로 자연스럽게, 오히려 필연적으로 그렇게 된다(우리에게 있어서 모든 사람에게 문서를 기록하는 것이 개방되어 있지 않고, 또한 무엇이 기록되는지에 있어서 불일치가 없는 것으로 보아서; 반대로, 하나님께 의존한 영감을 통해 아득하고 오래된 역사에 대한 지식을 얻고 또한 그들 시대의 사건들에 대한 가장 분명한 이야기를 그것들이 발생한 대로 기록하도록 헌신한 선지자들만이 이 특권을 가지고 있었던 것으로 보아서)-우리가 서로 상충되어 일관성이 없는 무수히 많은 책들을 가지고 있지는

않다고 나는 말하고 싶다. *정당하게 승인받은 우리 책들은 단지 22개이며, 그것들은 모든 시대에 대한 기록을 담고 있다.*

이들 중 *모세의 책은 다섯* 권이다. 이는 (율)법들과 인류의 탄생으로부터 율법 수여자의 죽음에 이르는 전통적인 역사로 구성되어 있다. 이 기간은 삼천 년에 약간 못 미치는 기간에 해당된다. *모세의 죽음으로부터* 페르시아 왕으로 크세르크세스Xerxes를 계승한 *아닥사스다Artaxerxes(아르타크세르크세스)까지, 모세 이후의 선지자들은 13권의 책들에 그들 시대의 사건들에 대한 역사를 기록했다. 나머지 네 권의 책들은 하나님에 대한 찬송과 인생의 행동을 위한 계율들을 담고 있다.*

아닥사스다(아르타크세르크세스)으로부터 우리 시대에 이르기까지 완전한 역사가 기록되어 있다. 그러나 그것은 이전 시대의 기록들과 동일한 일정을 받을 가치가 있다고 생각되지 않는다. *왜냐하면 선지자들을 빈틈없이 계승하는 데는 실패했기 때문이다.*

우리는 우리 성경에 대한 존경심의 실제적이 증거를 제공해 왔다. 그러므로, 비록 지금까지 그렇게 오랜 시간이 지났음에도 불구하고, *어느 누구도 한 음절이라도 덧붙이거나 혹은 삭제하거나 혹은 변경하고 하지 않았다.* 성경을 하나님의 법령으로 간주하고, 그것을 준수하고, 또한 만약 필요하다면 그것을 위해 기꺼이 죽는 것은 모든 유대인에게 있어서 태어나는 날부터 본능적인 것이다. 지금까지 몇 번이고 그 광경이, 율법과 그와 연관된 문서들에 대한 한마디를 언급하는 것보다, 극장에서 다양한 모습으로 고문과 죽음을 감내했던 죄수들에 의해 증거되어 왔다(『아피온 반박』 1.37-43. H. St. 새커리Thackeray의 영역 LCL을 사역함. 강조는 추가됨).

모든 요세푸스 학자들이 모든 유대인들이 모든 곳에서 이 22권의 거룩한 책들을 알았고 그것을 위해 죽었다는 요세푸스의 이야기에 동의하지는 않는다. 이 책들이 무엇이었는지는 불분명하다. 왜냐하면 그가 그 책들을 단지 범주로만 제시했기 때문이다. 그러나 만약 "모든 유대인이 모든 곳에서" 그것들을 알았다면, 디아스포라 유대인들(이스라엘 땅 밖에 사는 이들) 중에서 유대교 성경의 그렇게 제한된 모음집에 대한 증거를 발견하지 못한다는 것이 주목할 만하다. 예를 들어, 주후 2세기 말엽에 엄청난 유대인 인구를 가졌던 대도시 사르디스에서 그 도시의 교회 주교 멜리톤(주후 약 170-180년)이 구약 성경의 어떤 책들이 성경으로 승인되었는지에 대해 정확히 알고 있지 못했고 그래서 그것들 알아내기 위해 이스라엘 땅으로 특별 여행을 떠났었다는 점을 기억하라. 만약 이 사안이 그의 시대 이전부터 오랫동안 잘 알려져 있었다면, 왜 그가 길을 건너 그가 발견할 수 있는 가장 가까운 곳의 유대인에게 물어보지 않았겠는가? 그는 사르디스로 돌아와 구약책들의 목록을 출판했다. 그리고 그의 목록은 히브리어 성경의 거의 모든 책들을 포함하고 있었다. 그러나 그것은 주후 2세기 랍비 전통에 속한 유대인들에 의해 제시된 것과 정확히 일치하지도 또한 그 순서나 차례가 동일하지도 않았다. 멜리톤은 『잠언』 뒤에 외경적 혹은 제2 정경적 책인 『솔로몬의 지혜서』를 덧붙였고, 또한 『에스더』를 생략했다. 우리는 아래에서 에우세비오스에 의해 주후 4세기에 보존된 멜리톤의 이야기를 자세히 볼 것이다(『교회사』 4.26.13-14).

요세푸스와 거의 동일한 시기, 즉 주후 1세기 후반 가량에 유대교 성경 안정화의 초창기 조짐들에 빛을 던져 주는 또 다른 중요한 작품이 저술되었다. 『에스라 4서』는 가명적 유대교 문헌이다. 후에 기독교인들이 1-2장 및 15-16장을 첨가시켰고 또한 그들의 경전에 포함시키기도 했다. 이 책의 저자는 바벨론으로부터 유대인의 귀환 이후에 어떻게 기적적으로 에스라가 이스라엘의 성경을 회복했는지에 대한 이야기를 진술한다. 『에스라 4서』의 저자에 따르면, 그 회복 과정 동안 서기관들은 소실된 책들을 기록하도록 영감하신 하나님께 집중했다. 그 본문과 관련된 부분은 다음과 같이 되어 있다.

> 더욱이 지고하신 분께서 이해력을 그 다섯 명에게 주셨다. 그리고 그들은 차례대로 그들이 알지 못했던 글자들을 사용해 받아 적어야 할 것을 기록했다. 그들은 40일을 앉아 있었다. 그들은 낮 동안에는 기록했고 밤에는 식사를 했다. 그러나 나에 대해 말하자면, 나는 낮에는 말을 했고 밤에도 잠잠하지 않았다.
>
> 그래서 40일 동안 94권의 책들이 저술되었다. 그리고 40일이 다 지났을 때, 지고하신 분께서 나에게 말씀하셨다. 이르시기를, "네가 처음 기록했던 24권의 책을 공표하라. 가치 있는 자들과 무가치한 자들로 그것들을 읽게 하라. 그러나 나중에 기록된 70권은 네 백성들 중에 지혜자들에게 주기 위해 잘 보관하라. 왜냐하면 그것들 안에는 인해의 샘, 지혜의 원천, 지식의 강이 있기 때문이다." 그리고 나는 그렇게 행했다(『에스라 4서』

14:42-48. 영역 NRSV를 사역함).

위 본문의 저자는 "가치 있는 자들과 무가치한 자들"에 의해 읽힐 수 있는 24권의 책들뿐만 아니라, "네 백성 중에 지혜자들"을 위한 70권의 추가적인 모음집을 받아들였다. 어떤 책들이 각각의 모음집에 있었는지는 불분명하다. 그러나 아마도 24권의 책들은, 비록 다르게 숫자가 매겨지고 배열되었을지라도(위를 보라), 후대의 바벨론 탈무드 『바바 바트라』*b. Baba Batra*("마지막 문". 바벨론 탈무드[*b.*로 표시] *Seder Nezikin*["해악"]에 포함된 열 개의 논문들 중 하나-옮긴이) 본문(아래를 보라) 안에 언급된 그리고/혹은 요세푸스에 의해 언급된 모음집과 동일한 것이었을 것이다.

주후 2세기의 성경 모음집들

유대교 성경 정경에 속한 책들의 첫 번째 목록은 바벨론에서 기인했을 바벨론 탈무드 『바바 바트라』 14b(주후 약 140-180년)라고 불리는 주후 2세기 랍비 전통을 따르는 본문에 들어 있다. 그것은 그 숫자를 (『에스라 4서』 14장에서처럼) 24로서 규정할 뿐만 아니라, 그것들을 의미심장하게 율법서, 선지서, 성문서로서 분류했다. 이것이 유대교 성경의 세 부분들 및 그것들에 포함된 특정한 책들에 대한 첫 번째 분명한(그리고 아직 현존하는) 언급이다. 그 본문과 관련된 부분은 다음과 같이 되어 있다.

우리의 랍비가 가르쳤다: 선지서의 순서는 『여호수아』, 『사사기』, 사무엘서, 열왕기, 『예레미야』, 『에스겔』, 『이사야』 및 『12 소선지서』. 이것을 자세히 보자. "하나님께서 첫 번째로 호세아에게 말씀하셨다"("여호와께서 비로소 호세아로 말씀하시니라"[『개역개정』])라고 기록된 것처럼(호 1:2) 『호세아』가 첫 번째이다. 그러나 하나님께서 호세아에게 첫 번째로 말씀하셨나? 모세와 호세아 사이에 많은 선지자들이 있지 않았었나? 그러나 랍비 요하난R. Johanan(주후 250-290년)은 [그것이 의미하는 것은] 그가 그 기간에 예언했던 네 명의 선지자들, 즉 호세아, 이사야, 아모스, 미가 중에 첫 번째였다고 설명했다. 그렇다면 호세아가 가장 먼저 와야 하는 것 아닌가? - 왜냐하면 그의 예언은 학개, 스가랴 말라기의 예언과 함께 기록되었고, 또한 학개, 스가랴, 말라기가 선지자들 중 마지막에 오기 때문에, 호세아는 그들과 함께 고려되었다. 그러나 왜 그가 분리되어 기록되며 또한 첫 번째에 놓여서는 안 되는가? - 다시 보자. 이사야는 예레미야 및 에스겔보다 이전이다. 그렇다면 왜 이사야가 첫 번째에 놓여서는 안되는가?- 왜냐하면 열왕기가 파괴에 대한 기록으로 끝나고 『예레미야』는 전체적으로 파괴에 대해 이야기하고 『에스겔』은 파괴로 시작하여 위로로 끝나며 『이사야』는 위로로 가득 차 있기 때문이다. 그러므로 우리는 파괴 다음에 파괴를 놓고, 위로 다음에 위로를 놓은 것이다. [우리의 랍비가 가르쳤다]: 성문서*Hagiographa*의 순서는 『룻기』, 『시편』, 『욥기』, 『잠언』, 『전도서』, 『아가』, 『예레미야애가』, 『다니엘』, 에스더의 두루마리, 『에스라』 및 역대기이다. 자, 욥이 모세 시대에 살았다는 점에서 『욥기』가 가장 먼저 와야만 하는 것이 아닌가? - 우리는 고통의 기록으로 시작하지 않는다. 그러나 『룻기』 역시 고통의 기록인데? - 그것은 [행복에] 속편을 가지고 있는 고통이다. 랍비 요하난이 말한 것처럼: 왜 그녀의 이름이 룻이라고 불렸는가? - 왜냐하면 거룩한 분, 그가 복되시길, 그분을 찬송과 찬양으로 가득 채운 다윗이 그녀로부터 나왔기 때문이다.

누가 성경을 기록했는가? - 모세가 그 자신의 책과 발람 및 『욥기』의 일부를 저술했다. 여호수아는 자신의 이름을 가진 책과 오경의 (마지막) 여덟 구절을 저술했다. 사무엘은 자신의 이름을 가진 책과 『사사기』 및 『룻기』를 저술했다. 다윗은 『시편』을 저술했는데, 그 안에는 10명의 장로, 즉 아담, 멜기세덱, 아브라함, 모세, 헤만, 여두둔, 아삽 및 고라의 세 아들들의 작품이 포함되어 있다. 예레미야는 자신의 이름을 가진 책, 『열왕기』 및 『예레미야애가』를 저술했다. 히스기야와 그의 동료들은… 『이사야』, 『잠언』, 『아가』 및 『전도서』를 저술했다. 유대교 총회the Men of Great Assembly는… 『에스겔』, 『12 소선지서』, 『다니엘』 및 에스더의 두루마리를 저술했다. 에스라는 자신의 이름을 가진 책과 자신의 시대에 이르기까지의 역대기 내의 족보들을 저술했다.… 그러면 누가 그것[역대기의 책]을 마무리했는가? - 하가랴의 아들 느헤미야이다(Leiman, 52-53의 번역을 사역함).

위의 본문들 대부분에서 명확한 것은 유대교 성경의 영향력 있는 다양한 모음집들이 요시야(유다의 통치자. 주전 640-609년) 시대로부터 주후 1세기 및 그 이후에 이르기까지 유대인들 가운데서 회람되고 있었다는 것이다. 이 모음집들을 구성하고 있었던 것은, 위의 언급들 중 마지막 것을 제외하고는 어느 곳에서도 거의 분명하지 않다. 그러므로 바벨론 탈무드 『바바 바트라』 14b의 본문은 유대교 성경(히브리어 성경)을 구성하고 있는 책 모음집의 첫 번째로 분명하게 언급되고 현존하는 목록이다. 이 본문 이전에는 유대교 성경의 세 번째 부분이 무엇이었는지 혹은 선지서 혹은 성문서 안에 어떤 책들이 포함되어 있었는지가 분명하지 않았다. 의심할 것 없이 (전부는 아니더라도) 목록화된 문헌들의 대부분은 유대인 중에서 오랫동안 성경으로 인정되었다. 그러나 우리는 이보다 더 이른 확정에 대해서는 알지 못한다. 예를 들어, 신약에서 "선지자들"라고 언급한 것은 『시편』의 일부 혹은 전체를 포함하여, 단순히, 율법서에 속하지 않았던 성경의 모든 책들을 포함하고 있었던 것 같다. "율법과 선지자"는 유대교 성경 모두를 포함하고 있는 것으로 보인다(예로, 마 5:17; 7:12; 눅 24:44; 눅 16:16; 요 1:45; 롬 3:21; 행 28:23을 보라). 시편 82:6을 "율법"으로 언급하고 있는 요한복음 10:34과 사도 바울이 이사야 28:11-12을 이미 앞서 살펴본 바와 같이 성경 언급을 위한 전형적인 양식인 "율법에 기록된 바"로 소개하는 고린도전서 14:21에서 보듯이, 때때로 "율법"이 유대교 성경 전체에 대한 명칭인 것처럼 보인다.

초대 기독교인들이 주후 2세기에 최종적으로 확인된 유대교 성경을 인정한 반면, 그들은 3부 구조로 된 히브리어 성경의 구성을 받아들이지 않았다. 본질적으로 이 삼중 구조는 아무런 문제가 없었다. 그러나 대부분의 기독교인들은 그것을 따르지 않았다. 히브리어 성경의 모든 책에 외경적 혹은 제2 정경적 책들을 추가하여 포함시킨 로마 가톨릭 교회와 정교회 정경조차 히브리어 성경의 이 삼중 구조를 따르지 않았다. *대조적으로 기독교 구약은 일반적으로, 율법서, 역사서, 시가서 (그*

렇지 않으면 지혜서) 및 선지서로 분류된다. 이 구조적 차이에 대한 가장 그럴싸한 설명은 기독교인들이 유대인 공동체로부터 분리되기 시작했을 때(주후 62-135년) 그 3부로 된 구조가 존재하지 않았다는 것이다. 우리가 주후 처음 두 세기 전반의 유대 문학은 경전들로 "율법" 혹은 "율법과 선지자"로 규칙적으로 언급했다는 것과, 심지어 위에서 살펴보았듯이, 주후 1세기에는 "율법"과 "선지자"의 구분조차 분명하게 정의되지 않았다는 것을 기억해 내면 좋을 듯하다. 유대교 성경의 삼중 구분은 늦게 이루어졌고, 꽤 후대까지 랍비들 중에서 특별히 인기가 있지도 않았다.

우리가 이미 보았듯이, 주후 2세기의 *일부* 랍비들은 그들의 성경을 세 부분(율법서, 선지서, 성문서)으로 구분하기 시작했고 또한 그것들을 총 24권으로 삼았다. 비록 기독교인들이 동일한 책들을 39권으로 제시했을지라도, 유대인들은 『사무엘상』 및 『사무엘하』의 경우에서처럼 여러 책을 한 권의 책으로 합쳤다. 『열왕기상』 및 『열왕기하』, 『역대상』 및 『역대하』, 『12 (소선지서)』의 경우에서도 마찬가지이다. 『에스라』 및 『느헤미야』 역시 때때로 한 권의 책으로 제시되었다. 그런 방식으로 『사사기』 역시 『룻기』와 함께 제시되었다. 그리고 『예레미야』와 『예레미야애가』도 마찬가지이다. 이 책들이 구분되어 계수될 때 그것들은 숫자에 있어서 39권으로 이루진 개신교 구약 성경의 책 숫자와 동일하다. 때때로 유대교 성경은 22권으로 목록화된다. 그러나 그것들은 다른 방식으로 조합된 것으로 24권과 거의 동일하다. 3부로 된 히브리어 정경 구조를 차용하는 대신 기독교인들은 구약을 네 개 (혹은 다섯 개)의 주요 부분들, 즉 율법서 (혹은 오경), 역사서(『여호수아』에서 『에스더』),

시가서 그리고/혹은 지혜서(『욥기』로부터 『아가』) 및 선지서(『이사야』에서 『말라기』)로 구분했다. 이 구분들에 대한 유일하게 알려진 예외들은 모두 주후 4세기 후반에 생산되었고, 그것의 근원지, 곧 이스라엘 땅으로부터의 유대적 영향을 반영하는 시나이티쿠스 코덱스(시내산 사본Codex Sinaiticus)와 히에로니무스의 구약 성경 목록이다. (이 두 예들은 4장 마지막 부분의 도표 4에 제시된다). 그러나 어떤 예들에서도 저자들은 자신들의 분류를 율법서, 선지서 및 성문서로 규정하지 않는다. 양쪽 목록 다 유대적 순서로부터 차이나는 책들을 가지고 있다. 그리고 그것들은 다른 책들도 포함하고 있다. 초대 교회로부터의 압도적인 증거는 그들의 구약의 구분들이 유대인의 3부로 된 정경 구분들과 다르다는 것이다. 또한 유대인의 성경의 3부 구분은 기독교인들이 유대인들로부터 분리된 *후에* 기원했다.

그러므로 주후 1세기에 유대교 성경(히브리어 성경)을 구성한 책들은 아직 유대인들과 예수의 추종자들에게 있어 아직 일단락된 것이 아니었다. 그러나 전부는 아니더라도, 후에 유대교 성경을 구성한 대다수의 책들이 그 시대에 이르러 성경으로 광범위하게 인정받았다. 그러나 기독교 시대가 시작된 이후 적어로 한 세기 동안 랍비 전통을 따르는 유대인들은 여전히 그들의 성경에 속한 책들 일부의 생존력 및 신성함을 논의하고 있었다. 『아가』의 경우가 그런데, 그 내용은 일차적으로 남자와 여자 간의 사랑이다. 『에스더』의 경우 하나님의 이름이 포함되어 있지 않다. 『에스겔』의 경우 재건될 성전에 대한 계획이 성전에 대한 보다 이른 시기에 속한 오경의 묘사와 이질적이다. 유대인들은 또한 『전도서』가 거룩한 책인지 아닌지에 대해 논의했는데, 그 이유는 그 책이 삶에 대해 매우 부정적이며, 심지어 비관적이기까지 하기 때문이다. (예를 들어, 미쉬나 『야다임』*m. Yadaim* 3.5를 보라). 주후 2-3세기의 많은 랍비들 역시 계속해서 『시락서』(『집회서』)의 거룩성을 입증하려 노력했다. 그러나 후에 랍비들은 그것을 자신들의 거룩한 모음집들에서 탈락시켰다. 결과적으로 유대교 성경의 거룩한 책들의 이름과 숫자는 보다 안정화되었다. 그러나 랍비 전통을 따르는 유대인들 혹은 그들의 제자들이 언제고 성경의 범위에 대한 공식적 보고를 했다는 증거는 없다.

그러나 그리스-로마 세계의 대다수의 유대인들은 히브리어나 아람어를 알지 못했다. (『다니엘』의 대략 절반 부분에서처럼 구약의 몇몇 부분이 아람어로 기록되었다. 게다가 복음서 기사들 중 발견되는 몇몇 표현들로 증명되듯이, 예수 시대에 이스라엘 땅의 유대인들의 언어는 아람어였다). 그 결과 그들은 성경의 헬라어 번역본을 사용했다. 다시 말해, 구약을 인용할 때 『70인역』을 언급했던 초대 기독교인들처럼, 유대인들도 『70인역』을 읽었다. 『70인역』은 현재 로마 가톨릭 교회 및 정교회 성경들의 일부분인 많은 수의 외경들을 포함하고 있기도 했다. 이 추가적인 책들은 지중해 지역의 디아스포라 유대 공동체에 잘 알려져 있었고 또한 사용되기도 했다.

율법서는 분명히 유대인들에 의해 *첫 번째로* 승인된 성경이었다. 그러나 특별히 구약 시대 말기에 선지서(선포하는 선지자들이나 저술했던 선지자들 모두)는 증대하는 영향력을 행사하기 시작했다. 언제 특별히 선지서가 성경으로 승인되었는지 혹은 어떤 것들이 그렇게 승인되었는지를 분명히 해 주는 알려진 전승은 없다. 그러나 그것들의 신적 권

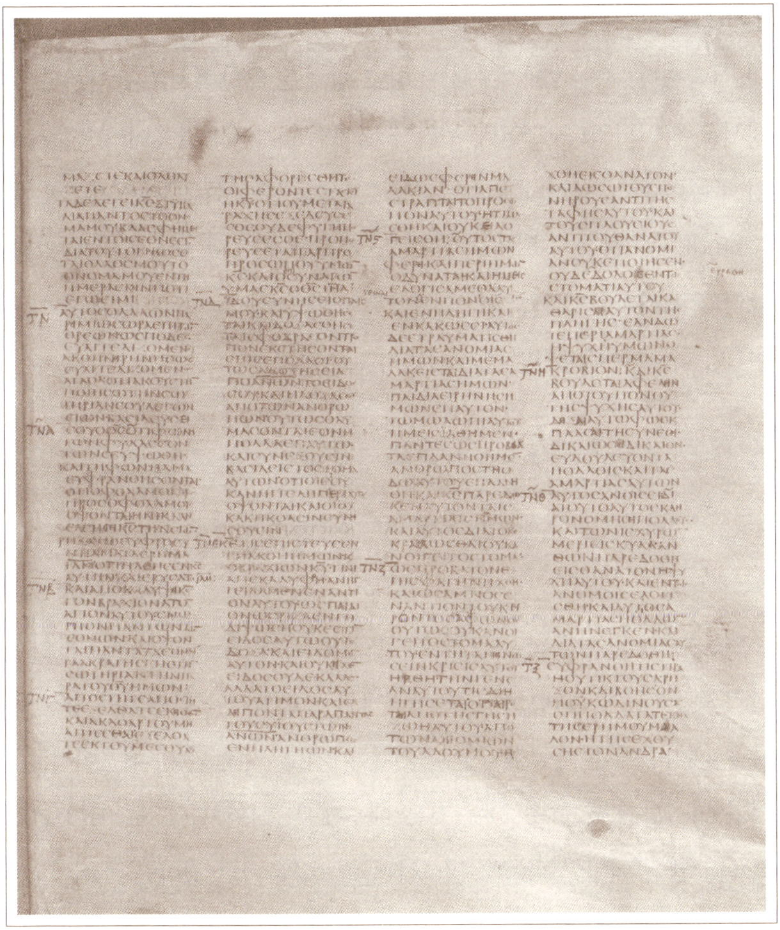

● 헬라어 구약 성경 『70인역』의 가장 오래된 두 개의 사본들 중 하나인, 시나이티쿠스 코덱스(시나이 사본, 주후 약 375년)의 이사야 53장. 이사야 52:5-54:1에 대한 Q45-f.6r[BL-f.63]. 영국 국립 도서관의 허락을 받고 제공됨.

위에 대한 승인은 주전 5세기와 아마도 더 이른 시기에 명백히 알려졌다. 왜냐하면 그때 이후로 줄곧 선지서가 유대인이 삶 가운데 중요한 역할을 했다는 것이 후대에 인정되었기 때문이다. 선지서는 늦어도 주전 180년대(『시락서』)에 이르러서 명칭과 추론에 의해 보다 더 인정받기 시작했다. 주전 2세기부터 유대교 성경은 일반적으로 율법서와 선지서로 확인되었다. 그러나 우리가 위에서도 살펴보았듯이, 이 무리들의 구분이 항상 분명하게 그어지진 않았다. 성문서는 주후 2세기에 일부 유대인들 중에서 하나의 구별된 거룩한 책들의 모음집이 되었다. 그러나 이러한 조치는 위에서 언급된 본문들에서 "다윗"에 대한 이른 언급들로 이미 예상되었던 것이었다.

예수와 초대 기독교인들의 성경

예수는 어떤 성경을 인정하였는가? 첫 번째 대답은 우리는 확실히 알지 못한다. 왜냐하면 우리는 예수께서 승인했거나 인정했던 성경 목록을 제자들에게 제공했다는 증거를 가지고 있지 않기 때문이다. 우리가 확실하게 말할 수 있는 것은 예수께서 『신명기』(4 복음서에서 15회 언급됨), 『이사야』(40회) 및 『시편』(13회)을 선호했다는 것이다. 왜냐하면 예수께서 이 말씀들을 구약의 다른 책들보다 더 종종 언급하셨기 때문이다. 그는 분명 구약 책들 중 대략 3분의 1은 언급하지 않았다. 개신교 구약 성경의 39권 중에서 예수께서는 23권을 인용하거나 언급했다. 예수께서는 『아가』, 『룻기』, 『예레미야애가』, 『전도서』, 『에스더』, 『에스라』 혹은 『느헤미야』를 언급하거나 인용하지 않았다. 예수의 가르침 중 일부는 일단의 성경 외적 책들과 병행되기도 한다. 앞서 살펴보았던 예들로 돌아가 보면, 마태복음 19:28 및 25:31의 "인자가 자기 영광의 보좌에 앉을 때"에 대한 언급은 『에녹 1서』 62.2-3("영들의 주께서 자기 영광의 보좌에 앉았다. 그리고 의의 영이 그 위에 부어졌다"[강조 추가])에만 병행을 가지고 있다. 외경 혹은 성경 외적 문헌들에서 또다른 그러한 병행들이 여럿 있다.

여러 성경신학자들은 예수께서 그의 제자들에게 확정된 구약 성경 모음집을 넘겨주었고 그 모음집은 개신교의 구약 혹은 히브리어 성경 책들을 포함하고 있다고 주장해 왔다. 그러나 만약 그랬었더라도 제자들이 분명히 그 모음집을 잃어버렸던 것 같다. 왜냐하면 그들은 그러한 모음집을 전혀 언급하지도 않았고, 또한 히브리어 성경에 포함되지 않은 여타 종교적 본문들을 종종 언급하고 있기 때문이다. 그러한 확정된 모음집들이 (주후 4세기에) 출현하기 시작했을 때, 그것들은 거의 일치하지 않았다. 다시 한번 여기서 기억해야 할 점은, 비록 구약의 핵심 책들(비록 때때로 다르게 분류되더라도, 율법과 선지서 및 시편)이 초대 교회에 의해 광범위하게 인정되고 자주 언급되었더라도, 수 세기 동안 교회에는 확정된 성경들이 존재하지 않았다는 것이다.

초대 기독교인들을 위한 현재 형태의 구약 성경으로 이끌었던 과정들은 더뎠고 또한 복잡했다. 그러나 또한 초대 기독교인들은 그들의 유대교 형제자매에게서 가져온 유대교 성경에 반영되어 있는 문화적 및 언어적 발전상에 불가분적으로 매여 있었다. 대다수의 기독교인들은 헬라어로 된 구약 성경을 읽었다(즉, 『70인역』[LXX]). 그리고 이것이 또한 그들로 하여금 지중해 주변에서의 초기 선교 활동에 있어서 헬라 전통에 젖어든 헬라어를 사용하는 유대인 청중들에게 매우 잘 접근하도록 만들어 주었다. (우리가 초기 정경들 중에 다른 상이점들을 살펴보았을 때, 『70인역』은 후대에 히브리어 성경을 이룬 책들뿐만 아니라, 현재 많은 기독교인들에 의해 성경 외적인 것들로 여겨지는 많은 책들을 포함하고 있었다). 신약 성경 저자들은 히브리어 본문보다 그들의 구약의 헬라어 번역들을 압도적으로 사용했다(그 시대의 94% 이상). 그리고 손으로 필사한 문서들이라는 점에서 예상할 수 있듯이, 그것들 중에는 적어도 경미한 차이들이 있었다. 결과적으로, 오늘날 기독교인들이 신약에 나타난 구약의 언급들을 읽게 될 때, 구약에 있는 본문을 참조할 경우 그들은 종종 혼돈에 빠져든다. 왜냐하면 그들이 어휘들, 심지어 전체적 의미가 많은 경우 상당히 다르다는 것을 알아채게 되기 때문이다(예를 들어, 고전 15:54에 등장하는 바울의 사 25:8 및 호 13:14의 결합된 언급이 그 구절들이 구약에 등장하는 본문들의 언어 배열과 차이가 나는 방식들을 보라). 종종 헬라어 구약 본문과 히브리어 구약 성경 본문 사이에 상당한 차이점이 발견된다. 최근까지 신학교의 많은 교수들이 그들의 연구에서 『70인역』을 거의 무시했다. 그리고 『70인역』이 초대교회의 성경이었다는 것을 인식하지 못했다! 행복하게도 지금은 히브리어 성경과 헬라어 성경 사이의 병행과 차이점, 게다가 성경 해석을 위한 그것들의 함축들에 대한 훨씬 더 많고 심도 있는 연구가 존재한다. 일부 유대교 및 기독교 학자들은 일부의 경우 구약의 몇몇 본문들의 헬라어 번역이 현재 히브리어 성경 본문보다 더 이른 히브리어 저본에 기초를 두고 있다는 점까지도 인식하고 있다.

외경들의 포함과 배제 역시 초대 기독교인이 알고 읽었던 성경에 대한 필수적인 이슈들을 설명하는 데 도움이 된다. 헬라어 구약 성경의 고대 사본들은 히브리어 성경의 24권(혹은 위에서 보았듯이 다르게 계수될 때는 39권)과 함께 외경들을 포함하고 있다. 몇몇 외경을 포함시키는 것은 초대 교회에서 매우 일반적인 것이었다. 그러나 아우구스티누스가 외경들을 자신의 교회 성경 목록에 포함시켰던 주후 4세기 후반에 이르러서 외경들을 배제하는 것 역시 매우 일반적이 되었다. 비록 히에로니무스가 외경들을 자신의 라틴어 번역인 『불가타』에 포함시키는 일을 반대했을지라도, 그는 외경들이 유지되어야만 한다고 주장했던 아우구스티누스의 압박에 양보해야만 했다. 외경의 대부분은 라오디게아(주후 363년) 및 카르타고(주후 397년. 26번째 조항)에서 열린 공의회들의 결정에서 포함되었다.

비록 많은 성경들이 종종 구약 및 신약 사이에 놓여 있는 부록 형식으로 외경들을 계속 담고 있었을지라도, 주후 16세기에 이르러 개신교 성도들은 외경을 그들의 성경에서 제거하기 시작했다. 이러한 현상은 외경들이 향후 출판된 개신교 성경들에서 삭제된 주후 1827-1831년까지 지속되었다. (주후 20세기 중반에 개신교 성경들은 다시 한번 구약의 부록으로서의 외경들을 포함한 채 등장한다). 우리가 이미 여러 고대 사본들과 교회의 성경에 대한 많은 고대 목들에서 보듯이, 로마 가톨릭 교회 및 정교회 성경에서는 외경적 혹은 제2 정경적 책들이 구약 성경 도처에 배치되었다. (다시 한번, 4장의 마지막 부분에 있는 도표 4에 있는 예들을 보라.)

보다 앞서서 나는 모든 기독교인들이 유대교 성경에 있는 24권(= 개신교 구약의 39권)의 책들을 수용했다고 언급했다. 로마 가톨릭 교회와 정교회는 『에스드라 1서』, 『에스드라 2서』, 『토빗서』, 『유딧서』, 『에스더 추가』, 『마카비 1서』, 『마카비 2서』, 『솔로몬의 지혜서』, 『집회서(『시락서』)』, 『바룩서』, 『다니엘 추가』, 즉 『아자리아의 기도』와 『세 청년의 노래』, 『수산나』 및 『벨과 용』도 포함시킨다. 이 책들에 더하여 정교회는 『마카비 3서』, 『시편 151편』 및 『예레미야의 편지』를 추가한다. 부록에서, 그들은 『마카비 4서』, 『므낫세의 기도』 및 『에스드라 3서』를 포함시키는 경향이 있다. 이 책들은 초대 및 후대의 다양한 교부들에 의해 성경으로 언급된다.

그러므로 기독교인들은 경전 및 구약 성경에 대한 이해를 그들이 유대인들로부터 분리되기 전 그들로부터 받았다. 그리고 분리한 기독교인들은 그리 잘 정의되지 않은 성경 모음집을 수용했다. 맨 처음에 그들의 성경의 일부는 외경들과 오늘날 우리가 "위경"이라고 부르는 몇몇 책들을 포함하고 있었다(4장의 도표 4에 있는 이 모음집의 책 목록을 보라). 그러나 종종 위경들이 어떤 다른 사람의 이름으로 기록되었다고 믿어졌기 때문에 주후 4-5세기에 이르러 대다수 기독교인들은 위경들을 거절했다. 그러나 왜 그것들 중 일부가 거절되었는지는 완전히 분명하지는 않다.

개신교 성경들은 주후 1500년대 중반에 외경들을 배제하기 시작했다. 그러나 『킹 제임스 성경』의 초판(주후 1611년)을 포함하여 대부분의 번역본들은 외경을 여전히 포함하고 있다. 앞서 언급했듯이, 개신교 성도들은 최종적으로 주후 1872-1831년 사이에 출판된 그들의 성경에서 외경들을 생략해 버렸다. 보다 일찍 마르틴 루터Martin Luther는 외경들을 자신의 성경 번역에 포함시켰다. 그러나 『마카비 2서』는 반대했다. 왜냐하면 이 책이 망자들이 속죄되고 죄로부터 해방되기 위해 망자를 위한 기도를 명령하기 때문이다. 이 본문이 로마 가톨릭 교회의 연옥에 대한 가르침의 근거가 되었다(『마카비 2서』 12:41-45). 마르틴 루터는 『마카비 2서』 15:12-14도 반대했다. 왜냐하면 그 본문이 그가 경멸했던 또 다른 관습인 면죄부 판매를 홍보했기 때문이다. 그러나 이런 본문들을 제외하고 개신교 성도들에게 경고가 되거나 과거든 현재든 이단시 되는 사항들이 외경에는 적게 담겨져 있다.

다른 한편, 외경 혹은 제2 정경적 책들에는 흥미로울 뿐만 아니라 신약 성경의 일부분을 이해하는 데 유용한 사항들이 많이 담겨 있다. 예를 들어, 주전 약 165년 유다 마카비(유다스 마카베우스)에 인도된 유대인들이 예루살렘 성전을 탈환한 후 그들은 성전을 정화했다. 왜냐하면 셀류코스 왕조가 성전 재단에서 돼지로 제사를 드리고 그곳에 제우스 신상을 세움으로 이 안에서 신성모독 죄를 저질렀기 때문이다. 마카비 일가가 성전을 정화한 후, 그들은 주전 165년 성전 모독의 세 번째 기념일에 시작하여 키슬레브Kislev(유대력으로 일상 달력의 11-12월) 25일에 계속해서 이 사건을 기념했다. 신약 시대에 이 기념일은 "수전절"(요 10:22. 히브리어로 *하누카Hannukkah*="봉헌")이라고 불렸다. 우리는 외경들에 더욱 친숙해짐으로써 신약의 배경에 대해 더 많은 것을 알 수가 있다. 개신교 성도들은 성경에 외경을 포함시킴으로 성경을 확장시킬 필요가 없는 반면, 이 모음집은 예수 시대의 역사적 배경을 이해하는 데 도움이 된다. 개신교 성도들은 또한 최초 기독교인들에게 영향을 미쳤던 동일한 작품들을 연구하는 것으로 유익을 얻을 것이다.

요약: 구약의 형성

구약은 모세의 율법서들이 모든 유대인들에 대해 신적으로 영감되고 권위 있는 문서들이었다는 것이 먼저 인식됨으로 형성되었다. 성경학자들은 일반적으로 이 율법서(『신명기』만 해당될 수 있다)가 가장 늦게 잡아도 요시야 왕 시대(주전 640-609년)에 권위 있는 성경으로 인식되었다는 데 동의한다. 오경 전체는 에스라/느헤미야 시대인 주전 약 500-450년에 성경으로 인식되었을 것이다(느 8:1-8). 선지서의 많은 수 역시 그 시대에 영향력이 있었다. 그러나 율법이 최고의 우위를 점했다는 것에는 의문의 여지가 없다. 더 늦은 주전 3세기 초에, 헬라어로 번역되었던 것은 오직 율법서뿐이었다. 이것은 비록 선지서가 영향력이 있었을지라도, 그 시대에는 성경으로서의 승인 수준에는 이르지 못했음을 시사한다. 선지서는 주전 약 400년경에 이르러 권위 있는 성경으로 인식되기 시작했다(왕하 17:13을 보라). 그러나 주전 약 200년에 이르러서 그 인식과 수용이 광범위해졌다.

유대 성경의 세 번째 부분인 "성문서"(혹은 *케투빔* = "기록물"에 대한 히브리어 표현 혹은 *하기오그라파* = "거룩한 기록물"에 대한 헬라어 표현)는, 첫 번째 알려진 바로는, 전체가 아닌, 랍비 전통을 따르는 일부 유대인들에 의해 주후 2세기 중반부터 후반 사이에 유대 성경으로서의 별개의 모음집으로 인식되었다. 많은 이들이 이 모음집 안에 있는 책들을 성경으로 인식했다. 그러나 "성문서"라는 유대 성경의 세 번째 범주에 대한 명확한 식별은 새로운 것이었다.

위에서도 보았듯이, 몇몇 이유 때문에 모든 유대인들이 예수 시대 이전에 오랫동안 이 세 부분으로 된 정경을 수용하지는 않았던 것으로 보인다. 왜냐하면 주후 2세기 전에 그것에 대한 어떠한 언급도 알려져 있지 않기 때문이다. 첫째, 신약 성경의 단 한 군데서 예수께서는 유대교 성경을 "율법", "모세의 율법" 혹은 "율법과 선지자"로 언급한다. 하나의 예외는 누가복음 24:44인데, 예수께서는 유대교의 성경을 "모세의 율법과 선지자의 글과 시편"으로 묘사했다. 일부 성경신학자들이 이것이 주후 2세기 중엽 및 후반에 후대의 성문서로 인정된 것에 상응하는 것으로 유대교 성경의 3부 구조를 뜻한다고 주장하는 반면, 그 주장에 대한 설득력 있는 증거나 이 표현이 일반적이든 책으로든 "시편들" 외에 다른 것을 언급했다고 생각할 이유가 없다. 보다 분명히 말하자면, 후대에 "성문서"로 확인된 세 번째 부분 안에 시가서 및 지혜서에 더하여, 랍비들이 다윗에게도 돌려지지 않고 지혜서나 시가서의 일부분도 아닌 역대기, 『에스라』-『느헤미야』, 『다니엘』, 『룻기』 및 『에스더』를 포함시켰다. 예수께서 『다니엘』을 성경책으로 분명히 수용했다는 것은 예수께서 그것을 인용하고 있는 복음서들로부터 분명하다(예를 들어, 단 7:13을 인용하는 막 14:62을 보라). 그리고 그 당시의 대다수의 유대인들도 그랬을 것 같은데, 예수께서는 『다니엘』을 예언서로 봤다. 그러나 아마도 선지서의 일부분으로 여겨졌을 것이다. 우리가 앞서 언급했듯이, 율법서(토라)의 부분이 아닌 모든 거룩한 책들은 유대인들, 예수 및 그의 추종자들에 의해 선지서의 일부분으로 간주되었다. 그렇다면 누가복음 24:44에 언급된 "시편들"조차 다른 유대 성경들 중에서 성경으로서의 시편을 구분해 나가는 유대인의 성장하는 경향을 반영해 주는 것 같다. 성경에서 그것들의 배치나 위치는 의문이 있었다. 그러나 그것들의 신성한 지위는 그렇지 않았다.

둘째, (주전 약 281-280년에 시작된) 『70인역』 번역본은 처음에 모세의 작품들만 포함하고 있었다. 만약 그 당시에 선지서와 성문서가 율법서와 동등하게 성경으로서 완결되거나 인식되었다면, 선지서와 성문서는 이 번역본에 포함되었을 가능성이 크다. 하지만 그들은 포함되지 않았다. 그러나 히브리어 성경의 대부분의 책들이 주전 약 130-100년에 헬라어로 번역되었다. 그리고 그때에 이르러서야 선지서와 성문서의 신성한 지위가 광범위하게 인식되었던 것 같다.

셋째, 주후 2세기부터 6세기에 이르는 동안에 몇몇 책들(『에스더』, 『에스겔』, 『아가』, 『시락서』)의 신성함에 대해 랍비들 중에서 발생한 논의들과 논쟁들이 여전히 존재했다. 랍비 자신들이 일부 책들의 지위에 대해 완전히 동의하지 않았을 때, 모든 유대인들이 모든 곳에서 동일한 관점들을 견지했었다고 주장하기에는 어려움이 있다. 정경 발전에 있어서 상대적으로 이른 이 단계들에서 무슨 책들이 히브리어 성경을 구성하고 있었는지에 대한 유대인의 공식적인 선언은 결코 존재하지 않았다. 이 이슈는, 비록 완전하게는 아니지만, 전승에 기초한 동방의 유대인들에게 불만족스럽지만 명백하게 받아들여졌다. 그러나 이스라엘 땅 서편의 지중해 지역에 있던 이들에 있어서 이 질문은 주후 8세기 혹은 9세기처럼 늦은 시기까지 여전히 열려 있었다. 그들은 외경들을 포함하고 있던 『70인역』을 지속적으로 사용했다.

마지막으로, 구약의 범위에 대한 기독교인들의 이해는 주후 1세기 유대인들 중에서 널리 성경으로 인정되던 책들의 지위를 반영해 준다. 기독교인들은 그들이 주후 135년에 이르는 늦은 시기에 유대인들과 최종적으로 결별하기 전에 그들의 성경을 채택했다. 이 책들은 외경들뿐만 아니라, 주후 3세기까지 초대 교부들에 의해 지속적으로 성경으로 언급되던 『에녹 1서』도 포함했다(유 14절에서의 『에녹 1서』 1:9의 언급을 떠올려라).

우리는 또한 예수 시대에의 용어인 "선지자"가 우리가 현재 선지서라고 부르는 것에 제한된다는 확실한 증거가 없다는 점을 기억해야만 한다. 그 용어는 주후 1세기에도 여전히 유동적이었다. 주후 2세기 후반에까지도 일부 랍비들은 『욥기』를 "선지자"라고 불렀다(바벨론 탈무드 『바바 바트라』 15b). 3부로 된 범주는 후대의 개발품이었다. 그리고 이 점이 기독교인들이 그 3부로 된 범주를 수용한 것이 결여된 것을 설명해 준다. 다시 한번, 이 구분에는 본질적으로 잘못된 것이 없다. 따라서 만약 그 구분이 기독교인들이 최종적으로 회당과 결별하기 전에 존재했었다면, 기독교인들이 유대 성경을 수용했으나 성경의 3부로 된 분류를 수용하지 않았다는 것은 이상한 일일 것이다. 히브리어 성경의 세 부분은 논리적, 연대적, 신학적 발전 과정을 반영해 준다. 기독교 구약의 다섯 부분 혹은 그러한 구분 역시 그렇다. 그러나 그 방향은 현저하게 다르다.

다음 장에서 우리는 구약 정경의 정착 혹은 종결에 쓰인 기준들에 초점을 맞출 것이다. 게다가 고대에 유대인 청중들 및 많은 경우 기독교인 청중들에게도 영향을 끼친 성경의 책들과 및 성경 외적 책들의 중요한 수많은 목록들을 살펴볼 것이다.

Formation of the Bible

The Story of the Church's Canon

3장

구약의 종결

유대교 성경

주후 70년 예루살렘과 유대 성전이 파괴된 이후 종교적인 유대인들의 한 무리가 어떻게 유대교가 유대 공동체의 정체성의 지리적 및 신학적 중심지를 형성했던 성전과 제사 및 종교적 활동 없이 생존할 수 있을지에 대한 질문을 역점을 두어 다루기 위해 얌니아Jamnia(또한 야브나Yavna/야브네Yavneh라고도 알려져 있음. 지중해로부터 내륙 쪽으로 가자Gaza의 북쪽 및 욥바Joppa의 남쪽에 위치함)에서 모임을 가졌다. 백 년을 넘게 히브리어 성경의 완성과 관련하여 가장 인기 있던 견해들 중 하나는 3부로 된 구분을 가진 히브리어 성경이 주후 1세기 말 혹은 그쯤에 얌니아에서 열렸던 랍비들의 이 특별한 "공의회"에서 확인되고, 인식되고 종결되었다는 것이었다. 이 견해는 오늘 날에도 여전히 몇몇 학자들에 의해 주장된다. 그러나 그 관점이 기반을 둔 고대 본문들에 대한 보다 최근의 연구들은 그 공의회의 신뢰성을 약화시킨다.

이것이 일부 학자들로 하여금 히브리어 성경 세 번째 부분의 최종화의 가장 이성적인 대안적 시기는 얌니아보다 이전 같은, 아마도 유다 마카비(주전 약 165년)의 시기처럼 이른 시기라는 결론에 이르게 했다. 그는 안티오코스 4세 에피파네스가 히브리어 성경을 파괴하려고 시도한 후에 히브리어 성경을 수집했다고 보고받았다. 이 입장에서, 흩어지고 잔존한 성경에 대한 유다의 수집품이 히브리어 성경에 대한 가장 명백한 종료 시간을 제시하고 있다고 주장되었다(앞 장에서 『마카비 2서』 2:13-15의 언급을 보라). 이 입장을 지지하기 위해 언급된 본문(『마카비 1서』 1:56-57)는, 비록 더 많은 것이 의도되었을 가능성이 있더라도, 파괴되고 있는 "율법"만을 언급한다(『마카비 2서』 2:13을 보라). 비록 "율법"이 그 당시의 히브리어 성경의 거룩한 책들 전부에 적용될 것 같기는 할지라도, 유다의 행동의 결과로 성경이 현재의 형태로 고정되었다는 것이 이 부분으로부터는 분명하지가 않다. 사실 그 입장에 반한 증거가 앞 장에서 제시되었다.

주후 1세기 말에 유대 역사학자 요세푸스는 아닥사스다(아르타크세르크스. 아마도 아르타크세르크스 1세. 주전 약 458년. 스 7:7을 보라) 시대 이후에 속한 다른 책들이 포함될 수 없었다고 주장했다. 그러나 흥미로운 것은 요세푸스가 언급한 유일한 기준이 모세의 죽음부터 아닥사스다(주전 약 465년)까지의 시기였다는 점이다(2장의 101-102쪽에 언급된 『아피온 반박』 1.40).

주후 3세기 및 그 이후의 랍비들에 따르면, 히브리어 혹은 아람어로 저술된 책들만이 성경으로 인정되었고 그들은 예언(선지자들에게 주어진 신적인 계시)이 아닥사스다 시대 다음에는 중지되었다고 믿었다.

일부 유대인들이 모든 예언이 중단되었다고 믿은 반면(『마카비 1서』 14:41), 분명히 많은 이들은 동의하지는 않았다. 사실, 랍비 전통에 속한 이들을 제외하고, 예수와 공생애와 경력이 겹치는 알렉산드리아 출신의 유대인 교사 필론(그의 『모세의 생애』 2:187을 보라) 및 요세푸스(『유대 고대사』 3.311-313; 『유대 전쟁사』 6.286, 300-309) 경우에서와 또한 초대 기독교의 가르침들(고전 12:4-11, 28; 롬 12:6; 엡 4:11)에서 보듯이, 다른 이들이 그러한 관점을 주장했다는 증거는 매우 적다. 유사하게, 후대 랍비들은 헬라어로만 보전된 그러한 문헌들은 배제되었고, 단지 히브리어로 작성된 문헌들은 수용되었다고 주장했다. 그들은 히브리어 책들을 다른 언어들로 번역하는 것에 대해서조차 바람직하지 않은 것으로 간주했다. 후대 랍비 전통의 결론은 토라가 헬라어로 번역된 그 날이 "황금 송아지가 만들어진 날[출 34장]처럼 이스라엘에게 있어 참을 수 없는 날이었다. 왜냐하면 토라가 충분히 번역될 수 없었기 때문이다"(『마세케트 소페림』*Masekhet Soferim* 1을 보라).

앞 장에서 언급되었듯이, 히브리어 성경의 세 번째 부분인 성문서(*케투빔* 혹은 *하기오그라파*)와 기독교 구약의 전체 범위가 예수 시대 이전 혹은 그 기간 동안은 물론, 심지어 주후 2세기 초반에도 마무리되지 않았다. 큰 분량의 거룩한 유대교 문헌들 모음집(외경과 위경)이 히브리어 성경의 헬라어 번역인 『70인역』에 포함되어 지속적으로 유포되었다. 이 문헌들은 디아스포라 유대인들(이스라엘 땅 밖에 사는 이들. 특별히 서쪽, 남쪽 북쪽에 속한 이들)과 주후 1세기 및 그 이후의 많은 초대 기독교인들의 경전이었다. 주후 2세기 말 혹은 3세기 초쯤에 랍비 전통을 따르는 유대인들은 디아스포라 공동체와 기독교인들이 선택했던 것보다 더 제한된 성경 모음집을 선택했다. 혹자들은 이 제한된 모음집의 기원은 바벨론이었고, 그곳으로부터 주전 1세기 후반 및 주후 1세기 초반의 영향력 있는 교사 힐렐Hillel에 의해 이스라엘 땅으로 옮겨졌을 것이라고 제안했다.

또한 유명한 헬라 저자 호메로스Homer가 유대 정경으로 인정된 책들의 숫자에 일단의 영향을 주었을 가능성도 있다. 고대 세계에서는 호메로스가 가장 많이 인용되었으며, 그 어떤 저자들보다 가장 귀한 존재로 여겨졌다. 알렉산더 대왕Alexander the Great은 호메로스에 대해 깊은 감동받았고, 그래서 알렉산드리아에서 호메로스 제의a Homeric cult를 시작했다. 많은 사람들은 호메로스가 모든 것을 알았으며, 모든 지혜의 원천이라고 믿었다. 사실상 모든 헬라 교육은 호메로스와 그의 문헌들에 대한 지식으로 시작했다. 정경 형성에 대한 호메로스의 영향은 결정적으로 증명하기는 어렵다. 그러나 성경학자들은 요세푸스 및 주후 2세기에서 6세기에 이르는 시대의 랍비들 가운데서 호메로스와 유대교의 친밀성뿐만 아니라, 신약 성경에서도 호메로스와의 여러 병행 구절들에 대해 주의를 기울이기 시작했다. 호메로스의 『일리아스』*Iliad*와 『오뒷세이아』*Odyssey*에 익숙한 사람들은 이 두 문헌들의 각 장 혹은 각 권이 헬라어 알파벳의 서로 다른 철자로 시작하고 있다는 것을 알고 있다. 호메로스의 문헌들만 그런 도입부를 가지고 있다. 헬라어 알파벳에는 24개의 철자가 있고, 『일리아스』와 『오뒷세이아』는 24장 혹은 24권으로 되어 있다. 또한 호메로스의 문헌들에서 확인된 신들만이 헬라인들에 의해 수용되고 경배되었다. 처음에 유대인들은 분명히 히브리어 알파벳의 22개의 철자를 따라 경전을 위한 22권의 책을 선택했다. 그 뒤에 그리고 영속적으로 유대인들은 24권의 정경을 선택했다. 대다수 성경학자들은 그들이 동일한 책들을 선택했으나 그것들을 인정될 만한 숫자가 되도록 다른 방식들로 결합시켰다고 믿는다. 그러한 재결합과 다시 번호 매기기는 그 시대에 통용되고 있었다. 요세푸스와 대략 동일한 시대에 속한 『에스라 4서』(주후 약 90년)의 저자는 공식화 된 24권의 책들과 지혜자들을 위해 따로 남겨진 70권의 다른 책들에 대해 말한다(『에스라 4서』 14:45-47).

그래서 랍비들은 자신들의 히브리어 알파벳 대신, 보다 대중적인 헬라어 알파벳을 따라 그들의 거룩한 책들을 위해 22라는 숫자 대신 24라는 숫자를 정착시켰다. 그 책들 각각은 아마도 동일하게 중요했을 것이다. 그러나 『사사기』를 『룻기』와, 『예레미야』를 『예레미야애가』와 결합시킴으로 그 숫자가 결과적으로 같아지게 되었다. 이러한 사례를 제시하는 고대 본문은 분명히 없다. 하지만 우연의 일치를 고려할 가치가 있다. 신약의 요한계시록 1:8 및 22:13에서 헬라어 알파벳의 첫 번째 문자와 마지막 문자인 "알파와 오메가"에 대한 언급 역시 호메로스의 문헌들에서 사용되던 헬라어 알파벳의 영향을 반영해 준다. 『요한계시록』에 24 장로들이 있다는 것은 추가적인 우연의 일치일까(계 4:4; 5:8)? 고대 세계에는 호메로스의 문헌들, 헬라어 알파벳의 시적 사용 및 24라는 숫자의 중요성을 생소하게 여겼을 법한 지식인은 거의 없었다. 양쪽 알파벳들의 사용에 있어서의 그러한 병행은 유대교 및 기독교 정경의 형성에 있어서의 전통적이고 고전적 영향력들의 아주 흥미로운 조합을 반영해 준다.

기독교 구약 정경의 종결

기독교인들에게 있어서 구약의 의미와 한계의 범위를 결정하는 최종 과정은 주후 4-5세기에 발생했던 것처럼 보인다. 그러나 앞서 살펴보았듯이, 교회 전체가 결코 구약의 범위에 대해 완전히 일치하지는 않았다. 그들은 자신들이 유대인 형제자매들과 분리하기 전에(적어도 주전 135년 이전) 유대인들 가운데서 회람되던 경전들을 성경으로 받아들였다. 그 책들은 많은 정경 외적 문헌들을 포함하고 있었다. 확실히 초대 교부들의 인용과 언급의 대다수는 구약에서 왔다. 그러나 다른 책들 또한 경전으로 언급되었다. 물론, 이것은 구약 정경이 예수 시대 이후 오랫동안 확정되거나 완결되지 않았다는 것을 암시한다.

만약 구약 성경이 예수 시대 이전에 확정되었다면, 다른 책들이 공식적으로 거절된 이후에도 왜 초대 기독교인들이 다른 책들을 지속적으로 경전으로 언급하고 있는지 이해하기가 어렵다. 유사하게, 만약 기독교인들 중에 일단의 잘 알려지고 공식적으로 인정된 구약 정경이 있었다면, 구약 성경 목록들 간의 많은 차이들(이 목록들 중 가중 중요한 것의 제시에 대해 4장 마지막에 있는 도표 4를 보라)은 거의 이해되기 어려울 것이다. 만약 최초 기독교인들이 주후 1세기에 잘 확정된 구약 성경 정경을 가지고 있었다면, 우리는 다음 세대의 기독교인들이 그것을 잃어버렸거나 그들이 그것에 무관심했다고 결론지어야만 한다. 그러나 바로 전 장에서 우리는 이 선택 사항들을 논의했다. 그리고 이 선택 사항들이 믿기도 힘들고 근거도 없다는 것을 발견했다. 예수 시대 혹은 그 이전에 구약의 확정된 모음집이 존재하지 않았다고 결론짓는 것이 더 낫다.

우리는 예수께서 말씀하셨던 모든 것에 대한 *완전한* 기록을 가지고 있지 않은 대신 복음서 저자들의 임무를 앞당긴 예수의 가르침들 중 단지 *선별된* 본문들(요 20:30을 주시하라)만을 가지고 있기 때문에, 우리는 구약 성경과 관련하여 예수께서 말하거나 승인했던 모든 것을 안다고 말할 수 없다. 위에서 우리가 행했듯이, 우리는 예수께서 가장 많이 언급했던 책들을 포함하여 그가 어떤 책을 언급하셨는지를 말할 수 있다. 그러나 예수께서는 그가 성경이라고 여겼던 책들의 목록을 만들지 않았기 때문에, 우리는 예수의 "성경 정경"을 재구성할 수 없다. 예수의 최우선 임무는 하나님의 나라를 선포하는 것과 사람들에게 하나님 및 동료 인간들과 바른 관계를 가지려면 어떻게 해야 하는지를 알려 주는 것이었다. 만약 예수께서 그 당시에 유대인들 가운데 알려진 모든 주제들을 이야기하셨더라면, 그는 또 다른 많은 거룩한 본문들을 언급하셨을 것이다. 그러나 접근 가능한 자료들에 근거해서 우리는 간단하게 예수께서 성경으로 인정한 모든 책들을 알 수 없다.

구약 성경 및 신약 성경 모두는 교회의 사명을 진척시키기 위해 정기적으로 초대 교부들에 의해 사용되었다. 그러나 주후 4세기 전에는 단 하나의 구약 성경 목록만 알려져 있다(앞서 언급된 멜리톤의 목록). 그리고 초대 교부들의 목록들 중 어느 것도 정확하게 동일한 것은 거의 없다. 그러나 4장의 마지막 부분에 있는 도표 4에서 보게 되겠지만 이 목록들에는 상당한 중첩이 있다. 비록 일부 다른 책들에는 변형들이 있다 하더라도, 핵심 책들은 항상 율법서(혹은 오경)와 선지서와 시편이었다.

그래서 우리는 성경 정경이 주후 4-6세기 전에 대다수의 기독교인들에게서는 *대체*로 확정되어 있었다고 말할 수 있다. 그러나 이 문제에 대해 결코 완전한 동의는 없었다. 그리고 만장일치는 오늘날의 교회에도 존재하지 않는다. 본 연구에서 우리가 지금까지 살펴보았던 것들에 근거하여 접근 가능한 증거에 대한 우리의 결론은 다음과 같다. (1) 예수 시대 및 초대 교회에서 구약 성경의 지위는 여전히 유동적이었다. (2) 기독교 구약의 순서는 유대교 히브리어 성경과 상당히 다르다. 이는 유대인들과 기독교인들이 각자의 길을 가게 되었을 때, 유대교 히브리어 성경이 아직 현재의 본문들 그룹들을 (혹은 본문들 그 자체까지도) 형성하지 못했다는 것을 시사한다. (3) 초대 교회(주후 4-5세기)에서 구약 정경 목록은 다양했다. 그러나 히브리어 성경에서 성문서로 확인되는 대부분의 책들과 함께 율법서 및 선지서는 매우 안정적이었다. 그러나 소위 외경이라 불리는 책들 중 많은 수도 포함되었다.

성경의 순서– 그 이상

우리가 이미 발견하기 시작했듯이, 히브리어 성경 및 기독교 구약 안에 있는 책들의 순서와 사건의 배열 차이들은 그 배열을 결정한 사람들이 자신들의 성경과 관련된 무엇을 말하려고 시도하고 있었는지에 대한 중요한 메시지를 전해 준다. 이 차이들은 종종 간과되었다. 그러나 그것들의 중요성은 상당하다. 유대교 정경 안에 있는 동일한 책들이 로마 가톨릭 교회 및 정교회 성경에 있는 몇몇 다른 책들과 나란히 기독교 구약 안에도 있다. 그러나 그것들은 순서 혹은 배열에 있어서 상당히 다르다. 비록 두 정경들 안에 율법서 혹은 오경이 우선권을 점유하고 있을지라도 나머지 책들의 순서는 상당히 다양하다. 우리가 앞서 살펴보았듯이, 히브리어 성경(타나크)은 율법서(토라=『창세기』, 『출애굽기』, 『레위기』, 『민수기』, 『신명기』)로 시작한다. 그러고 나서 전기 선지서(『여호수아』, 『사사기』, 사무엘서, 열왕기)에서 후기 선지서(『이사야』, 『예레미야』, 『에스겔』, 『12 소선지서』)로 연속되는 선지서(네비임)가 온다. 그러므로 네비임은 그 모음집의 중앙을 차지했다. 마지막으로 히브리어 성경은 성문서(케투빔), 즉 지혜서와 시가서(『시편』, 『잠언』, 『욥기』, 『아가』, 『룻기』, 『예레미야애가』, 『전도서』), 하나의 추가된 예언서(『다니엘』) 및 나머지 역사서(『에스더』, 『다니엘』, 『에스라』, 『느헤미야』 및 『역대상』과 『역대하』)로 끝난다. 이 모음집은 어떻게 이스라엘의 역사가 솔로몬 통치 시대 동안(왕상 10장) 정점을 찍었던 이전의 영광의 시절로부터 포로 됨과 추방으로 기울게 되었었고 그리고 최종적으로 그 땅으로 회복되었는지에 대한 이야기로 끝난다.

그러한 파괴와 포로 됨에 뒤이어 이 모음집의 마지막 부분은 이스라엘의 남은 자들에게 주(야웨)께 개인적 신실함을 요구했다. 그러나 그 이야기의 현 단계에 앞서 행했던 하나님의 구속사적 행위들에 대한 역사와 대조적으로 마지막 부분에는 도래할 왕국, 자기 백성을 향한 하나님의 축복 혹은 이스라엘 나라를 위한 또 다른 위대한 약속에 대한 어떤 중요하고 통합적인 초점이 없다. 그 요구는 야웨, 곧 주님께 신실하라는 것이다. 이 명령은 그 요구가 발생하도록 한 정황이 열강의 이스라엘 정복이라는 후대의 또 다른 기간, 곧 보다 이른 시기의 파멸과 추방에 대한 이스라엘의 반성을 구체화하는 데 비중 있는 역할을 한 기간이었다는 점을 회상할 때 더 쉽게 이해된다. 로마 제국은 우선 주후 70년 전쟁 말엽에 그리고, 다시 한번, 바르 코흐바Bar Kokhba 반란(주후 132-35년)의 짧은 메시아적 열망을 분쇄함으로 이스라엘 국가를 황폐화 시켰다. 유대 백성들에게 희망, 기쁨 혹은 자극을 제공할 상황들은 매우 적었다. 이것들이 유대인들이 자신들의 히브리어 성경 세 번째 부분의 책들의 순서를 결정한 비극적인 역사적 상황들이었다.

다른 한편, 개신교와 로마 가톨릭 교회를 위한 기독교 구약은 주의 날이 오기 전에 "내가 선지자 엘리야를 너희에게 보내리니 그가 아버지의 마음을 자녀에게로 돌이키게 하고 자녀들의 마음을 그들의 아버지에게로 돌이키게 하리라"라는 말라기의 선포로 종결되는 선지서(『이사야』에서 『말라기』)로부터의 희망의 메시지로 끝나는 순서를 따른다(말 4:5-6). 기독교 성경의 두 번째 책(신약-옮긴이)에서 예수는 세례 요한이 엘리야라고 말했다(마 11:7-15). 그리고 복음서들에 담긴 세 개의 변화산 이야기들 중에서(마 17:1-13; 막 9:2-13; 눅 9:28-36), 엘리야는 다시 한번 중요한 역할을 한다. 정교회의 구약은 『다니엘 추가』, 곧 (『다니엘』에서 불구덩이로 던져진 것으로 기록된 이들 중 하나인) 구조를 위해 기도하는 『아자리아의 기도』로 분명히 마무리함으로써 다른 길을 취하기까지 한다. 그리고 "주께 예배하는 모든 자들아, 신들의 신을 축복하라, 그를 찬양하고 감사하라. 왜냐하면 그의 자비는 영원히 지속하기 때문이다"(『아자리아의 기도』 68. 영역 NRSV를 사역함)라고 결론지으며 희망과 축복을 시작한, 불구덩이에 던져진 세 명의 유대인들의 노래가 온다. 역대기는 열왕기 바로 뒤에 놓였다. 그리고 『에스라』, 『느헤미야』, 『에스더』 역시 이 연대표에 포함된다. 그렇기에 기독교 성경 배열에 있어서 선지서의 역할은 이스라엘에게 닥쳤던 역경을 설명하려는 것이 아니라, 예수 그리스도 안에서 발견된 복음과 소망에 초점을 맞추는 것이었다.

선지서로 첫 번째 언약(혹은 구약)을 종결함으로서 교회는 예언 문학이 하나님께 신실한 자들을 위한 소망과 기쁨의 새 날을 향한다고 주장했다. 그들은 축복을 받았고 심판은 불순종하는 자들에게 올 것이었다. 기독교 성경의 첫 번째 부분(구약 성경)이 끝날 때, 그 "종결"은 기독교 성경의 두 번째 부분, 즉 신약에 묘사된 미래를 예견한다.

그러나 결국 유대교 및 기독교 신앙 공동체 양자 모두는 *더 많은* 문헌들이 그들의 거룩한 모음집을 완성하고 그들의 신앙과 사명을 구체화하기 위해 필요하다고 결론지었다. 유대인에게 있어서 그것은 어떻게 율법을 일상생활과 종교적 행위에 적용할지에 역점을 둔 율법 준수를 에둘러 싸는 구전 전통의 성문화를 포함한다(미쉬나Mishnah). 주후 3세기 중반에 이르러서 "토세프타"Tosefta(히브리어="보충". 기호=*t.*)로서 언급되는 추가 요소들이 미쉬나(기호=*m.*)와 함께 놓여졌다. 주후 3-6세기 기간에 랍비 전통을 따르던 교사들은 미쉬나의 가르침을 지지하는 성경 구절들을 더해 가며 그것들을 해석했다. 그리고 이 해석들이 *게마라gemara*(아람어="완성")라고 불린다. 이 해석들은 후대에 탈무드Talmud(히브리어="배움")로 알려졌다. 미쉬나의 논문들Tractates의 순서를 따른 두 개의 주요 탈무드들(복수. *탈무딤Taludim*)이 있다. 이 두 개의 탈무딤은 독립된 기원을 가지고 있다. 하나는 *예루샬미 Yerushalmi*(기호=*y.*)라고 불리는 팔레스타인에 속한 것이고, 다른 하나는 *바블리*Bavli(기호= *b.*)라고 불리는 바벨론에서 기원한 것이다. 랍비들은 히브리어 성경과 이 두 문헌들을 구별했다. 그러나 이 문헌들은 종교적 행위를 위한 함축적 의미를 제공하는 성경에 대한 신성한 *해석*들로 간주되기도 했다. 이 문헌들은 랍비 전통을 따르는 유대인들 및 결과적으로 대다수의 유대인들에게 두 번째 정경과 같은 중요한 부분을 이뤘다.

유사하게, 초대 기독교인들은 주후 2세기 말엽에 그들이 구약이라고 부르기 시작했던 유대교 성경을 승인했다. 그러나 또한 그들은 예수의 죽음과 부활 이후 곧바로 예배, 가르침, 선교에 있어서 기독교의 많은 문헌들의 가치와 유용성을 인식하기 시작했다. 주후 2세기 중엽에는 이 추가적인 문헌들의 일부가 구약과 함께 읽혀지고 있었다. 그리고 주후 2세기 말엽에 기독교의 여러 문헌들이 교회의 "신약" 문헌들로 점차적으로 간주되면서 "성경"이라고 불리고 시작했다. 구약과 함께 이 추가된 책들은 기독교 성경의 나머지 부분을 형성했다. 우리는 7장에서 이 성경의 정착에 역점을 둘 것이다. 그러나 우리는 먼저 성경으로서의 구약 (및 초기에 다른 중요한 본문들)(4장) 및 신약의 기원과 형성(5-6장)에 대한 구체적인 기독교적 이해에 대한 우리의 이해를 더 깊게 할 필요가 있다.

도표 1: 성경에 언급된 소실된 고대 책들

성경은 어떤 이유에선지 고대의 역시리는 시험대에서 살아남지 못했던 여러 책들을 언급한다. 이 책들에 대한 다음 목록은 불완전한 것 같다. 그러나 포함된 책들은 (아래 괄호 안에 표시된 것처럼) 성경 자체의 언급으로부터 알려진 것들이다. 그들 중 일부는 비록 다르게 확인되지만 동일한 책 혹은 책들에 대한 언급들과 중복된다. 그러나 그러한 중복적 언급들을 허용한다 할지라도 이 목록은 여전히 강렬한 인상을 줄만큼 광범위하다.

A. 율법서 혹은 토라에서: 『여호와의 전쟁기』(민 21:14)

B. 『여호수아』, 『사시기』, 사무엘서, 열왕기에서

1. 『야살의 책』(수 10:12-13; 삼하 1:18-27; 『70인역』 왕상 8:12-13)
2. 『유대 왕 역대지략』(왕상 14:29; 15:7, 23; 22:45; 왕하 8:23; 12:18; 14:18; 15:6, 36; 16:19; 20:20; 21:17, 25; 23:28; 24:5)
3. 『이스라엘 왕 역대지략』(왕상 14:19; 15:31; 16:5, 14, 20, 27; 22:39; 왕하 1:18; 10:34; 13:8, 12; 14:15, 28; 15:11, 15, 21, 26, 31)
4. 『솔로몬의 행장』(왕상 11:41)

C. 역대기, 『에스라』, 『느헤미야』에서

1. 『이스라엘 열왕기』(대상 9:1)
2. 『유다와 이스라엘 열왕기』(대하 16:11)
3. 『이스라엘과 유다 열왕기』(대하 27:7)

4. 『이스라엘 열왕의 행장』(대하 33:18)
5. 『선견자 사무엘의 글』(대상 29:29)
6. 『선지자 나단의 글』(대상 29:29)
7. 『선견자 갓의 글』(대상 29:29)
8. 『선지자 나단의 글』(대하 9:29)
9. 『실로 사람 아히야의 예언』(대하 9:29)
10. 『선견자 잇도의 묵시 책』(대하 9:29)
11. 『선지자 스마야와 선견자 잇도의 족보책』(대하 12:15)
12. 『하나님의 아들 예후의 글』("그들은 이스라엘 열왕기에 올랐더라", 대하 20:34)
13. 『호새의 사기』(대하 33:19)
14. 『선지자 잇도의 주석 책』(대하 13:22)
15. 『열왕기 주석』(대하 24:27)
16. 웃시야의 행적을 포함한 아모스의 아들 선지자 이사야에 의해 기록된 책(대하 26:22)
17. 『유다와 이스라엘 열왕기』에 있는 아모스의 아들 선지자 이사야의 『묵시 책』(대하 32:32. 참조. 사 1:1)
18. 『다윗왕의 역대지략』(대상 27:24)
19. "열조"의 『사기』(스 4:15)
20. 『역대지략』(느 12:23)
21. 『애가』(대하 35:23. 『예레미야애가』에 대한 언급이 아니라 현재는 소실된 분명히 요시야에 의해 혹은 그를 위해 만들어진 책)

도표 2: 기독교 성경에 포함되지 않은 유대교 문헌들

소위 구약 위경이라고 불리던 책들은 처음에 초대 기독교에서뿐만 아니라 유대교에서도 일부 인정을 받았다. 그러나 두 공동체 모두 최종적으로는 이 책들을 거부했다. 이 작품들의 대다수는 에티오피아어, 시리아어, 아르메니아어, 슬라브어 및/혹은 헬라어 번역으로 보존되어 있다. 종종 이 작품들은 *느슨하게 규정된* 다음의 다섯 개의 범주들로 구분된다:

A. 묵시적 작품들과 관련된 작품들

『에녹(의 에티오피아어 묵시) 1서』*1 [Ethiopic Apocalypse of] Enoch*(유대교. 주전 약 200년-주후 약 50년)

『에녹(의 슬라브어 묵시) 2서』*2 [Slavonic Apocalypse of] Enoch*(유대교. 주후 약 75-100년)

『에녹(의 히브리어 묵시) 3서』*3 [Hebrew Apocalypse of] Enoch*(유대교. 주후 약 5세기에서 6세기에 현재의 형태로)

『시빌라의 신탁집』*Sibylline Oracles*(유대교와 기독교. 주전 약 2세기부터 주후 약 7세기까지)

『셈의 논문』*Treatise of Shem*(주전 약 1세기 말)

『에스겔의 비록』*Apocryphon of Ezekiel*(거의 소실. 원본 형태는 주전 약 1세기 후반)

『스바냐의 묵시』*Apocalypse of Zephaniah*(거의 소실. 원본 형태는 주전 약 1세기 후반)

『에스라 4서』*4 Ezra*(원본 유대교 형태는 주후 70년 이후. 후에 최종적인 기독교 추가 형태. 많은 기독교 성경에 포함됨)

헬라어 『에스라의 묵시』*Greek Apocalypse of Ezra*(현재 형태는 유대교와 기독교 자료 모두를 포함하고 있는 주후 약 9세기의 기독교적인 것임)

『에스라의 환상』*Vision of Ezra*(기독교. 주후 4-7세기)

『에스라의 논제들』*Questions of Ezra*(기독교. 연대 불분명)

『에스라의 계시』*Revelation of Ezra*(기독교. 주후 9세기 이전 어느 시점)

『세드락의 묵시』*Apocalypse of Sedrach*(현재 형태는 초기 자료를 포함하고 있는 주후 약 5세기의 기독교적인 것임)

『바룩(의 시리아어 묵시) 2서』*2 [Syriac Apocalypse of] Baruch*(유대교. 주후 약 100년)

『바룩(의 헬라어 묵시) 3서』*3 [Greek Apocalypse of] Baruch*(기독교. 유대교적 자료를 사용함. 주후 약 1-2세기)

『아브라함의 묵시』*Apocalypse of Abraham*(본래 유대교. 주후 약 70-150년)

『아담의 묵시』*Apocalypse of Adam*(유대교 자료로부터 기인한 영지주의. 주후 약 1세기)

『엘리야의 묵시』*Apocalypse of Elijah*(유대교 및 기독교. 주후 약 150-275년)

『다니엘의 묵시』*Apocalypse of Daniel*(현재의 형태는 주후 약 9세기. 그러나 주후 약 4세기의 유대교적 자료를 포함하고 있음)

B. 유언서

『열두 족장의 유언』*Testaments of the Twelve Patriarchs*(현재의 형태는 기독교적이며 주후 약 150-200년. 그러나 레위, 유다, 납달리는 유대교적이며 주후 70년 이전, 아마도 주전 2-1세기)

『욥의 유언』*Testament of Job*(유대교. 주후 약 1세기 후반)

『세 족장의 유언』*Testament of the Three Patriarchs*(주후 약 100년경의 아브라함, 이삭, 야곱의 유대교적 유언. 이삭과 야곱의 기독교적 유언과 연관되어 있음)

『모세의 유언』*Testament of Moses*(유대교. 주후 약 1세기 초반)

『솔로몬의 유언』*Testament of Solomon*(유대교. 현재 형태는 주후 약 3세기. 그러나 가장 이른 형태는 주후 약 100년)

『아담의 유언』*Testament of Adam*(현재 형태는 주후 약 150-200년의 유대교 자료를 사용한 주후 약 3세기의 기독교적인 것임)

C. 구약 및 전설의 확장

『아리스테아스의 편지』*Letter of Aristeas*(유대교. 주전 약 200-100년)

『희년서』*Jubilees*(유대교. 주전 약 130-100년)

『이사야의 순교와 승천』*Martyrdom and Ascension of Isaiah*(세 개의 단락을 가지고 있음. 첫째는 주전 약 100년경의 유대교적인 부분. 두 번째와 세 번째는 기독교적임. 두 번째 부분은 주후 약 2세기, 세 번째 부분인 『히스기야의 유언』은 주후 약 90-100년)

『요셉과 아세나트』*Joseph and Aseneth*(유대교. 주후 약 100년)

『아담과 이브의 생애』*Life of Adam and Eve*(유대교. 주후 약 1세기 초반에

서 중반)

『위-필로』*Pseudo-Philo*(*리베르 안띠뀌따뚬 비블리까룸Liber antiquitatum biblicarum*으로도 알려짐. 유대교. 주후 약 66-135년)

『선지자들의 생애』*Lives of the Prophets*(유대교. 후에 기독교 추가 부분을 가진 형태는 주후 약 1세기 초)

『야곱의 사다리』*Ladder of Jacob*(주후 1세기 후반의 가장 이른 형태는 유대교적. 한 장은 기독교적임)

『바룩 4서』*4 Baruch*(유대교 기원. 그러나 주후 약 100-110년에 기독교인에 의해 편집됨)

『얀네와 얌브레』*Jannes and Jambres*(현재 형태는 기독교적인 것이나 주전 약 1세기 가량의 보다 이른 유대교적 자료에 의존함)

『레갑 족속의 역사』*History of the Rechabites*(현재 형태는 주후 100년 이전의 유대교적 자료를 포함하고 있는 주후 약 6세기의 기독교적인 것임)

『엘다르와 모다드』*Eldad and Modad*(주후 1세기 이전. 현재는 소실됨. 그러나 주후 약 140년 경의 『헤르마스의 목자서』에서 경전으로 인용됨)

『요셉의 역사』*History of Joseph*(유대교. 연대 불분명)

D. 지혜 및 철학적 작품들

『아히칼』*Ahiqar*(유대교. 주전 7세기 후반 혹은 6세기. 외경 『토빗서』에 언급됨)

『마카비 3서』*3 Maccabees*(유대교. 주전 약 1세기)

『마카비 4서』*4 Maccabees*(유대교. 주후 약 70년 이전)

『위-포실리데스』*Pseudo-Phocylides*(주전 6세기 이오니아 출신의 시인에게 돌려진 유대교적 훈계들. 주전 약 50년에서 주후 100년)

『시리아인 메난더의 격언』*Sentences of the Syriac Menander*(유대교. 주후 약 3세기)

E. 기도, 시편, 송가

다윗의 다른 시편들(유대교 시편들. 주전 약 3세기에서 주후 100년)

『므낫세의 기도』*Prayer of Manasseh*(때때로 외경에서. 유대교. 주후 1세기 초)

『솔로몬의 시편』*Psalms of Solomon*(유대교. 주전 약 55-50년)

헬라 문화의 영향을 받은 회당 기도문Hellenistic Synagogal Prayer(유대교. 주후 약 2-3세기)

『요셉의 기도』*Prayer of Joseph*(유대교. 주후 약 70-135년)

『야곱의 기도』*Prayer of Jacob*(거의 소실된 유대교 문서. 주후 약 4세기)

『솔로몬의 송가』*Odes of Solomon*(유대 기독교의 노래. 주후 약 100-125년)

도표 3: 히브리어 성경 및 기독교 구약 성경의 책 목록과 순서

히브리어 성경 (타나크)	개신교 구약	로마 가톨릭 교회 구약	동방 정교회 구약
• 토라	• 오경	• 오경	• 역사서
창	창	창	창
출	출	출	출
레	레	레	레
민	민	민	민
신	신	신	신
• 선지서	• 역사서	• 역사서	수
수	수	수	삿
삿	삿	삿	룻
사무엘서	룻	룻	열왕기 1(=『사무엘상』)
열왕기	삼상	삼상	열왕기 2(=『사무엘하』)
사	삼하	삼하	열왕기 3(=『열왕기상』)
느	왕상	왕상	열왕기 4(=『열왕기하』)
겔	왕하	왕하	대상
호	대상	대상	대하
욜	대하	대하	『에스드라 1서』
암	스	스(에스드라 1서)	『에스드라 2서』
옵	느	느(에스드라 2서)	느
욘	에	『토빗서』	『토빗서』
미	• 시가서	『유딧서』	『유딧서』
나	욥	『에스더』(6개의 첨가물)	『에스더』(6개의 첨가물)
합	시		『마카비 1서(상)』
습	잠	『마카비 1서』	『마카비 2서(중)』
학	전	『마카비 2서』	『마카비 3서(하)』
슥	아	• 지혜서	• 시가서 및 교훈서
말	• 대선지서	욥	시(151편 포함)
• 성문서(케투빔)	사	시	욥
시	렘	잠	잠
잠	애	전	전

<table>
<tr>
<td>욥
아
룻
애
전
겔
단
스-느
역대기</td>
<td>겔
단
• 12 소선지서
호
욜
암
옵
욘
미
나
합
습
학
슥
말</td>
<td>아
『솔로몬의 지혜서』
『집회서』(『시락서』)
• 선지서
사
렘
애
『바룩서』(6장=『예레미야의 편지』)
겔
단(3개의 추가물: 『아자리아의 기도』와 『세 청년의 노래』, 『수산나』, 『벨과 용』)
호
욜
암
옵
욘
미
나
합
습
학
슥
말</td>
<td>아
『솔로몬의 지혜서』
『집회서』(시락의 지혜)
• 선지서
호
암
미
욜
옵
욘
나
합
습
말
사
렘
『바룩서』
애
『예레미야의 편지』
겔
단(『아자리아의 기도』와 『세 청년의 노래』, 『수산나』, 『벨과 용』 포함)</td>
</tr>
</table>

Formation of the Bible

The Story of the Church's Canon

4장

최초 기독교인의 첫 번째 성경

후대에 구약으로 알려지게 된 최초 기독교 공동체의 거룩한 문헌들의 중심에는 율법서와 선지서 그리고, 비록 전부는 아니더라도, 주후 2세기 랍비들이 성문서라고 불렀던 책들의 대다수가 있었다는 점에는 의심의 여지가 없다. 비록 『사사기』, 『룻기』, 『에스더』 등과 같은 몇몇 책들은 인용 혹은 언급되지 않았고, 또한 그 책들은 초대 교회의 형성과 목회에 있어서 큰 역할을 하지 않을 것처럼 보일지라도, 신약 성경에서 대다수의 구약에 대한 언급 횟수는 상당하다. (우리가 마 7:12; 요 1:45; 행 13:37; 28:23; 롬 3:21에서 보듯이) 신약의 저자들은 율법과 선지자 혹은 모세와 선지자를 수없이 언급을 했다. 『사도행전』에 따르면, 율법과 선지서는 회당에서 정기적으로 읽혔다. "율법과 선지자의 글을 읽은 후에 회당장들이 사람[바울과 바나바]을 보내어 물어 가로되 형제들아 만일 백성을 권할 말이 있거든 말하라 하니." 누가복음 4:17에서 예수는 회당에서 "선지자 이사야의 글"로부터 "성경"을 읽었다(사 61:1-2. 58:6과 비교하라).

우리가 이미 살펴보았듯이, 신약에 언급된 유대교 성경의 세 번째 부분에 대한 유일한 하나의 언급은 누가복음 24:44이다. “시편들”에 대한 언급은 어떤 조건이나 정관사를 가지고 있지 않다. 비록 단정하여 말할 수 없지만, 이는 이 모음집이 목적상 “시편들”보다 더 많은 것을 일반적으로 의도하려 한 것임을 암시하다고 볼 수 있다. 그러나 우리는, 신약에서 거룩한 문헌들의 두 부분의 모음집들(율법서와 선지서)에 대한 수많은 언급과 시편들로 구성된 세 번째 부분을 언급하는 단 하나의 본문은, 누가가 자신의 복음서를 기록했을 당시(주후 약 60년 중후반)에는 정경의 세 번째 부분에 대한 만연한 인식이 없었다는 것을 시사한다고 덧붙여야 할 것이다. 물론, 유대교 성경의 마지막 세 번째 부분을 형성한 책들의 많은 수가 “율법과 선지자”라는 표제 하에 통합되어 이미 사용되고 있었던 것을 가능성은 높다. 정경의 세 번째 부분이 예수 이전 및 생애 동안에 존재했다고 생각하는 이들은 왜 세 번째 부분이 주후 1세기 중반에서 60년대 후반까지 하나의 본문에서만 언급되고 있는지를 설명하는 데 어려움을 느낀다.

초대 교회에서 유대교 성경의 인기는 부인할 수 없다. 왜냐하면 오늘날 알려진 모든 기독교 정경은 유대교 성경 안에 포함된 모든 책들을 인정하고 있기 때문이다. 그러나 주후 4-6세기에 속한 교회들로부터 나온 모든 구약 성경 목록들이 유대교 성경 정경들과 *다르다*는 사실은 유대 성경에 속한 책들에 대한 기독교인들의 긍정적 태도가 기독교 구약 성경의 선택의 유일한 요소가 아니었음을 시사한다. 유대교 성경을 재생하려는 시도가 있었던 곳에서 조차, 때때로 『에스더』는 생략되었고(바로 아래에 나오는 멜리톤이 제시한 목록에서처럼), 또한 아래의 여러 목록들에서처럼, 『예레미야의 편지』 혹은 『바룩서』와 같은 책들은 추가되었다. 여하튼, 초대 교회의 목록들 중 어느 것도 유대교 성경과 정확하게 일치하는 것은 없다.

교부인 사르디스의 멜리톤(주후 약 170-180년)은 구약 성경을 형성한 책 목들을 제시한 최초 기독교인 저자이다. 그는 (『에스더』를 생략하고 『솔로몬의 지혜서』를 추가한) 구약 성경 전체 모음집을 "율법과 선지자"로 언급했다. 다시 한번, 이 목록은 주후 2세기 말에 세 부분으로 된 구약 정경이 유대인들 혹은 기독교인들에게 아직 발견되지 않았음을 보여 준다. 멜리톤은 다음과 같이 기록한다.

> "멜리톤이 형제 오네시무스Onesimus에게 문안한다. 참 말씀에 대한 너의 열정 가운데 네가 종종 *율법서와 선지자*로부터 구세주와 우리 신앙의 모든 것에 대해 끌어내길 원하고, 게다가 네가 고대 문헌들에 대해 정확한 사실들, 즉 그것들이 숫자에 있어 얼마나 많고 순서가 어떻게 되는지를 알기 바라기 때문에, 나는 그렇게 하는 것을 감내했다. 왜냐하면 내가 신앙을 향한 너의 열심과 말씀에 대한 관심 및 영원한 구원을 위한 너의 싸움 가운데서 네가 하나님을 향한 너의 사랑 가운데 있는 모든 것보다 더욱더 이것들을 존중한다는 것을 알기 때문이다. 따라서 내가 동쪽으로 가서 이것들이 선포되고 행해진 곳에 이르렀고, 또한 구약 성경에 대해 정확히 알게 되었을 때, 내가 그것들을 적어 너에게 보냈다. 이것이 그것들의 이름이다: 모세의 다섯 권의 책들, 곧 『창세기』, 『출애굽기』, 『레위기』, 『민수기』, 『신명기』, 눈의 아들 여호수아, 『사사기』, 『룻기』, 열왕의 네 개의 책들, 역대기의 두 권의 책들, 다윗의 시편, 솔로몬의 『잠언』 및

『솔로몬의 지혜서』, 『전도서』, 『아가』, 『욥기』, 선지자 『이사야』, 『예레미야』, 한 권에 담긴 열 둘the Twelve, 『다니엘』, 『에스겔』, 『에스라』. 나는 이것들로부터 발췌 본을 만들고 그것들을 여섯 책에 모아 놨다." 멜리톤에 대한 사실들이 이러하다(에우세비오스, 『교회사』 4.26.13, 14. 영역 *LCL*을 사역함. 강조는 추가됨).

앞서 언급된 세 개의 유대교 자료들(『아피온 반박』 1.37-43, 『에스라4서』 14.44-47 및 『바바 바트라』 14b-15a)은 유대교 성경의 구성에 대한 주후 1세기 후반 및 2세기의 가장 중요한 유대 전통을 제공한다. 그러나 성경의 확정된 모음집에 대한 유대인들의 관심은 분명히 신약 성경 저자들이나 초대 교회 교부들에게 어떤 영향도 갖지 못했다. 신약 성경 자체는 성경의 책들을 제한하는데, 어떤 특별한 관심을 보이지 않는다. 그러나 신약 성경 문헌들과 초대 교부들은 비-정경적 작품들에 대한 언급을 많이 담고 있다. 그리고 종종 그것들을 명백히 "성경"으로 언급한다. 예를 들어, 마가복음 10:19은 출애굽기 20:12-16 및 신명기 5:16-20과 함께 『시락서』 4.1을 사용하고 있는 것처럼 보인다. 디모데후서 2:19은 민수기 16:5과 결합된 형태로 『시락서』 17.26을 언급하는 것처럼 보인다. 또한 로마서 1:24-32에서 바울은 『솔로몬의 지혜서』 14:22-31을 사용하고 로마서 5:12-21에서 『솔로몬의 지혜서』 2:23-24에 등장하는 사상들을 분명하게 사용하고 있는 것을 가능성이 크다. 『솔로몬의 지혜서』의 정경성에 대한 질문은 바울에게는 관계가 없었던 것 같다. 대신, 그 안에 담긴 신학적 논거들만이 관심거리였다. 고린도전서 2:9에서 바울은 『이사야의 승천』*Ascension of Isaiah* 11:34 혹은 이사야 64:3에서 파생된 현재 소실된 『엘리야의 묵시』*Elijah Apocalypse*를 "성경"으로 언급하고 있다. 앞서 주지했듯이, 유다서 14절은 위경 『에녹 1서』(1:9)를 특별히 언급한다. 베드로후서 역시 2:4과 3:6에서 『에녹 1서』와 병행구들을 가지고 있다. 히브리서 1:3의 저자는 『솔로몬의 지혜서』 7:25-26을 분명히 사용하고 있고 야고보서 4:5은 알려지지 않은 경전을 언급하고 있는 것 같다.

그러나 신약에서 비-정경적 작품의 이러한 사용 (혹은 언급)은 신약 시대의 바울과 다른 사람들에게 정경에 대한 이슈를 야기하지 않았다. 주후 1세기 및 그 이후에 유대인들에게 있어서, 성경 작품들의 핵심은 항상 모세의 율법이었다. 비록 복음서 저자들이 예수에 대한 이야기를 할 때, 시편들을 일반적으로 언급했더라도, 예수 시대 이전부터 유대인들 중에서 그랬듯이, 모세의 율법은 여전히 주후 1세기와 계속되는 시기에 - 우리가 그 시대에 그러한 모음집에 말할 수 있는 한에서 - 채택되었던 일단의 "정경적" 모음집의 중추를 형성했다.

최초 기독교 공동체의 계승자들인 속사도 교부들(이 명칭은 그들이 생산한 문헌들의 집합체에 적용되기도 한다) 중에는 그러한 정경 외적 작품들을 한층 더 두드러지게 사용한 숫자가 많다. 주후 1세기 후반의 『클레멘스 1서』에 등장하는 압도적으로 많은 언급들과 인용들은 (일단의 신약 작품들 및 외경에 대한 약간의 언급과 함께) 구약의 정경 작품들을 가리킨다는 점에는 의문의 여지가 없다. 예를 들어, 클레멘스가 『클레멘스 1서』 60.1에서 『시락서』 2:11을, 『클레멘스 1서』 7.5에서 『솔로몬의 지혜서』 12:10을, 또한 『클레멘스 1서』 27.5에서 『솔로몬의 지혜서』 3:4 및 7:5에 담겨 있는 연관된 암시들과 함께 『솔로몬의 지혜서』

12:12를 인용했다는 점에 유의하라. 『클레멘스 1서』 55.4-6에서 『유딧서』 8과 에스더 7장 및 4:16이 동일한 방식, 즉 *성경으로서* 언급된다. 『클레멘스 2서』 또한 『토빗서』 16.4를 인용할 뿐만 아니라, 다른 방법으로는 알려지지 않은 비-정경적 작품들로부터 많은 인용문들을 가지고 있다(11.2-4, 11.7 및 13.2를 보라). 『바르나바스의 편지』는 (20.2에서) 『솔로몬의 지혜서』, (4.3, 16.5에서) 『에녹 1서』, (12.1에서) 『에스라 4서』에서의 인용문들과, 7.3, 8 및 10.7에서 알려지지 않은 "경전"으로부터의 다른 인용문들을 포함하고 있다. 일단의 정경 목록들에는 추가되어 있으나 주후 4세기 아타나시오스에 의해 최종적으로 제외된 『디다케』(주후 약 70-90년)는 1.6에서 알려지지 않은 인용문뿐 아니라, 5.2 및 10.3에서 『솔로몬의 지혜서』를 사용한다. 폴리카르포스Polycarp는 『폴리카르포스의 순교사화』 1:6에서 『토빗서』를 언급한다.

추가 예들은 정경적 문헌들과 정경 외적 문헌들 사이의 희미한 구분을 지속적으로 증명해 준다. 그리고 얄궂게도 일단의 자료가 어떤 측면에서 현재 비-정경적이라고 고려되는 그 방식들이 정경 자체를 구체화하는 데 도움을 주었다. 순교자 유스티나Justin Martyr는 『트리포와의 대화』(주후 약 160년)에서 『이사야의 승천』(120.5를 보라)을 명백히 언급한다. 그러나 궁극적으로 그의 논지는 유대인들에 의해 정경적인 것으로 인정된 책들에 기초한다. 멜리톤처럼 그는 『창세기』, 『출애굽기』, 『레위기』, 열왕기(『열왕기상』, 『열왕기하』), 『시편』, 『잠언』을 언급하고 또한 『욥기』를 인용했다. 그는 선지서를 『이사야』, 『예레미야』, 『에스겔』, 『다니엘』 및 『12 소선지서』와 에스드라서들이라는 이름으로 사용했다(『트리포와의 대화』 72.1을 보라). 그는 또한 이름으로 언급하지 않았지만 『민수기』, 『신명기』, 『역대하』를 인용했다. 이것이 필연적으로 확정된 성경 정경을 암시하지는 않는다. 왜냐하면 『트리포와의 대화』에서 순교자 유스티나는 구체적인 상황들을 언급하고 있기 때문이다. 그러나 그것은 주후 2세기 중엽에 기독교인들 중에서 일반적으로 인정된 작품에 대한 질문에 도움이 된다. 그럼에도 불구하고, 유스티나는 『전도서』, 『아가』, 『에스더』에 대해 침묵한다. 이는 유대교 공동체 그리고 아마도 기독교 공동체 내에서 이 책들에 대해 존재했던 지속적인 의구심들을 반영해 주는 것일 것이다. 후대 기독교인들은 이 문헌들을 사용하는 것을 피했던 것 같다. 왜냐하면, 기독교인들이 그 본문들을 우회적으로 혹은 영적으로 해석하지 않는다면, 그 본문들이 기독교 공동체의 특별한 관심들(그리스도와 구원)을 다루고 있지 않았기 때문이었다. 일단의 성경학자들은 정경 외적 본문들에 대한 단순한 언급이 필연적으로 그것들이 성경으로 수납되었다는 것을 의미하지는 않는다고 주장했다. 물론 그것은 맞다. 그러나 인용의 방법과 기능은 이 추가적 문헌들이 그것들을 사용했던 이들의 마음에서 차지했던 중요한 위치를 드러내 준다. 이 모든 것이 필연적으로 외경과 위경이, 대부분의 구약책들이 초대 기독교에서 많이 사용되었듯이, 그렇게 사용되었다는 것을 제안하지는 않는다. 그럼에도 불구하고, 그 작품들은 초대 교회의 신학과 발전에 영향을 주었다.

신약의 일부 주제들은 그 뿌리를 외경과 위경 작품들에 두고 있다. 이 작품들은 『70인역』에 나타나나 주후 2세기에 유대인들에 의해 수용되지 않았던 성경책들에 더해진 추가물들의 사용으로 더 확고하게 되었다. 예를 들어, 알렉산드리아의 클레멘스(주후 약 180년)와 오리게네스(주후 3세기 초)는 『다니엘 추가』 중 2개, 즉 『수산나』와 『벨과 용』을 언급한다. 이레나이우스, 테르툴리아누스, 오리게네스 역시 『70인역』의 외경 부분들을 언급하고 수용했다. 요세푸스에 언급되는 『에스더 추가물』은 로마의 클레멘스, 알렉산드리아의 클레멘스, 오리게네스에 의해 경전으로 간주되었다. 『므낫세의 기도』는 주후 3세기의 시리아어 『디다스칼리아』*Didascalia*와 『사도 헌장과 규범』*Apostolic Constitutions and Canons*에서 언급된다. 마카비 1-4서뿐만 아니라 『시편 151』은 주후 5세기의 알렉산드리누스 코덱스(알렉산드리아 사본Codex Alexandrinus)에 포함되어 있다(아래 목록을 보라). 흥미롭게도 『요한계시록』과 경쟁했던 환상들visions인 『헤르마스의 목자서』(주후 약 140-150년)의 명백히 유일한 인용은 소실된 『엘다드와 모다드』의 본문이었다(『헤르마스의 목자서-환상』 2, 3, 4. 이 명칭들에 대한 배경으로 민 11:26을 보라). 속사도 교부(주후 약 90-140년)에 대한 연구는 결론적으로 그 저자들이 히브리어 성경에 호소하는 동일한 방식과 대체로 동일하게 종종 외경과 위경에 호소했다는 것을 보여 준다. 이 결론을 지지하는 주후 4-5세기의 매우 중요한 4개의 코덱스들(사본들)이 있다. 그것들은 다음과 같다. (1) 시나이티쿠스 코덱스(시나이 사본. "알렙"[א]으로 표시되는 코덱스. 주후 약 4세기 중후반). 이는 신약 성경과 함께 『토빗서』, 『유딧서』, 『솔로몬의 지혜서』, 『시락서』(『집회서』), 『마카비 1서』, 『마카비 4서』를 일부분으로 포함하고 있는 구약 모음집을 담고 있다. (2) 바티카누스 코덱스(바티칸 사본. B로 표시되는 코덱스. 주후 4세기 중반). 이는 『바룩서』, 『예레미야의 편지』, 『솔로몬의 지혜서』, 『집회서』(『시락서』), 『유딧서』 및 『토빗서』를 담고 있다. 그러나 마카비서들은 포함되어 있지 않다. (3) 알렉산드리누스 코덱스(알렉산드리아 사본. A로 표시되는 코덱스. 주후 5세기). 이는 외경, 『솔로몬의 시편』, 『마카비 3서』 및 『마카비 4서』를 담고 있다(이 추가된 책들은 어떤 구분 없이 다른 구약책들과 함께 나란히 포함되어 있다). (4) 에프라이미 시리 레스립투스 코덱스(에프라임 [재생] 사본. C로 표시되는 코덱스. 약 209장의 낱장을 가진 주후 5세기 사본. 그 중 64장은 구약 부분의 파편들임). 여기서 발견되는 부분들 중에는 『시락서』, 『시락서 서문』, 『솔로몬의 지혜서』가 있다. 구약책들 모두가 그 안에 포함되어 있지는 않다. 그러나 그것이 매우 파편적이기 때문에 그 사본의 전체 내용에 대해 무엇인가 주장하기는 어렵다.

위의 증거는 초대 교회에서의 *확정된* 정경은 주후 4세기 동안 발전하기 *시작했다*는 것을 우리에게 확신시킨다. 구약책들을 담고 있는 고대의 코덱스 (혹은 책) 형태의 사본들 중(고대에서 살아남은 것들 중에는 24개가 있다) 대다수는 『시편』*Psalter*(시편 모음집)을 담고 있다. 몇몇 후대의 코덱스 형태의 사본들은 오늘날 우리가 이상하다고 느낄 수 있는 순서로 책들을 조합한다. 예를 들어, 『마태복음』이 『사도행전』과 연결되어 있다. 이는 기독교 사본들에서는 합리적인 것으로 보인다. 그러나 정경 책들에 대한 일부 사본들 역시 정경 외적인 책들과 함께 배부되었다. 『아가』는 헬라어로 된 『아리스티데스의 변증』 및 『바울 행전』과 함께 묶였다. 콥트어로 된 『아가』와 『예레미야애가』는 헬라어와 콥트어로 된 『시락서』(『집회서』)와 결합되었다. 그러한 예들은 구약 정경이 주후 4세기 이전 혹은 그 기간에조차 확정되지 않았음을 설명해 준다.

아래에 교회의 구약 성경에 대한 최고로 잘 알려진 목록들이 일부가 있다. 나는 독자들이 다음 장의 신약의 발전상을 검토하는 부분으로 넘어가기 전에 이 목록들이 어떤 책들과 또한 그 책들의 어떤 순서를 반영하고 있는지를 보기 위해 그 목록들을 주의해서 보길 권한다. 독자들은 어떤 다른 외경 혹은 제2 정경들이 포함되어 있느냐와 관련하여 일단의 다양성과 더불어, 내가 "핵심" 책들이라고 부르는 것들과의 많은 병행들을 보게 될 것이다.

도표 4: 구약 카탈로그

도표 4A. 동방 교회의 구약 목록들

멜리톤[1]	오리게네스[2]	라오디게아 공의회, 규범 60[3]	아타나시오스[4]	키릴로스(Cyril)[5]
창	창	창	창	창
출	출	출	출	출
레	레	민	레	레
민	민	레	민	민
신	신	신	신	신
수	수	수	수	수
삿	삿/룻	삿	삿	삿/룻
룻	열왕기 1-2	룻	룻	열왕기 1-2
열왕기 1-4	열왕기 3-4	에	열왕기 1-2	열왕기 3-4
대상 · 하	대상 · 하	열왕기 1-4	열왕기 3-4	대상 · 하
시	에스드라 1-2	대상 · 하	대상 · 하	
잠	시	에스드라 1-2	에스드라 1-2	에스드라 1-2
전	잠	시	시	에
		잠	잠	욥

아 욥 사 렘 단 『에스드라』 (『에스더』는 생략)[6]	전 아 사 렘/애/『예레미야의 편지』 (『12 소선지서』 생략)[7] 단 겔 욥 에	전 아 욥 『12 소선지서』 사 렘 『바룩서』 애 『예레미야의 편지』 겔 단	전 아 욥 『12 소선지서』 사 렘/『바룩서』/애/『예레미야의 편지』 겔 단	시 잠 전 아 『12 소선지서』 사 렘/애/『예레미야의 편지』/『바룩서』 겔 단

1. 에우세비오스, 『교회사』 4.26.14 (주후 약 320-25년. 팔레스타인의 가이사랴).
2. 에우세비오스, 『교회사』 6.25.2 (주후 약 320-25년. 팔레스타인의 가이사랴).
3. 이 목록(주후 약 360년)은 H. B. Swete, *Introduction to the Old Testament in Greek* (Cambridge: Cambridge University Press, 1914; repr., Peabody, MA: Hendrickson, 1989), 209에 보존되어 있다.
4. 아타나시오스, 『과월절 편지』 39.4 (주후 약 367년. 이집트의 알렉산드리아).
5. 예루살렘의 키릴로스, 『교리문답』(*Catech.*) 4.35 (주후 약 394년. 팔레스타인의 베들레헴).
6. 괄호 안에 있는 책들은 이 자료에서 생략되었다.
7. 괄호 안에 있는 책들은 이 자료에서 생략되었다.

도표 4B. 동방 교회의 구약 목록들(계속)

에피파니오스 (Epiphanius)[8]	에피파니오스[9]	에피파니오스[10]	그레고리오스 (Gregory)[11]	암필로키오스 (Amphilochius)[12]
창	창	창	창	창
출	출	출	출	출
레	레	레	레	레
민	민	민	민신	민
신	신	신	수	신
수	욥	수	삿/룻	수
삿	시	욥	열왕기 1-4	삿
룻	잠	삿	대상 · 하	룻
욥	전	룻	에스드라 1-2	열왕기 1
시	아	시	욥	열왕기 2
잠	수	대상	시	열왕기 3
전	삿/룻	대하	전	열왕기 4
열왕기 1	역대상하	열왕기 1	아	대상 · 하
열왕기 2	열왕기 1-2	열왕기 2	잠	에스드라 1-2
열왕기 3	열왕기 3-4	열왕기 3	『12 소선지서』	욥
열왕기 4	『12 소선지서』	열왕기 4	사	시
대상	사	잠	렘	잠
대하	렘	전	겔	전
『12 소선지서』	겔	아	단	아
사	단	아		『12 소선지서』
렘/애/『예레미야의 편지』/『바룩서』	에스드라 1-2	『12 소선지서』		사
겔	에	사		렘
단		렘		겔
『에스드라 1서』		겔		단
『에스드라 2서』		단		에
		『에스드라 1서』		
		『에스드라 2서』		
		에		

도표 4C. 서방 교회의 구약 모음집들

힐라리우스 (Hilary)[13]	히에로니무스[14]	히에로니무스[15]	루피누스 (Rufinus)[16]	아우구스티누스[17]	카르타고[18]
5개의 모세	창	창	창	창	창
수	출	출	출	출	출
삿/룻	레	레	레	레	레
열왕기 1-2	민	민	민	민	민
열왕기 3-4	신	신	신	신	신
대상 · 하	욥	수	수	수	수
에스드라	수	삿/룻	삿/룻	삿	삿
1-2	삿	열왕기 1-2	열왕기 1-2	룻	룻
시	룻	열왕기 3-4	열왕기 3-4	열왕기 1-4	열왕기 1-4
잠	사무엘서	사	대상하	대상 · 하	대상 · 하
아	열왕기 3-4	렘	에스드라	욥	욥
『12 소선지	『12 소선지	겔	1-2	『토빗서』	시
서』	서』		에	에	

8. 『이단 반박』 1.1.8 (주후 약 374-77. 서시리아의 살라미스).

9. 『무게와 도량법에 대하여』 4 (주후 약 374-77. 서시리아의 살라미스).

10. 『무게와 도량법에 대하여』 23 (주후 약 374-77. 서시리아의 살라미스).

11. 나지안조스의 그레고리오스(Gregory of Nazianzus), 『시가』(*Carm.*) 1.12.5 (주후 약 390년. 소아시아의 카파도기아).

12. 암필로키오스, 『셀류코스에게 주는 시』(*Iambi ad Seleucum*) 2.51-88 (주후 약 396년. 소아시의 이코니움).

13. 힐라리우스, 『시편 주석 서문』(*Prolog. in Lib. Ps.*) 15 (주후 약 350-65. 프와티에).

14. 히에로니무스, 『편지』 53.8 (주후 약 394년. 팔레스타인의 베들레헴).

15. 히에로니무스, 『사무엘서와 말라기 주석의 서론』(*Praef in Lib. Sam. et Mal.*) (주후 약 394년. 팔레스타인의 베들레헴).

16. 루피누스, 『사도신경 주석』(*Comm. in Symb. Apost.*) 35 (주후 약 404년. 이탈리아의 로마).

17. 아우구스티누스, 『기독교 교리에 대하여』(*De Doct. Christ.*) 2.13 (주후 약 395년. 북아프리카의 히포 레기우스).

18. 카르타고 공의회(주후 397년), 규범 26; "솔로몬의 5개의 책"("1-5개의 솔로몬"[1-5 Sol.]으로 표시됨)= 잠, 전, 아, 『시락서』, 『솔로몬의 지혜서』인 것 같다. 그러나 확실하지는 않다.

사 렘/애/『예레미야의 편지』 단 겔 욥 에 (『토빗서』) (『유딧서』)	사 렘 겔 단 시 아 『솔로몬의 지혜서』 에 왕상 · 하 스-느	『12 소선지서』 욥 시 잠 전 아 단 대상 · 하 에스드라 1-2 에	삿 렘 겔 『12 소선지서』 욥 시 잠 전 아	『유딧서』 마카비 1-2 에스드라 1-2 시 잠 아 전 『솔로몬의 지혜서』 『시락서』 『12 소선지서』 사 렘 단 겔	1-5개의 솔로몬(1-5 Sol) 『12 소선지서』 사 렘 겔 단 『토빗서』 『유딧서』 에 에스드라 1-2 마카비 1-2

도표 4D. 구약 모음집들을 담고 있는 주요한 성경 사본들

바티카누스(B) (주후 4세기)…[19]	시나이티쿠스(א) (주후 4세기)	알렉산드리누스(A) (주후 5세기)
창	창…	창
출	…	출
레	…	레
신	민…	민
수		신
삿	…	수
룻	…	삿
열왕기 1-4	…	룻
대상하	…	열왕기 1-4
	대상…	대상하

19. "…" 표시는 사본에서 소실 혹은 생략을 가리킨다.

에스드라 1-2	…『에스드라 2서』	호
시…	에	암
잠	『토빗서』	미
전	『유딧서』…	욜
아	마카비 1-4	옵
욥	사	욘
『솔로몬의 지혜서』	렘	나
『시락서』	애…	합
에	욜	습
『유딧서』	옵	학
『토빗서』	욘	슥
호	나	말
암	합	사
미	습	렘
욜	학	『바룩서』
옵	슥	애
욘	말	『예레미야의 편지』
나	시	겔
합	잠	단
습	전	에
학	아	『토빗서』
슥	『솔로몬의 지혜서』	『유딧서』
말	『시락서』	에스드라 1-2
사	욥	마카비 1-4
렘		시[20]
『바룩서』		『시편 151』[21]
애		욥
『예레미야의 편지』		잠
겔		아
단		『솔로몬의 지혜서』
		『시락서』

20. 시편 모음집에 대한 마르켈리누스(Marcellinus)에게 보낸 아타나시오스의 편지와 에우세비오스가 요약한 시편 내용이 『시편』 앞에 삽입되어 있다.

21. 『시편』 이후에 성경의 다른 부분들로부터 추출된 많은 수의 찬송(canticles)이 있다.

Formation of the Bible

The Story of the Church's Canon

5장

어떻게 신약 성경이 생기게 되었는가

초대 교회에서의 성경의 지위

만약 기독교 구약 성경의 기원과 발전에 상당한 복잡한 문제가 수반된다고 말할 수 있다면, 신약 성경에 대해서도 동일한 사항을 말할 수 있다. 구약의 형성의 경우에서처럼, 신약 형성에 대해 우리에게 무엇인가 말해 주는 고대 전승들은 존재하지 않는다. 그러나 우리는 그 모두가 어떻게 발전했는지에 대한 몇 가지 힌트들을 갖고 있다. 그리고 이 힌트들에 대한 논의가 다음에 진행될 것이다.

비록 우리가 거룩한 문헌들의 모음집에 대한 완전한 규정 요소들에 대해 확실하지는 못할지라도, 초대 교회는 그 시작으로부터 경전에 대한 개념, 즉 논의의 여지가 없는 권위에 익숙했다. 우리가 보았듯이, 초대 교회가 그 손에 확정된 정경을 가지고 태어났는지에 대한 설득력 있는 증거는 없다. 그러나 경전의 선례는 예수 탄생 오래 전에 이미 유대교 공동체에서 잘 형성되어 있었다. 다시 한번 말하자면, 그 당시에 성경은 일반적으로 "율법과 선지자" 혹은 단순히 "율법"으로 인정되었다. 어떤 책이 이 성경을 구성했는지는 분명하지 않은 반면, 우리가 이미 살펴보았듯이, 초대 교회는 하나님의 길과 뜻은 그 성경을 통해 알려진다고 응당 생각했다. 교회가 성장하면서 교회는 유대교 유산으로부터 받았던 문헌들과 함께 그 자신의 거룩한 책들의 모음집을 소유하는 것이 큰 가치가 있음을 알게 되었다. 이유야 어찌 되었던 간에, 교회는 하나님의 말씀과 뜻이 구약 성경에서뿐만 아니라, 비교적으로 새롭고 독특한 몇몇 기독교 문헌들로도 전달되었다고 믿게 되었다. 기독교인들은 그들이 하나님에 의해 영감되었고 또한 사도들의 모임으로부터 기인했다고 믿었던 기독교 작품들을 그들의 경전에 추가했다.

예수의 초기 추종자들은 그들 자신의 성문화된 경전을 생산하려는 의식적 노력을 하지 않았다. 오히려 그들은 자신들의 사명을 진작시키는 데 도움이 되었던 기독교 문헌들을 보존하길 선택했다. 오래지 않아 이 문헌들은 예배 중에 교회에서 읽혔고 또한 교리 문답 교육이나 복음 선포에서 사용되었다. 단지 두 개의 가능성을 제외하고, 신약 문헌들 중 어느 것도 그 저자들이 그 자신들이 성경과 상응하는 그 무엇인가를 저술하고 있었다고 믿었다고 제시하지 않는다. 단지 『요한계시록』만이 "이 책의 예언의 말씀"을 더하거나 제거하는 자는 누구든지 신적 심판을 직면하게 될 것(계 22:18-19)이라고 주장함으로써 성경의 필수적인 요소인 신적 영감을 주장한다. 두 번째 그리고 보다 특별한 가능성은 고린도전서 7:40에서 발견된다. 그곳에서 바울은 그가 제공하는 충고에 성령이 함께한다고 주장한다. 그러나 그 스스로 성경적, 심지어, 정경적 권위를 주장하려는 것이 그의 마음속에 있었던 것은 아니었던 것 같다. 그는 확실히 자신이 성경을 기록하고 있다고 인식하고 있듯이 그렇게 항상 저술한 것은 아니다. 오히려 그의 우선순위는 성도들의 믿음과 행위에 적절하다고 믿었던 교훈과 훈계들을 제공하는 데 있었다. 그러나 그는 의식적으로 예수께서 말씀하셨던 것으로부터 자신이 말해야 하는 것을 구별했다(고전 7:8-12을 보라).

대다수의 성경학자들은 신약의 모든 책들 혹은 대다수의 책들이 주후 1세기에 저술되었다고 믿는 반면, 많은 학자들은 단지 향후 발전에 있어 최소한의 수정과 조정을 허락하면서 신약 정경의 기원과 성장을 주후 2세기로 본다. 그들은 주후 2세기의 이단들이 교회로 자신의 신약 정경을 규정하도록 이끌었다고 주장한다. 그러나 우리가 이 입장을 보다 자세히 연구할 때 신약의 형태나 범위에 대한 논의가 그 당시에 이루어졌었다는 어떤 증거도 없다. 나는 아래에서 이 전제를 살펴볼 것이다. 그러나 신약 문헌들의 기원에 대해 논리적 출발점인 예수에게서 시작할 것이다.

최초의 신약 정경

예수의 죽음과 부활 직후, 그의 삶, 가르침, 행위, 죽음 및 부활에 대한 이야기들이 초대 교회의 구전 전승들 가운데서 유포되었다. 이 이야기들 중 일부는 의심 없이 예수의 명성이 갈릴리, 그리고 후에 유대에서 높아지기 시작했을 때인 그의 공생애 기간 동안에 시작되었다. 주후 30-60년 사이에 이 전승들의 일부가 기독교 신앙을 위해 예수의 중요성을 반영하고 있었던 편지들 및 다른 본문들과 함께 문서화되었다. 주후 2세기 중엽에 이르러, 예수 이야기를 전했던 문헌들은 "복음서"라고 불렸다. 이 책들은 교회가 후에 구약 성경이라고 불렀던, 유대교 형제자매로부터 상속받았던 성경과 함께 읽혔다.

또 다른 보다 개인적 유형의 초대 기독교 작품들은 다른 도전들에 대처하기 위해 그리고 다른 상황 중에 발생했다. 주후 약 48-49년에 시작하여 일단의 초대 기독교 교사들과 선교사들은 하나님께서 예수의 삶, 죽음, 부활 가운데서 행하셨던 것이 무엇인지, 그리고 이 행위들이 기독교인의 행위와 사명에 어떤 암시를 가지고 있는지에 대해 편지들 혹은 "서신서들"에 반영했다. 사도 바울은 그가 선교 여행 중에 설립했고 교회들과 방문할 계획이 있었던 공동체들에게(『로마서』, 『고린도전서』, 『고린도후서』, 『갈라디아서』, 『에베소서』, 『빌립보서』, 『골로새서』, 『데살로니가전서』, 『데살로니가후서』) 혹은 앞선 언급했듯이 개개인들(『디모데전서』, 『디모데후서』, 『디도서』, 『빌레몬서』)에게 많은 수의 편지들을 발송했다. 다른 저자들 역시 여타 기독교 공동체를 위해 편지들을 발송했다. 그리고 이 문헌들 중의 몇몇은 후대의 신약에 포함되었다. 최종적으로 이 편지들은 일반 혹은 공동 서신으로 알려지게 되었다(『야고보서』, 『베드로전서』, 『베드로후서』, 『요한일서』, 『요한이서』, 『요한삼서』, 『유다서』). 신적 진리를 전달하는 이 새롭고 개인적 방식은 교회에서 매우 광범위하게 인정되었고, 그 결과 유사한 방식으로 후대에 다른 편지들이 작성되었다. 여기에는 고린도인들에게 보내진 클레멘스의 편지(『클레멘스 1서』), 『바르나바스의 편지』 및 이그나티우스의 『편지들』이 속한다.

기독교 작품들이 복음서들과 서신서들에만 제한된 것은 아니었다. 누가라고 알려진 복음서 기자는 기독교 신앙의 기원에 대한 자신의 이야기를 원래 두 권의 책으로 집필했다. 첫 번째 것은 『누가복음』이 되었고, 두 번째 것은 『사도행전』이 되었다. 『사도행전』은 기독교인들 중에 회람되었던 복음서들과 서신서들 사이의 교량 역할을 하는 초대 교회의 기원과 발전을 보여 주었기 때문에 추가되었다. 『사도행전』은 초창기에(아마도 주후 1세기 후반에?) 『누가복음』으로부터 분리되어, 후에 종종 일반 혹은 공동 서신의 서론으로 유통되었다. 단지 후대에 이르러 『사도행전』은 신약의 바울 서신 앞에 놓이게 되었다. 한 편의 긴 설교(『히브리서』)가 반대에 직면하여 기독교 신앙을 떠나 자신의 이전 뿌리인 유대교로 되돌아가려고 한 유대 기독교인들을 권면하기 위해 작성되었다. 마지막으로, 『요한계시록』으로 알려진 한 권의 계시의 책 혹은 환상의 메시지가 우리가 오늘날 신약이라고 부르는 것으로 최종 수납된 작품들에 추가되었다. 이 문헌들은 처음에 개별적으로 퍼졌다. 그러나 주후 1세기 후반에 이르러 바울 서신들 중 일부가 미완성의 서신으로 된 정경epistolary canon in the making으로 회람되고 있었다.

그러나 신약의 기원은 정확히 교회의 주요 메시지로 인정된 예수의 이야기와 시작한다(롬 10:9; 마 28:19-20). 예수가 말하고 행한 것이 초대 기독교인들에 대해 권위가 있었고, 그의 권위는 결코 다른 존재에게 전가되지 않았다. 신약을 구성한 작품들은 대부분 예수, 그의 중요성 및 예수를 따른다는 것이 의미하는 바에 대한 일상과 목회 가운데서의 암시들에 초점을 맞춘다. 신약 작품들은 우리를 그 자체가 아닌 기독교 신앙에 있어서 최종적 권위인 예수를 향하게 한다(마 28:19).

처음에는 기독교 경전 전집의 발전에 큰 관심이 존재하지 않았다. 왜냐하면 예수께서 곧 돌아와 지상에 그의 왕국을 세우실 것이라는 믿음이 강했고 퍼져 있었기 때문이다(행 1:6-8; 살전 1:9-10; 2:19-20; 계 22:10-11, 20-21). 초대 기독교인들에게 있어서 이미 예수의 중요성과 행위에 대해 증언한 권위 있는 경전 모음집, 즉 성경의 첫 번째 언약, 구약 성경이 있었다(고전 15:3-9). 비록 처음에는 그러한 명칭으로 그것들이 규정되지는 않았지만 말이다. 초대 교회의 가장 급박한 사항은 부활하신 주님을 선포하는 것이었다. 그의 임박한 재림에 대한 소망이 너무 가까운 일이어서 교회를 위한 또 다른 경전 모음집에 대한 필요성이 인식되지는 않았다.

그렇다면 우선 왜 이 추가적 문헌들이 저술되었을까? 첫째, 시간이 흐르고 교회가 이스라엘 땅 밖으로 확장하면서 예수의 이야기들을 공유했던 이들이 복음서의 이야기가 공유되었던 모든 장소에 있을 수가 없었다. 결과적으로 혹자들은 예수의 이야기를 그 이야기에 대한 최초의 증인들의 입으로 이야기 되더라도 그것들을 들을 수 없었던 이들을 위해 저술의 형태로 예수의 이야기를 전달하는 것이 필요하다고 여겼다. 유사하게, 예수의 수많은 최초 추종자들은 이 동일한 이야기에 대한 신실한 증인들이 되기 위해 순교를 통한 최후의 희생 제사를 드렸다. 그래서 그 이야기를 저술로 남겨 놓는 것이 특별히 그리고 점점 필요하게 되었다. 예수의 말씀들과 행동들의 모음집들은 예수께서 돌아가시기 전에도 이스라엘 땅에서 회람되었던 것 같다. 그리고 곧 이것들이 모아졌고, 후대에 교회에서 인정받고 공유되었던 사본들에 다양한 방식으로 수집되었다. 늦어도 주후 2세기 중엽에 복음서들은 구약의 여러 책들과 함께 교회에서 읽혔다. 예를 들어, 주후 2세기 중반 무렵 초대 교회의 교사이자 변증가인 순교자 유스티나는 다음과 같이 기록했다. "주일이라고 불리는 날에 한 장소에서 도시들과 고을에 사는 이들의 모임이 있었다. 그리고 사도들의 회상록[복음서들] 혹은 선지자들의 문헌들[구약 문헌들]이 시간이 허락하는 한 오랫동안 읽혔다"(『첫 번째 변증』 67.3).

사도 바울은 지중해 세계에서 교회를 세우는 데 능동적으로 관여했다. 그리고 종종 교회를 방문하는 대신에 편지들을 보냈다. 다시 한번 말하지만, 그가 교회들에 편지들을 보냈을 때 그는 그가 성경을 저술하고 있었다고 의식적으로 깨닫고 있지는 않았다. 그러나 기독교 신앙과 실천을 위한 편지들의 영속적인 신학적 및 실천적 가지 때문에, 그의 편지들은 더욱 많은 교회들 가운데서 수집되었고, 필사되었고, 회람되었다. 그리고 그곳에서 기독교의 선포가 진리임을 가르치는 데 사용되었다. 바울은 자신의 편지들을 받은 이들이 그것을 다음에게 넘겨주는 것이 얼마나 중요한 것인지를 알았다. 그리고 그가 자신의 편지들의 초창기 회람을 위한 첫 번째 선동자였을 것이다. 우리는 골로새서 4:16에서 이러한 실천의 증거를 발견한다. 바울의 편지들은 『요한계시록』에 보존된 일곱 교회들에 보내진 편지들의 모델이 된 것 같다. 게다가, 바울처럼 자신이 돌보던 교회에 편지를 발송했던 주후 2세기 초의 교부 안디옥의 이그나티우스의 모델이 된 것 같기도 하다.

주후 2세기에 복음서들, 특별히 『마태복음』(그 당시 가장 인기 있던 복음서)과 정도는 덜하지만, 『요한복음』이 지중해 세계의 많은 교회들에서 퍼지고 있었다. 그리고 주후 2세기 중반이 되어 교회에서 복음서들은 구약과 나란히 그리고 때때로 구약을 대신해 읽히기도 했다(순교자 유스티나, 『첫 번째 변증』 64-67을 보라). 복음서들은 예수에게 돌려진 말씀들과 행위들을 담고 있었기 때문에, 그것들은 *교회의 사명을 증진시키는 데 도움을 주려는 목적으로* 교회에 수용되었고 또한 예배와 훈계 시에 읽혀졌다. 기독교 문헌들이 성경*처럼* 사용되기 시작했을 때(늦어도 주후 2세기 중엽), 그것들이 실제로 "성경"으로 불리게 된 것은 오래 걸리지 않았다. 그리고 주후 2세기 말엽에 이것은 일상이 되었다. 복음서들과 바울의 여러 편지들은 "성경"이라 불린 첫 번째 기독교 문헌들 중에 포함되었다. 다음 두 세기가 지나서 모두가 동일한 시대는 아니지만, 여타 기독교 문헌들 역시 다양한 교회들에서 그러한 경전으로의 승인을 획득했다.

주후 2세기 말에, 교회의 수집된 몇몇 문헌들이 "신약"이라고 불리기 *시작했다*. 그리고 기독교인들이 유대인들로부터 계승한 첫 번째 성경은 "구약"이라고 불리기 시작했다. 이 명칭들이 대다수의 기독교인들에 의해 정식적으로 사용되는 데는 수 세기가 걸렸다. 주후 4세기에 이 용어들은 많은 교회에서 여전히 설명될 필요가 있었다. 그러나 기독교 문헌들이 점차 성경으로 인식되었을 때, 그 문헌들은 이미 거룩한 것으로 인정된 다른 본문들인 구약 문헌들과 나란히 모음집에 놓이기 시작했다. 그리고 최종적으로 그것들을 기독교 경전의 모음집으로뿐만 아니라, 기독교 성경의 모든 책들을 담고 있는 보다 커다란 크기의 책들(코덱스들)의 형태로 *확증*되었다.

우리는 이 수집과 승인의 과정을 오늘날 많은 기독교인들이 누리고 있는 성경에로의 용인한 접근성과 혼동하지 않도록 주의해야 한다. 고대 사본들을 복사하는 일은 모두 손으로 이루어졌고 매우 더딘 작업이었다. 필사자에게 지불할 경비뿐만 아니라 재료의 엄청난 비용 때문에, 많은 수의 초기 사본들은 새척되어 이전 작품이 지워진 재활용 재료(그 용어는 "팰림프세스트"palimpsest[복기지複記紙]이다)에 제작되었다. 사본들을 재생산한 서기관 혹은 필사자는 지식인들이며 잘 선의를 가진 이들이었다. 그러나 항상 훈련된 것만은 아니었다. 많은 경우 필사자들은 아마추어들이였다. 최선을 다함으로써 그들은 자기 자신의 기독교 성경의 이 새로운 모음집 복사본들을 갖기 노심초사했던 교회들을 위할 수 있었다. 그러한 사본들을 생산함에 있어서 높은 비용 때문에 아주 적은 수의 교회들만이 구약 혹은 신약책들 모두를 소장할 수 있었다는 점에 또한 주의해야 한다. 나중에 다시 한번 언급하겠지만, 주후 2세기에는 코덱스 생산 기술이 제한되었기 때문에 신약 혹은 구약에 속한 모든 책들을 한 권에 담을 수가 없었다. 신약 문헌들의 최초 사본들인 현존하는 121개의 파피루스 사본들 중에 단지 14개만이 1권 이상으로 제작 되었다! 몇몇 모음집은 다른 모음집들보다 더 책들을 담고 있다. 그러나 최초 성경 사본들 중 *어떤 것*도 신약 성경책들 전체를 담고 *있지 않다*. 그 기술은 주후 4세기에나 가능하게 되었다. 그래서 보다 완벽한 단위들로 보급되었던 성경의 보다 큰 모음집을 볼 수 있는 때가 시작된 것이다. 그러나 그때조차 대부분의 교회들은 성경의 책들 전부를 소유하지 못했다.

보다 이른 시기에, 기독교 성경 모음집에 포함되었던 문헌들 중 일부는 최종적으로 보급되는 일에서 배제되거나 떨어져 나갔다. 왜냐하면 그 문헌들이 더 이상 신생 교회의 삶과 목회에 적절하지 않다고 여겨졌거나 혹은 예수이야기에 대한 신뢰성 있는 증언이라고 여겨지지 않았기 때문이다. 그들 중 일부는 이단인 것으로 여겨지기까지 했다. 즉, 그것들이 최초부터 교회에 전해져 온 신앙으로부터 떠났다는 것이다. 다양한 모음집들로부터 책들을 추가하고 제거하는 이 과정은 수 세기가 걸렸다. 그리고 동일한 시대에 모든 교회들에서 그런 일이 발생하지도 않았다. 교회 공의회가 교회 예배와 교육반에서 신뢰될 수 있고 읽힐 수 있는 책들을 목록화하기 시작했을 때(주후 360-363년의 라오디게아 공의회, 주후 393년의 히포 공의회, 주후 397년의 카르타고 공의회), 그것들은 모든 교회를 위해 그것들에 대한 "상명하달식의" 결정을 내리기보다는, 기본적으로 그 지역의 교회들의 실천적 사항들을 반영하고 있었다.

불행하게도 주후 4세기 이전에 기독교 성경의 확정된 모음집(혹은 정경)에 대해 알려진 *논의*가 없다. 그 전에는 신약의 여러 책들(특별히, 복음서들과 바울)의 경전적 지위에 대한 광범위한 동의가 있었다. 그러나 수 세기 동안 모든 책들에 대한 보편적인 동의는 없었다. 『베드로복음서』, 『헤르마스의 목자서』, 『바르나바스의 편지』와 같은 인기 있는 책들은 처음에 몇몇 교회들에서 경전적 위치를 누렸다. 그러나 주후 4-5세기에 많은 교회들이 이 책들에 대해 의심을 표현했다. 교회의 신약에 포함된 문헌들조차 처음에는 주후 4세기 초반에 몇몇 교회에서 논쟁거리가 되었다(즉, 『히브리서』, 『야고보서』, 『베드로후서』, 『요한이서』, 『요한삼서』, 『유다서』). 그러나 최종적으로 그것들은 광범위하게 수용되었다.

몇몇 사례에서 정경의 결정 과정은 교회의 삶과 예전에 대한 다른 질문들과 밀접하게 연관된다. 예를 들어, 주후 4세기에 부활절을 기념 시기에 대한 논쟁이 발발했다. 교부 알렉산드리아의 아타나시오스는 이 중요한 날을 축하하기 위한 일정을 교회에게 알려 주는 연례 편지를 발송하도록 임명받았다. 종종 이 편지들은 그 편지들을 받은 교회들과 관련되고 중요하다고 여겨지는 다른 문제들로 포함하곤 했다. 주후 367년 39번째 『과월절 편지』에서 아타나시오스는 신약 성경의 27권의 책들의 목록 모두를, 알려진 바로는, 처음으로 제시했다. 그리고 이 책들은 교회에서 읽도록 추천되었다. 동일한 목록이 굉장히 영향력 있는 교부 아우구스티누스에 의해서도 확인되었다. 그리고 다시 한번 히포(주후 393년) 및 카르타고(주후 397년) 공의회들에서 비준되었다. 이것은 그 당시 모든 교회들이 동의했다는 것을 의미하지 않는다. 주후 4-5세기의 늦은 시기에조차, 『디다케』, 『바르나바스의 편지』, 『클레멘스 1서』, 『클레멘스 2서』, 『헤르마스의 목자서』와 같은 성경 외의 기독교 문헌들이 일부 교회들에서 지속적으로 읽혀졌고, 또한 경전의 다양한 모음집들과 카탈로그들에서 등장했다(5장 도표 5에서 신약책들의 다양한 목록들을 보라). 『헤르마스의 목자서』의 복사본들이 『마태복음』과 『요한복음』을 제외한 신약책들 중 그 어떤 것보다 고대 시대에 더 많이 보존되어 있다. 이는 이 책에 대한 초기의 인기를 반영해 준다. 또 다른 많은 수의 비-정경적 책들도 유사하게 수 세기 동안 인기가 있었다. 그러나 초대 기독교인들에게 가장 있기가 있던 책들은 일반적으로 우리가 신약 문헌들로 알고 있는 책들, 특별히 복음서들과 바울에게 돌려진 편지들이다.

그렇다면 정경 형성 과정의 첫 번째 단계는 예배, 교육, 교회의 사명을 증진시키는 일에 있어서의 기독교 문헌들의 *유용성*에 대한 인식으로부터 시작된 것이다. 기독교 문헌들의 정경화 형성의 다음 단계는 *성경으로서*의 인식이었다. 마지막 단계는, 다른 것들은 기독교 성경들의 대부분 모음집에서 제거된 반면, 일단의 기독교 문헌들이 교회에서 읽힐 가치가 있는 것으로 확인된 *선택* 혹은 *순화*의 과정으로 발생했다. 이 정경 형성 과정에 있어서 중요하며 논리적 특징은 주후 4세기 대다수 교회들에서의 신학적 합의들과 관계있다. 우리가 보았듯이, 적어도 교회가 예수에 대해 믿고 있는 것이 무엇이었는지에 대한 일단의 동의가 있기 전까지는, 교회가 (성경) 정경 형성에 동의하는 것은 어려웠을 것이다. 기독교 신앙의 기본 및 일반적으로 "기독교적"이라고 불릴 수 있는 것이 무엇인지에 대한 광범위한 합의가 형성되는 데 수 세기가 걸렸다.

어떤 역사적 요소들이 신약 정경을 초래했을까?

어떤 환경이 교회로 신약에 포함시킬 책들에 대해 결정하도록 이끌었을까? 고대 교회가 그들의 성경의 범위에 대해 내린 결정에 기여한 듯한 여러 사회적 역사적 요소들이 있다. 우리는 이 장에서 그들 중 몇몇을 살펴볼 것이다.

기독교 성경의 소각

디오클레티아누스Diocletian 황제 통치 기간인 주후 4세기 초의 핍박 기간 동안(주후 303-313년) 기독교인들은 고문과 죽음의 형벌의 위협

하에 경전들이 소각되도록 지방 행정관들에게 넘겨줄 것을 강요받았다. 지역 교회들은 종종 목숨을 걸고 지키고 숨겨야 할 책들과 당국자들에게 넘겨주어야 할 것들을 선택해야만 했다. 혹자가 기대하듯이 교회들 모두가 양도를 위한 동일한 책들을 선택하지는 않았다 - 이 달갑지 않은 상황은 정경 형성에 대한 긴박한 결정들을 시사한다 - 대신, 그들은 선택을 했다. 의심할 할 바 없이, 정경적이든 정경 외적인든지 간에 가장 인기 선호되던 많은 사본들은 기독교인들에 대한 토벌 작전 기간 동안 파괴되었다.

기독교 성경을 파괴하기 위한 로마 당국의 시도에 대한 다음의 예는 주후 303년 5월에 이집트의 알렉산드리아에서 발생했다. 그리고 제국 전체에서 어떤 일이 발생했는지를 잘 설명해 준다.

> 디오클레티아누스 및 막시미아누스Maximian의 8번째 및 7번째 콘술직 시기 5월 19일, 생명을 위한 속주의 대제사장 무나티우스 펠릭스Munatius Felix의 기록들로부터, 치르타Cirta의 식민지의 시장이 기독교인들이 모이는 집에 도착했다. 시장이 주교 바울에게 말했다. "네가 명령에 복종하기 위해 지시에 따라 율법서들과 네가 여기에 보관하고 있는 것 무엇이든 가지고 와라."
>
> 주교: "낭독자들이 성경을 가지고 있다. 그러나 우리가 여기서 가지고 있는 것을 줄 것이다."
>
> 시장: "낭독자들을 지명하라 그리고 그들을 부르라."
>
> 주교: "당신들 모두가 그들을 안다."

시장: "우리는 그들을 모른다."

주교: "시청 직원이 그들을 안다. 즉, 서기인 에두시우스Edusius와 유니우스Junius가."

시장: "시청 기원들이 지명할 낭독자들의 문제는 남겨두고, 네가 가지고 있는 것을 제시하라."

[이 후에 교회 지도자들과 세 명의 성직자들 앞에 교회에서 발견된 다양한 물품들의 목록이 제시되게 되었다.]

시장: "네가 가지고 있는 것을 가져와라."

실바누스Silvanus와 카로누스Carosus(부집사들[차부제次副祭]들 중 2명): "우리는 여기에 있었던 모든 것을 내버렸다."

시장: "너희의 답변은 기록되고 있다."

도서관에서 몇몇 작은 찬장들이 발견된 후에 실바누스가 은으로 된 상자와 램프를 제시했다. 그는 그가 그것들을 통 뒤에서 발견했다고 말했다.

빅토르Victor(시장의 서기): "만약 너희가 그것들을 찾지 못한다면 너희는 죽은 목숨이다."

시장: "무엇인가 남겨져 있을지도 모르니 더욱 조심스럽게 살펴봐라."

실바누스: "아무것도 남겨지지 않았다. 우리가 모든 것을 버렸다."

그리고 식당이 열렸을 때 거기서 2개의 쓰레기통들과 6개의 통들이 발견되었다.

시장: "너희가 가지고 있는 성경을 가지고 와라. 그러면 우리가 황제의 지시들과 명령에 복종하게 될 것이다."

카툴리누스Catullinus(또 다른 부집사)가 하나의 매우 큰 책을 제시했다.

시장: "왜 너희가 단지 한 권만 주는가? 너희가 가지고 있는 성경들을 제시하라."

마르쿠클리우스Marcuclius와 카툴리누스(두 부집사들): "우리가 더 이상은 가지고 있지 않다. 우리는 부집사들이기 때문이다. 낭독자들이 책들을 가지고 있다."

시장: "만약 너희가 그들이 어디에 살고 있지 알지 못한다면, 그들의 이름을 나에게 말하라."

마르쿠클리우스와 카툴리누스: "우리는 배반자들이 아니다. 우리가 여기 있다. 우리를 죽이라 명령하라."

시장: "그들을 체포하라."

그들은 분명히 한 명의 낭독자를 알려 주기까지 약해졌다. 왜냐하면 그 시장이 이제 유게니우스Eugenius의 집으로 이동했고, 그는 네 권의 책들을 제시했다.

그 시장이 이제 다른 두 명의 부집사들인 실바누스와 카로수스에를 공격했다.

시장: "다른 낭독자들을 나에게 보여 줘라."

실바누스오 카로수스: "주교께서 이미 서기인 에두시우스와 유니우스가

그들 모두를 알고 있다고 말했다: 그들이 너에게 그들의 집으로 향하는 길을 보여 줄 것이다."

에두시우스와 유니우스: "우리가 그들을 보여 드리겠습니다, 각하."

시장이 나머지 여섯 명의 낭독자들을 방문하러 갔다. 네 명이 이의 없이 책들을 제시했다. 한 명은 자신은 아무것도 가지고 있지 않다고 선언했다. 그래서 시장은 그의 진술을 기록에 기입하는 것으로 만족했다. 마지막 사람은 밖에 나가고 없었다. 그래서 그의 아내가 책들을 제시했다. 시장이 확실하게하기 위해 그 집을 공공 노예로 하여금 수색하도록 하게 했다. 그리고 아무것도 간과하지 않았다. 이 작업이 끝났다. 그는 부집사들에게 이야기했다. "만약 빠진 것이 있다면 그 책임은 너희들에게 있다"(*Gesta apud Zenophilum* XXVI in Stevenson, *A New Eusebius*, 287-89. L. M. McDonald, *The Biblical Canon*, 311-13에서도 언급됨).

에우세비오스 역시 당국자들이 기독교의 거룩한 책들을 소각한 것에 대해 자세히 기술한다. 그리고 특별히 그들의 책들을 당국자들에게 넘겨주기를 거부했던 니코메디아Nicomedia의 순교자들에 주의를 기울인다. 에우세비오스는 다음과 같이 기술했다.

참으로 모든 것이 우리가 우리 눈으로 기도처들이 완전히 바닥까지 파헤쳐지고, 영감된 거룩한 성경이 시장 바닥에서 불타고, 교회의 목회자들의 일부는 부끄럽게도 여기저기에 숨고, 반면 다른 이들은 불명예스럽게 적들에게 체포되어 모욕을 당한 것을 본 우리 시대에 이뤄졌다. 또 다른 예언의 말씀에 따르면, 그가 왕자들에게 모욕을 퍼붓고 그들을 길도 없는 광야에서 헤매도록 할 것이라고도 한 때이다….

디오클레티아누스 통치 19년 째, 뒤스트루스Dystrus 달 혹은 로마인들의 표현으로는 3월, 구세주의 수난절이 다가오고 있었을 때, 교회를 완전히 없애고 성경을 불태워 파괴할 것을 명령하고, 높은 지위에 있는 자들은 시민의 모든 권한을 상실하며, 집안에 속한 이들은 만약 그들이 기독교 고백을 고집한다면 그들의 자유가 발탁될 것이라고 주장한 황제의 한 통의 편지가 모든 곳에서 공표되었다. 그렇게 첫 번째 문서가 우리에게 적대적이었다. 그러나 그 이후 오래지 않아 우리는 다른 편지들을 더 받았다. 그 편지들에는 모든 곳에서 교회의 대표들 모두는 우선 투옥되어야 하고, 그러고 나서 모든 종류의 도구로 강제적으로 희생되어야 한다는 명령이 있었다(에우세비오스, 『교회사』 8.2.1, 4-5. 영역 LCL을 사역함).

자신의 성경을 넘겨준 사람들은 교회의 거룩한 책을 배신한 것에 대해 경멸을 받았는데, 종종 다른 기독교인들에게 *뜨라디또레스* *traditores*("배반자")라고 불렸다. 도나투스주의자들라고 불리는 한 기독교 그룹은 성직자들 중의 모든 *뜨라디또레스*를 영원한 불 가운데서 형벌을 받기에 합당한 신성 모독적 행위를 한 자들로 정죄했다. 왜냐하면 그들이 "전능하신 하나님과 우리 주 예수 그리스도의 언약들과 신적인 명령을 파괴"하길 추구했기 때문이다. 기독교인들은 거룩한 책들을 지키기 위해 자신의 삶을 순교자로 드린 이들을 *고백자들confessors*이라고 부르기 시작했다. 그들의 이야기는 『사투르니누스 행전』*Acta*

Saturnini(XVIII, col. 701)에 기록되어 있다. 콘스탄티누스Constantinus의 칙령(주후 313년)과 함께 핍박이 종결되었고 교회는 새로운 도전을 직면해야 했다. 죽음의 위협 가운데 "타락하고" 그들의 성경을 포기했던 성직자들을 어떻게 처리할 것인가.

그래서 다시 한번, 아무리 이 결정들이 급박하고 불쾌했더라도, 정경에 대한 이 생명을 위협하는 선택들조차(혹은 아마도 특별히) - 어떤 책들을 포기해야 하고 어떤 책들을 지키는 데 위험을 감수해야 하는지 - 신앙에 대한 선택들과 완전히 통합되었다는 것을 기억하는 것은 핵심적인 것이다. 로마가 거룩한 것이 아닌 불법적인 것으로 여긴 본문들을 수호하는 것은 제국과 황제에 반해 반역죄를 저지른 것이었다. 그 본문들을 포기하는 것은 교회와 그리스도를 주로 믿는 믿음을 배신하는 것이었다. 배반자가 되는 혐의에 빠지지 *않으면서* 어떤 책들이 당국자에게 넘겨질 수 있는지를 결정하는 문제는 핍박이 주후 303년에 발발한 그 시대에 적어도 많은 교회들에 의해 분명히 조정되었다. 그러나 우리가 이미 말했듯이, 교회는 어떤 책들이 당국자에게 넘겨질지가 공의회들에서가 아닌 의심할 바 없이 *개별* 교회에 의해 확정되었던 이 문제들과 결정들에 완전히 동의하지는 않았다.

교회의 성경 사본 50부에 대한 콘스탄티누스의 요구

콘스탄티누스의 회심과 교회에 대한 핍박이 그친 후에 콘스탄티누스는 가이사랴의 에우세비오스에게 "신 로마"New Rome, 콘스탄티노플에 있는 교회들을 위해 50권의 성경 사본을 만들어 줄 것을 요구했다. 작업이 끝났을 때 이 사본들은 의심 없이 그 지역의 교회들에 영향을 끼쳤을 것이고, 또한 로마 황제로서의 콘스탄티누스의 영향력뿐만 아니라 동방의 교회들에서 교사요 교회 지도자로서의 에우세비오스의 영향력을 가정한다면, 분명 보다 더 광범위한 영향력을 가졌을 것이다. 일부 학자들은 구약 및 신약 모두를 담고 있던 주후 4세기 및 후대의 언샬uncial(대문자) 사본들(완전히 대문자로 기록된 사본의 종류)이 바로 이 영향력을 나타냈을 것이라고 생각한다. 다른 말로 하면, 그것들이 에우세비오스가 제작하도록 콘스탄티누스가 요구했던 그런 종류의 사본들의 일례일 것이라는 것이다. 바티카누스 코덱스(바티칸 사본) 및 시나이티쿠스 코덱스(시나이 사본), 이 두 사본들은 에우세비오스가 주후 334-36년에 제작했던 성경 모음집들의 전통을 반영하는 것 같다. 에우세비오스는 50개의 사본에 대한 이야기를 다음과 같이 전한다.

> 하나님의 교회의 안녕을 위해 매우 조심스럽게 황제[콘스탄티누스]께서 나에게 개인적으로 영감된 신탁[성경]의 사본들을 제공하기 위한 수단과 또한 가장 거룩한 부활절에 대한 주제에 대해 편지를 보내셨다. 그러므로 나는 그 절기의 신비적 중요성에 대한 주해를 그에게 헌정했다. 그리고 그가 답변으로 나를 영예롭게 한 방식은 다음 편지를 읽는 이에 의해 이해될 것이다. (34장)
>
> "승리자 콘스탄티누스, 막시무스 아우구스투스가 에우세비오스에게"
>
> "그리스도의 신비를 가치 있게 다루며 부활절을 존중함에 있어서의 분쟁, 즉 그것의 가치 있고 고된 성취뿐만 아니라 그것의 기원에 대해 적당

한 방법으로 설명하는 것은 확실히 힘들 일이며, 언어 자체의 능력을 넘어서는 것이다. 왜냐하면 하나님의 일들을 적절하게 묘사하는 것이 그것들을 이해할 수 있는 사람들의 능력 내에조차 있지 않기 때문이다. 그럼에도 불구하고, 나는 당신의 학식과 열정에 대한 존경으로 가득 차 있다. 그리고 내 자신이 당신의 작품을 기쁜 중에 읽고 있을 뿐만 아니라, 당신의 소원대로 우리의 거룩한 종교의 신실한 많은 추종자들에게 그것이 전달되도록 지시를 내렸다. 그러므로 당신의 총명함으로부터 우리가 어떠한 기쁨 가운데 이런 종류의 이익을 얻을지를 보면서, 확실히 당신이 이른 시기부터 훈련 받았다고 고백했던 바의 실행으로, 보다 종종 이러한 저작들로 우리를 기꺼이 기쁘게 해 주길 바란다. 그래서 그들이 말하듯이, 당신에게 당신의 습관적인 일을 권고할 한 사람을 재촉하고 있다. 그리고 우리가 즐기고 있는 높고 확신하는 판단이 확실히 당신의 작품을 라틴어로 번역했던 그 사람이 그 일에 어떤 점에서도 무능하지 않다는 증거이다. 물론, 분명히 그러한 번역판이 그 작품들 자체들의 탁월함과 완전히 동일할 수는 없을지라도 말이다. 사랑하는 형제여, 하나님께서 당신을 지켜주시길." 이 주제에 대해 그의 편지가 이러했다. 그리고 교회에서 읽기기 위한 성경 사본들을 제공하는 일과 관련하여 다음의 취지에 나타나 있다. (35장)

"승리자 콘스탄티누스, 막시무스 아우구스투스가 에우세비오스에게"

"우리 구원자 하나님의 적절한 섭리를 통해 대단히 많은 사람들이 내 이름으로 불리는 도시에 있는 가장 거룩한 교회에 스스로를 결속하는 일이 발생했다. 그 도시가 다른 모든 측면에서 부유하게 발전하고 있기 때문에, 그렇기에 많은 수의 교회가 증가해야 하는 것은 매우 필요한 것처럼 보인다. *나는 당신의 신중함에* 교회의 가르침에 있어서 가장 필요하다고 당신이 알고 있는 것들의 공급과 사용, *곧 50개의 성경 사본들이 읽을 만하고 또한 편안하고 휴대하기 좋은 방식으로 자신의 기술에 완전히 숙달된 전문적인 필사자들에 의해 이미 준비된 양피지에 기록되고 주문하도록 지시하는 것이 마땅하다고 생각했다.* 그 교구의 까톨리꾸스catholicus(초대 교회에서 일단의 교회 및/혹은 도시의 지도자들에 대해 사용된 칭호)는 그 사본들을 준비하는 데 필요한 모든 것들을 제공하는 데 주의를 기울이라는 우리의 자비로부터 기인한 편지로 지시들을 받기도 했다. 그것들이 가능한 한 늦지 않게 완성되도록 당신은 각별히 조심해야 할 것이다. 이 편지 덕분에 당신은 그것들을 수송하기 위한 두 대의 공공 마차들을 사용한 권리도 갖게 되었다. 그 협정으로 인해 사본들이 잘 필사되었을 때 그것들이 나의 개인적 조사를 위해 가장 쉽게 발송될 것이다. 당신의 교회에 속한 집사들 중 하나가 이 업무를 맡으면 좋을 것 같다. 그가 이곳에 도착했을 때 그는 나의 관대함을 경험할 것이다. 사랑하는 형제여, 하나님께서 당신을 지켜주시길!"(36장. 강조는 추가됨).

황제의 명령들이 그러했다. 그 명령들은 바로 그 일의 즉각적인 수행으로 진행되었고, 우리가 *삼중 및 사중 형식*[주의: 이는 한 면에 있는 3개 혹은 4개의 새로 단들을 언급하는 것 같다]*의 웅장하고 정교하게 묶인 책들의 형태*로 그에게 복사본들을 보냈다. 이 사실은 황제께서 답례로 보낸 다른 편지로 입증된다. 그에 따르면, 황제는 우리 지역의 도시 콘스탄티아Constantia, 즉 미신에 일반적으로 보다 더 헌신해 왔던 거주민들이 종교적으로 그들의 이전 우상을 포기하도록 재촉 받았다는 것을 들은 후, 그가 기쁨을 표명했고, 또한 그들의 행위에 대한 승인을 확언했다(에우세비오스, 『콘스탄티누스의 생애』 3권. 영역 NPNF를 사역함. 강조는 추가됨).

콘스탄티누스가 성경 사본들을 에우세비오스에게 요구했을 때, 교회 내에 성경을 구성하고 있던 핵심 책들에 대한 어느 정도 대강의 일치가 있었던 것 같다. 하지만 주후 4-5세기의 주요 사본들이 증명해 주듯이 아직까지 신약을 구성한 책들에 대한 완전한 동의가 존재하지 않았다. 예를 들어, 시나이티쿠스 코덱스(시나이 사본, 주후 4세기 중·후기)는 신약에 포함된 모든 책들을 포함하고 있으나 또한 『바르나바스의 편지』와 『헤르마스의 목자서』도 포함하고 있다. 바티카누스 코덱스(바티칸 사본, 주후 4세기 중엽)는 목회 서신(『디모데전서』, 『디모데후서』, 『디도서』), 『빌레몬서』 및 『요한계시록』을 포함하고 있지 않는다. 알렉산드리누스 코덱스(알렉산드리아 사본, 주후 5세기)는 신약의 모든 책들을 포함하고 있다. 그러나 『클레멘스 1서』, 『클레멘스 2서』 및 『솔로몬의 시편』을 덧붙였다. 마지막으로 클라만타누스 코덱스(주후 5세기)는 『빌립보서』, 『데살로니가전서』, 『데살로니가후서』, 『히브리서』를 제외한 신약 성경 모두를 담고 있다. 그러나 『바르나바스의 편지』, 『헤르마스의 목자서』, 『바울 행전』 및 『베드로의 묵시』도 포함하고 있다. 우리가 볼 수 있듯이, 이 사본들에서 신약 책들의 순서와 배열은 상당히 다양하다.

다시 한번 말하자면, 콘스탄티누스에 의해 명령된 거룩한 책들의 사본들은 후대에 전문 필사가들에 의해 보다 전문적으로 복사된 성경책에 대한 기준 혹은 모델이 되었을 것이다. 우리는 콘스탄티누스가 주문했던 성경의 상세한 내용을 알지 못한다. 그러나 이 언샬 (대문자, 혹은 *메줘스쿨majuscule*[대문자체]) 양피지 사본들은 의심할 것 없이 주후 4세기 및 그 이후의 교회 성경 모음집 사본들의 상당히 개선된 품질에 상응한다. 고대 세계의 어느 시대에 속했던지 간에 성경 전체를 담고 있는 사본은 매우 드물다 - 사실, 현존하는 1%도 안 되는 사본만이 성경 전체를 담고 있다. 그리고 이들 중 대부분은 주후 1000년 이후의 기간에 나온 속한 것들이다. 콘스탄티누스의 50개의 성경 사본들은 최종적으로 신약 정경을 형성했던 개별 책들의 수납에 지대한 영향을 주었던 것 같다. *그러나 전체 성경에 대한 계획적인 생산*은 그의 요구 자체보다 더 중요한 결과를 갖게 되었던 것 같다. 확실히 에우세비오스는 그 요구를 받아들인 사람으로 해당 성경을 구체화하는 데 주요한 역할을 했다. 그러나 콘스탄티누스의 참여는 정경 형성과 관련하여 정부 당국자들의 역할에 있어 뜻깊은 변화의 전조가 되었다. 그러므로 우리가 황제의 교회 참여에 대해 무엇인가 알고 있다고 가정한다면, 누가 황제로부터 그러한 요구를 거역하겠는가?

일치와 정경 형성에 대한 콘스탄티누스의 요구

모든 선임자들처럼 콘스탄티누스는 제국을 통합시킬 단계를 밟았다. 그의 기독교에로의 공식적인 회개 이후, 그는 단순히 살아가는 문제뿐만 아니라 교리 및 교회에서 사용되었던 성경에 대한 동의의 문제에 있어서 일치를 교회에 가져오도록 자극했다는 것은 말이 된다.

로마 제국과 교회 모두에서 일치를 위한 콘스탄티누스의 요구가 성경 정경 내용에 중요한 영향을 끼쳤는지 아닌지는 결정하기 어렵다. 어떤 교회 전승도 이것을 많이 언급하지는 않는다. 그러나 교리, 훈육, 지도력 및 교회의 화합의 문제에 있어 대부분의 주요 결정들에 콘스탄티누스가 관여했다는 잘 알려진 사실은, 우리가 앞부분에서 보았듯이 단지 성경 생산을 명령한 것에 그치지 않고, 그가 정경의 윤곽에 일단의 영향을 끼쳤을지도 모른다는 점을 강하게 시사한다.

비록 콘스탄티누스가 처음에는 교회의 분쟁들을 조정하도록 기독교인들에 의해 *초청되었더라도*, 거의 처음부터 그는 교회의 결정에 더욱 관여하는 것을 분명히 자신의 의무로 이해했다. 이는 (에우세비오스의 『콘스탄티누스의 생애』 3:6; 4:41-43에 따르면) 다양한 공의회에 주교들과 다른 교회 지도자들을 함께 소집하는 것뿐만 아니라, 예를 들어, 알렉산드로스Alexander와 아리우스Arius 사이의 논쟁(2:61)에서와 같은 신학적 논쟁들과 에우세비오스 자신이 안디옥으로 갈 것인지 말 것인지에 대한 질문의 해결까지도 포함한다(3:59-61). 그는 부활절 날짜를 조정하는 일(3:6-18), 이단들을 벌할지 말지 그리고 어떻게 벌할지(3:20, 64-65) 그리고 언제, 어디서 어떻게 교회를 지을지까지도 관여했다(3:29-43).

콘스탄티누스는 그러한 문제들을 중재했을 뿐만 아니라, 북 아프리카에서의 도나투스 논쟁의 경우에서처럼, 공의회의 결정이 자신의 바람과 대립되었을 때 공의회를 *재소집하기도 했다*. 콘스탄티누스는 주교들이 티레Tyre에서의 소집 명령에 복종하지 않는다면 추방할 것이라는 처벌 조항으로 그들을 위협했다(『콘스탄티누스의 생애』 4.41, 42). 그리고 그는 주교들에게 그들의 의무를 환기시킬 뿐만 아니라 공의회에서 명령을 꼭 실행시키기 위해 "집정관 직"의 대표자인 디오니수스 Dionysus를 파송하기도 했다(4:42). 그는 또한 자신이 예루살렘의 새로운 교회 건물 봉헌식을 축하하는 것을 돕게 하도록 동일한 교회 지도자들을 예루살렘에 임명했다! 한번은 콘스탄티누스는 주교들이 교회 내부 문제들의 감독들인 반면, 그 자신은 "교외의 외적 문제가 무엇이든 간에 그것을 감독하기 위해 하나님에 의해 임명된 주교"였다고 기록했다(4:24). 그러나 혹자가 콘스탄타누스 자신이 참여하지 않았던 "내부" 이슈들을 찾는 것은 굉장히 어렵다.

콘스탄티누스는 자신의 제국에서든 교회에서든 간에 평화와 화합의 통치에 대한 위협이나 적수들을 용납하지 못했다. 교리가 그 시대의 "정통" 교리와 일치하지 않았던 이들은 유배지로 추방당했고, 그들의 문헌들은 소각되었고, 그들의 모임 장소는 압류되었다(3:66). 가끔씩 그는 인자하고, 관대하고 심지어 겸손하기까지 했다. 그러나 그는 교회의 문제에 이어서 의견의 차이나 권위에 대한 도전은 용납하지 못했다(4:42). 그의 "화합"에 대한 이해는 평화로운 공존이라기보다는 획일적인 사고였다 - 즉, 합의를 이루거나 혹은 필요한 경우에는 형벌. 그는 의견을 달리하는 주교들에게 자신의 바람 혹은 대다수의 주교들의 바람에 순응하라고 협박하기를 서슴지 않았다(3:13).

우연의 일치건 아니건 간에, 기독교인들이 성경의 범위를 다루는 데 상당한 관심을 보였던 것은 콘스탄티누스의 재위 기간이었다. 교회의 일치를 향한 그의 조치가 정경 범위에 대한 교회의 결정에 공헌을 했을까? 나는 다음 장에서 신약의 고대 사본들의 내용에 더욱 분명히 초점을 맞출 것이다. 그러나 지금은 다음의 질문을 해야 한다. 초대 교회가 어떤 문헌들을 자신의 성경에 포함시키기 위해 선택할 때 사용했던 기준들은 무엇인가? 이것이 우리의 다음 주제이다.

기준에 대한 물음

어떤 기준들이 역사적 문맥에서 정경성을 결정짓는 데 사용되었는가? 초대 교회는 자신들의 믿음과 세상에서의 사명을 가장 잘 반영하고 있는 책들을 선택할 때 사용했던 과정 혹은 기준들에 대한 분명한 언급을 전혀 남겨 두지 않았다. 다음의 목록은 어느 한 곳에서 발견되지 않는다. 어떤 초대 교부도 그 모두를 언급하지 않았다. 그러나 이것들은 현존하는 교회 전승에서 발견되는 가장 일반적인 기준들이다.

사도성

사도성은 해당 책이 사도에 의해 저술되었다면 그것은 교회에 더욱 잘 수용되었을 것이라는 것을 의미한다. 이는 초대 교부들 가운데 발견되는 정경성을 위한 가장 기초적이고 광범위하게 수용된 기준이었다. 그것은 또한 교회의 신앙을 예수께 가장 가까이 있던 사람들, 즉 사도들에 의해 생산된 예수에 대한 전승들에 묶어 놓으려는 교회의 목적을 드러내 준다.

이 사도적 기준의 중요성을 증명하기 위해 이레나이우스는 다음과 같이 기술했다.

> 그러고 나서 복된 사도들은 교회의 기초를 놓고 건립한 후에 감독직을 위임했다. [그러고 나서 그는 그 교회의 열두 계승자들을 열거한다]... 이 순서대로 및 계승으로 사도들로부터의 교회 전승과 진리에 대한 설교가 우리에게까지 왔다. 그리고 이것이 사도들로부터 지금까지 교회에 보전되어 있었고 진리 가운데 전수되어 온 하나 그리고 동일하게 생명을 주는 신앙이 존재한다는 가장 풍성한 증거이다(『이단 반박』 3.3.3. 영역 ANF를 사역함. 주후 약 170-180년).

계속해서 이레나이우스는 덧붙였다. "만약 사도들 자신들이 우리에게 문헌들을 남기지 않았다면 어떻게 그것들이 있을 수 있겠는가? 그 경우 그들이 교회의 지도권을 승계해 주었던 자들에게 넘겨주었던 경로를 추적하는 것이 불필요하지 않을까?"(『이단 반박』 3.4.1. 영역 ANF 수정 본문을 사역함).

만약 교회가 한 사도가 특정 책을 저술했다고 믿었다면, 그러면 그 책은 거룩한 책들의 모음집의 일부로 수용되었다. 만약 그렇다면, 그 책은 경전으로, 그러고 나서 신약의 일부로 승인되었다. 이것이 『히브리서』를 정경에 포함시키기 위해 많은 교회를 확신시키는 데 사용된 기준이었던 것 같다. 비록 오늘날에는 소수의 학자만이 바울이 『히브리서』를 저술했다고 믿고 있기는 하지만 말이다. (아마도 놀라운 일이겠는데, 많은 초대 기독교인들 역시 『히브리서』의 바울 저작권에 의문을 제기했다). 이는 그릇된 이유들 때문인 경우를 제외하고, 한 책이 정직하게 인정될 수 있는지 아닌지에 대한 의문을 일으켰다! 주후 3세기의 교부인 오리게네스는 바울이 『히브리서』를 저술했다고 믿지 않았지만,

그는 『히브리서』를 버리거나 거절하려고 하지 않았다. 왜냐하면 다른 많은 사람들처럼 오리게네스 역시 교회의 삶에 있어서 『히브리서』의 가치를 인식했기 때문이다. 이 가치 평가는 우리를 두 번째 기준, 즉 정통성의 기준으로 이끈다.

정통성

해당 문헌이 사도들로부터 시작되어 교회에 전달된 기독교 신앙에 대해 일반적으로 수용되는 이해와 일치했는가? 이레나이우스는 가르치는 바가 교회 안에서 사도들로부터 교회의 주교들에게 전달되었다고 믿었던 가르침과 일치하지 않았던 주후 2세기 "이단들"의 문헌들을 거절하는 수단으로 이 기준을 제시했던 첫 번째 교부였다.

사도적 계승에 대한 그의 논증은 강력했다. 그는 다음과 같이 썼다.

> 그러고 나서 복된 사도들은 교회의 기초를 놓고 건립한 후에 감독직을 리노(리누스)Linus에게 위임했다. 바울은 디모데에게 보낸 편지들에서 이 리노(리누스)를 언급한다. 아나클레투스Anacletus가 그를 계승했고, 클레멘스가 주교로 지정되었다. 클레멘스는 복된 사도들을 보았고 그들과 대화를 했었기 때문에 그는 그의 귀에 여전히 맴도는 사도들의 설교와 그의 눈앞에 전승들을 가지고 있었다고 한다. … 에바리스투스Evaristus가 클레멘스를 계승했고, 그는 사도들로부터 여섯 번째인 식스투스Sixtus에 의해 계승되었다. 그 후에 영광스럽게 순교한 텔레포루스Telephorus가 왔고, 그러고 나서 히지누스Hyginus, 그 후에 피우스Pius, 그러고 나서 그를 이어 아니케투스Anicetus가 임명되었다. 아니케투스는 소테르Soter와 사도들로

부터 12번째인 엘레우테루스Eleutherius에 의해 계승되었으며, 그는 현재 그 주교직의 유산을 지키고 있다. *이 순서 및 계승으로 사도들로부터의 교회 전승과 진리에 대한 설교가 우리에게까지 왔다. 그리고 이것이 사도들로부터 지금까지 교회에 보전되어 있었고 진리 가운데 전수되어 온 하나 그리고 동일하게 생명을 주는 신앙이 존재한다는 가장 풍성한 증거이다*(『이단 반박』 3.3.3. 영역 ANF 수정 본문을 사역함. 강조는 추가됨).

원-정통proto-orthodox 기독교 신앙과 그리스도 교회의 주로서의 예수의 중심성에 대한 이레나이우스의 잘 알려진 요약문은 다음과 같다.

비록 교회가 전 세계, 심지어 지구 끝까지 전파되었을지라도, 교회는 이 신앙을 사도들과 그의 제자들로부터 받았다. 교회는 한 분 하나님, 전능하신 아버지, 하늘과 땅과 바다 그리고 그 안에 있는 모든 것들의 창조자를 믿는다. 그리고 한 분 그리스도 예수, 우리의 구원을 위해 성육신하신 하나님의 아들을 [믿는다]. 또한 선지자들을 통해 하나님의 섭리, 강림, 동정녀로부터의 출생, 수난, 죽은 자들로부터의 부활 및 사랑하는 그리스도 예수, 우리 주의 육체 가운데 하늘로 승귀하심을 선포한 성령님을 [믿는다]. 그는 또한 선지자들을 통해 "모든 것들을 하나로 모으기 위해" 그리고 전 인류의 모든 육체를 새롭게 일으키시기 위해 하나님의 영광 가운데 하늘로부터의 그의 미래의 출현을 선포하셨다. [이것이] 불가견적 하나님의 뜻에 따라 그리스도 예수, 우리의 주님이시요 하나님이시며 구원자이며 왕이신 분께 있도록 발생할 것이다. [그 결과] "하늘과 땅과 땅 아래 있는 것들의 모든 무릎이 굴복할 것이고, 모든 입술이" 그를 "고백할 것이다." 그리고 그가 "영적 사악함"과 죄를 짓고 변절자가 된 천사들을 모두를 사람들 중에 불경건하고 불의하고 악하며 불경스러운 자들과 함께 영원한 불로 보내버리는 올바른 심판을 시행할 것이다. 그러나 그의 은혜의 행사로, 일부는 기독교인으로서의 여정의 처음부터, 다른 이들은 회개의 시점부터 의롭고 거룩하게 된 자들 및 그의 계명을 지키고 그의 사랑을 보존한 자들에게 불멸을 수여할 것이다. 그가 그들을 영원한 영광으로 둘러쌀 것이다(『이단 반박』 1:10.1의 수정 본문. 영역 ANF을 사역함. 3.4.2와 비교하라).

이 마지막 인용문은 교회의 주로서의 예수께서 초대 교회의 제1의 "기준"canon이었음을 강조한다. 그곳에서 예수는 유일한 *레귤라 피데이regula fidei*, 즉 신앙의 규칙 혹은 기준이었다!

고대성

해당 문헌이 최초 기독교 공동체에 의해 생산되었는가? 만약 그렇다면 그 문헌은 신약을 구성한 문헌들의 모음집에 한층 더 포함될 가능성이 있었다. 사도가 아니었던 마가 및 누가의 복음서들은 신약에 포함될 수 있었는데, 그 이유는 그들이 사도 기간에 저술을 했고 사도의 영향을 보여 주고 있다고 믿어졌기 때문이다. 주후 4세기 중후반의 문헌인 『무라토리 단편』*Muratorian Fragment*의 저자는 『헤르마스의 목자서』를 거절했다. 왜냐하면 그것이 사도 기간에 저술되지 않았기 때문이었다. 그는 다음과 같이 기술한다.

그러나 헤르마스는 우리 시대인 매우 최근에 로마에서 『목자서』*the Shepherd*를 저술했다. 그 동안 그의 형제 피우스는 로마 교회의 [주교]좌를 차지하고 있었다. 그러므로 그것이 확실히 읽혀야만 한다. 그러나 그것이 숫자적으로 완전한 선지자들 중에서든지 혹은 사도들 중에서든지 간에 교회에서는 사람들에게 공식적으로 낭독될 수는 없다. 왜냐하면 그것이 [그] 시대 이후에 속하기 때문이다 (『무라토리 단편』, 73-80번째 줄. B. M. Metzger, *Canon of the New Testament*, 307을 사역함).

사용

이 기준은 해당 책이 주후 첫 3세기 동안 대다수의 주요 교회들에 속한 기독교인들에 의해 광범위하게 사용되고 언급되었는지 아닌지를 묻는다. 주후 4세기에 에우세비오스는 교회의 거룩한 본문들을 세 범주, 즉 교회에서 광범위하게 읽히고 사용되는 것들(승인된 혹은 *호모레구메나homolegumena*="합의된 것들"), 논쟁되는 것들(*안티레고메나 antilegomena* 혹은 "반대되는 것들") 및 "의심되는"(*노타notha*) 것들로 구분했다. 그는 첫 번째 범주를 "언약으로 약속된"encovenanted 혹은 "증거된"testamented(*endiathēkē*) 책들이라 불렀다. 그리고 그는 다른 신뢰할 만한 자료들에서 인용되어 온 신약의 27권의 책들 중 20권의 목록을 제시했다(『교회사』 3.25.1). 교회에서 광범위하게 받아드려진 이 책들을 수납한 이 기준을 설명하면서 에우세비오스는 다음과 같이 기술했다.

복음서에 추가하여 요한의 작품들 중 그의 첫 번째 편지는 *고대인들이나 현대인들에 의해 동일하게 어떤 논쟁 없이 인정받아 왔다. 그러나 다른*

> *두 개는 논쟁되고 있다*. 그리고 『요한계시록』에 대해서는 현재까지 어느 한편의 의견을 지지하는 많은 사람이 있었다. 이 역시 적절한 시기에 *고대인들로부터의 인용*을 통해 유사하게 설명되어야 할 것이다(에우세비오스, 『교회사』 3.24.17-18. 영역 LCL을 사역함. 강조는 추가됨).

두 번째 범주는 논쟁 중인 문헌들인 『히브리서』, 『야고보서』, 『베드로후서』, 『요한이서』, 『요한삼서』, 『유다서』 및 『요한계시록』을 포함했다. 위의 인용에서 보았듯이, 에우세비오스는 특별히 『히브리서』와 『요한계시록』에 대해 주저했다. 이 논쟁 중인 책들 모두는 주후 4세기 말엽에 대다수의 교회에서 포함되었다. 그러나 에우세비오스의 의심은 그것들에 대한 보다 이른 시기의 염려로 시종일관 지속되었다. 세 번째 범주(*노타*)는 대다수 교회에 의해 의심스러운 것으로 거절된 문헌들을 포함한다(『교회사』 3.25.1-7을 보라). 이 기준은 다수에 의해 한 문헌의 사용에 대해 질문하기 때문에, 그것은 또한 "보편적" 혹은 우주적이라는 말로부터 기인한 단어인 보편성catholicity의 기준이라고 용어화 되었다. 다른 말로 하면, 이것은 *전체* 교회에게 (혹은 전체 교회에 따라) 진실하다고 말해질 수 있을까?

적응력

초대 교회에서 경전으로 언급되던 몇몇 책들은 최종적으로 고려 대상에서 떨어져 나가 교회의 성경 모음집 및 다양한 성경 카탈로그에서 배제되었다. 이것은 한 책이 변화하는 상황과 필요에 적응 혹은 지속적으로 각색될 수 있는 능력에 대한 질문을 제기한다. 이 시험에서 탈락한 것으로 보이는 책들 중에 『헤르마스의 목자서』, 『바르나바스의 편지』, 『디다케』, 『클레멘스 1서』, 『클레멘스 2서』, 이그나티우스의 『편지들』, 『베드로 복음서』, 『히브리인들의 복음서』, 『베드로의 묵시』, 『바울과 테클라의 행전』과 같이 처음에는 매우 인기가 있던 책들 중에 일부가 포함되어 있다.

이러한 일이 발생한 이유는 항상 분명하지는 않다. 그러나 그러한 일이 발생한 것만은 분명하다. 주후 4세기 후반의 성경 사본인 시나이티쿠스 코덱스(시나이 사본)는 신약 성경 모음집에 『바르나바스의 편지』 및 『헤르마스의 목자서』을 포함하고 있었다. 그러나 최종적으로 그것들을 떨어져 나갔다. 이는 주목할 만하다. 왜냐하면 어떤 문서에도 이단적인 요소가 없었기 때문이다. 사실, 사용 혹은 보편성의 기준을 상기한다면, 『헤르마스의 목자서』는 『마태복음』과 『요한복음』을 제외한 신약의 어떤 책들보다 더 많이 복사되었다. 어떤 일이 발생했는지 알려져 있지 않다. 그러나 최종적으로 그것은 교회의 성경 모음집으로부터 떨어져 나갔다. 유사하게, 알렉산드리누스 코덱스(알렉산드리아 사본, 주후 5세기)은 『클레멘스 1서』 및 『클레멘스 2서』를 담고 있었다. 그러나 다시 한번 그것들은 최종적으로 정경으로서의 고려 대상에서 떨어져 나갔다.

오늘날의 일부 성경학자들은 성경 정경에 대한 문제를 다시 한번 제기하여, 『도마 복음서』, 에거톤 파피루스Egerton Papyri 및 소위 『마가의 잃어버린 복음서』*Lost Gospel of Mark*와 같은 문헌들을 포함시키길 원한다. 대신, 혹자들은 『요한계시록』, 마가복음 13장, 마태복음 24장, 데살로니가전서 4:13-5:11 등과 같은 미래에 올 하나님 나라와 관련된 모든 자료들을 제거하길 원한다. 물론, 예수와 기독교 신앙의 그림은 혹자가 그 역사를 구성하는 데 어떤 작품들을 사용하느냐에 따라 굉장히 다양할 것이다. 나는 우리가 현재의 정경의 크기를 확장하거나 줄일 필요가 있다고 확신하지 않는다. 대신, 나는 적응력의 기준은 오늘날 여전히 유효하다고 믿는다. 우리가 제외된 많은 문헌들을 포함하여 초대 기독교인들의 신앙을 알려 주는 바로 그 문헌들로 정보를 얻는 것은 중요하다 (많은 신약 외경 문헌들의 목록에 대해 아래의 부록을 보라).

결론

신약 정경의 기원과 발전은 예수 그리스도의 죽음 및 부활뿐만 아니라, 그의 생애와 가르침으로 시작되었다. 추종자들에 대한 예수의 중요한 영향력 없이는 신약 성경이 존재하지 않게 되었을 것이다. 그의 말씀, 행위, 죽음 및 부활에 대한 모음집이 수년 동안 교회의 구전 전승들과 함께 전달되었다. 그러나 예수에 대한 이야기들이 기록된 그 시점부터 이 기록물들이 교회에서 광범위하게 사용되었다. 복음서들과 바울의 편지들에의 인정된 신학적 및 실천적 가치는 신약의 최초 핵심부를 형성했다. 사도들과 그들과 함께 있던 자들이 여전히 생존할 당시에는 기록된 전승들의 필요성이 매우 적었다 - 기대되었듯이, 특별히 예수께서 곧 돌아오시기라도 한다면 말이다. 그러나 사도들의 죽음과 예상된 예수의 재림의 지연으로, 초대 기독교인의 선포의 중심을 형성했던 예수에 대한 구전 전승들을 문서화하는 것이 절대적으로 중요하게 되었다.

기독교 예배, 교육 및 선교, 그리고 또한 기독교 사명에 대한 변증 혹은 방어에 있어서 (구약 성경과 나란히) 기독교 문헌들을 읽고 사용하는 것은 초대 교회에서 매우 가치 있는 것으로 입증되었다. 주후 2세기 중엽에 이르러, 예수의 많은 추종자들이 구약과 나란히 교회에서 명백한 기독교 문헌들을 사용했다. 그 세기 말엽에 (전부는 아니더라도) 많은 기독교인들은 (다시 한번 말하지만, 전부는 아닌) 일단의 기독교 문헌들 "성경"라고 부르기 시작했다. 이는 복음서들과 대부분의 바울 편지들에 있어서 사실이었다. 주후 4세기 중엽에, 현재 신약의 일부를 형성하고 있는 대다수의 기독교 경전들이 확정된 모음집에 포함되었다. 그것이 후대의 일부 모음집들과 카탈로그들에서는 약간 다양성이 나타나는 반면, 오늘날 신약 정경을 이루고 있는 27권의 책들이 광범위하게 수용되었다. 기독교인들이 자신의 성경 안에 포함시킨 문헌들을 제한하기 시작했을 때, 대부분의 신약 성경은 이미 교회에 의해 오랜 시간을 통해 확립된 승인을 누리고 있었고, 거룩한 모음집들로 보급되고 있었다. 신약의 모든 책들, 그리고 단지 그 책들에 제한된 일반적(혹은 보편적) 동의가 있기 전에 수 세기가 더 걸렸다. 종교 개혁과 같은 늦은 시기에 마르틴 루터는 신약의 몇몇 책들, 특별히 『히브리서』, 『야고보서』, 『유다서』 및 『요한계시록』의 가치를 의심했다. 우연이 아니다. 그것들은 위의 기준들에 부합하는 데 어려움이 있던 바로 그 본문들 중 일부였다. 오늘날 몇몇 의문들이 여전히 존속하는 반면, 모든 주요 기독교 종단들(개신교, 로마 가톨릭 교회 및 정교회)은 신약 성경 정경을 이루는 27권의 책들을 수용한다.

이 장을 정경 형성에 대한 연구에 의해 제기된 가장 중요한 도전들 중 하나를 용인함으로 결론짓는 것이 적절하다. 역사적 연구의 다른 조류에서 마찬가지로, 이 문제 역시 우리가 완전히 해결할 수 없는 질질 끄는 문제들을 우리에게 남겨 놓는다. 왜 기독교인들 그 자신은 최종적으로 기독교 성경에 포함되었던 책들을 선택했고 또한 왜 종종 동일한 인기가 있던 다른 책들을 결국 배제했는가? 우리가 왜 각 책이 수용 및 승인(혹은 반대로 거절)되었는지를 설명해 주는 어떤 고대 자료도 가지고 있기 않기 때문에, 우리는 『디다케』, 『클레멘스 1서』 등과 같은 고대 기독교 문헌들 모음집의 일부 구성 요소들이 최후에 성경으로부터 배제되었는지를 완전히 확실하게 말할 수 없다. 어쨌든 일부 배제된 책들은 성경에 포함된 책들과 그리 심각하게 다르지는 않았다. 예를 들어, 『헤르마스의 목자서』는 환상에 초점을 맞추고 있다는 점에서 『요한계시록』과 유사하다. 처음에 다양한 기독교 공동체들에서 하나님의 뜻을 전달하도록 "영감되고" 신적 기원을 가지고 있다고 믿어 환영을 받았던 일부 책들(예. 『디다케』, 이그나티우스의 『편지들』, 『바르나바스의 편지』, 『헤르마스의 목자서』)는 한때 경전의 일부를 형성했다. 그것들로부터 통찰력과 훈계 수단을 이끌어내는 것은 결코 부적당하지 않았다. 나는 아래 도표 5에 이 책들 중 가장 잘 알려진 것들을 제시했다. 필자가 어떻게 고대 유물들이 신약 정경의 기원과 발전에 대한 이야기를 진술하는 데 도움을 주는지에 중점을 둘 다음 장으로 넘어가기 전에, 나는 독자들이 이 책들에 익숙해 질 것을 충고한다. 아래에서 나는 고대 교회의 성경에서 배제되었던 기독교 외경들 대부분을 제시하고자 한다.

도표 5: 신약 외경

고대 교회에서 거절된 기독교 문헌들 중 가장 잘 알려진 예들은 다음의 것들이다.

A. 복음서들

『야고보의 원시 복음서』*The Protoevangelium of James*

『도마의 유아기 복음서』*The Infancy Gospel of Thomas*

『베드로 복음서』*The Gospel of Peter*

『니고데모 복음서』*The Gospel of Nicodemus*

『나사렛인들의 복음서』*The Gospel of the Nazoreans*

『에비온파 복음서』*The Gospel of the Ebionites*

『히브리인들의 복음서』*The Gospel of the Hebrews*

『이집트인들의 복음서』*The Gospel of the Egyptians*

『도마 복음서』*The Gospel of Thomas*

『빌립 복음서』*The Gospel of Philip*

『마리아 복음서』*The Gospel of Mary*

B. 행전들(처음 다섯 개는 "레우치우스 행전들"Leucian Acts라고 불린다. 그것들은 종종 함께 회람되었다)

『요한 행전』*The Acts of John*

『베드로 행전』*The Acts of Peter*

『바울 행전』*The Acts of Paul*

『안드레 행전』*The Acts of Andrew*

『도마 행전』*The Acts of Thomas*

『안드레와 맛디아 행전』*The Acts of Andrew and Matthias*

『빌립 행전』*The Acts of Philip*

『다대오 행전』*The Acts of Thaddaeus*

『베드로와 바울 행전』*The Acts of Peter and Paul*

『베드로와 안드레 행전』*The Acts of Peter and Andrew*

『마태의 순교록』*The Martyrdom of Matthew*

『슬라브어 베드로 행전』*The Slovanic Acts of Peter*

『베드로와 열두 사도 행전』*The Acts of Peter and the Twelve Apostles*

C. 서신서들(혹자들은 이 분류에 목회 서신과 『베드로전서』 및 『베드로후서』를 추가한다)

『고린도 3서』*Third Corinthians*

『라오디게아인들에게 보내는 서신』*The Epistle to the Laodiceans*

『바울과 세네카의 편지』*The Letters of Paul and Seneca*

『예수와 아브가르의 편지』*The Letters of Jesus and Abgar*

『렌툴루스의 편지』*The Letter of Lentulus*

『디도의 서신』*The Epistle of Titus*

D. 묵시들(『요한계시록』에서 발견되는 문학 장르를 따른 문헌들. 혹자들은 이 분류에 『헤르마스의 목자서』를 추가한다)

『베드로의 묵시』*The Apocalypse of Peter*

『콥트어 바울의 묵시』*The Coptic Apocalypse of Paul*

『야고보의 첫 번째 묵시』*The First Apocalypse of James*

『야고보의 두 번째 묵시』*The Second Apocalypse of James*

『요한의 비록』*The Apocryphon of John*

『예수 그리스도의 지혜』*The Sophia [Wisdom] of Jesus Christ*

『빌립에게 보내는 베드로의 편지』*The Letter of Peter to Philip*

『마리아의 묵시』*The Apocalypse of Mary*

E. 부가적 외경들

『야고보의 비록』*Apocryphon of James*(나그 함마디 코덱스Nag Hamadi Codex 1권에 보존되어 있음)

『구세주의 대화』*Dialogue of the Savior*(나그 함마디 코덱스 3권에 보존되어 있음)

『에비온파 복음』*Gospel of the Ebionites*(에피파니오스Epiphanius의 인용으로 보존되어 있음)

옥시링쿠스 파피루스 840Oxyrhynchus Papyrus 840

옥시링쿠스 파피루스 1224 Oxyrhynchus Papyrus 1224

에거톤 파피루스(+ 쾰른 파피루스Papyrus Köln 255)

파이윰 단편Fayyum Fragment(= 빈도보네시스 헬라어 파피루스Papyrus Vindobonensis Greek 2325)

Formation of the Bible

The Story of the Church's Canon

6장

고대 사본은 우리에게 무엇을 말하는가

성경책이 준비되기 오래 전에도 문작법은 여러 고대 사회에서 일반적이었다. 이 저술 방식들은 논문들, 적하목록, 증서, 결혼 허가증 및 다른 유형의 문서들을 만들기 위해 다양한 형태의 문자들을 사용했다. 또한 글을 쓰는 데 사용된 여러 재료들, 특별히, 잉크, 잉크통, 연필 혹은 철필 및 다양한 종류의 필기 재료들(파피루스, 양피지, 동판, 나무, 석판, 밀랍 서판, 점토)이 있다. 여기서 우리의 관심은 기독교 정경이 될 본문들에 집중될 것이다.

성경은 우선 동물 가죽을 함께 꿰매 만들어 말아 놓은 것인 두루마리에 기록되어 담겼다. "책"으로서 이 두루마리들은 오늘날의 전문적으로 종이를 묶어 만든 것과 유사점이 거의 없다. 우리는 어원학에 있어서 서구 문명의 전통들과 성경의 필수불가결한 관계를 어렴풋이나마 알아야 한다. "성경"이라는 단어의 근원은 "책"을 가리키는 헬라어 용어 *비블로스*biblos (혹은 *비블리온*biblion, 복수는 *따 비블리아*ta biblia,

"그 책들." 또한 라틴어 *볼루맨volumen* 혹은 "볼륨"volume["권"]을 참조하라)에서 기인했다. 계속되는 단락들에서 사소한 전문적 사항들이 어떤 방식으로 신약의 형성과 그 과정에 대한 우리의 이해에 대단한 영향을 줄 수 있지, 그 놀라운 방법들에 주의를 기울이면서 우리는 성경책들을 복사하고 전달하는 데 사용되었던 재료들 형태의 용도와 중요성에 초점을 맞출 것이다.

필기 재료들과 성경

고대 필기 재료들과 형식들

알려진 한, 첫 번째 고대 문헌들은 돌에 새겼거나 벽에 그렸다(현존하는 고대 문헌들 중 대부분은 보통 동굴의 보호 구역에 기록되었다. 그러나 오늘날에 기념비 위에 새겨지듯 몇몇은 막대한 비용을 들여 바위에 새겼다). 시간이 지나면서 칼 혹은 철필로 부드러운 점토판에 찍어 표시하는 것 (그러고 나서 점토판을 단단하게 만들기 위해 그것들을 말리거나 심지어 구워내는 것)으로부터, 보다 한시적인 사용을 위해 밀랍으로 채워진 나무 판에 새기는 것, 그리고 동물 피부에서 제조된 가죽 종이(양피지) 위에 잉크를 사용하는 것, 그리고 계속하여 파피루스 종위에 잉크를 사용하는 것까지 필기 기술은 현저하게 발전했다.

● 고대 그리스의 델피에 있는 돌벽 위에 새겨진 글들.

● 필기의 초기 단계에 서기관들은 메시지를 보내고 기록을 보존하기 위해 종종 점토판을 사용했다. 이 점토판(주전 약 1950-1835년)은 이스탄불에 있는 고고학 박물관에 전시되어 있다. 그리고 땅 구입에 대한 동의서가 기록되어 있다.

● 주전 약 2000년경의 돌판
(이스탄불 고고학 박물관)

주후 1세기 동안 일단의 문헌들이 금속(두드려서 편 동판 혹은 은판) 위에 복사되기도 했다. 때때로 보다 짧은 메시지는 도편*ostraca*(버려진 도자기 그릇의 깨진 조각. 종종 질그릇 조각potsherds로 불린다) 위에 잉크로 기록되었다. 그러나 보다 긴 메시지나 논문들은 -나일 강 주변에서 자라는 이집트 식물로부터 만들어진- 파피루스 두루마리나 양피지(동물 피부)위에 잉크로 기록됐다. 주후 4세기까지, 성경책의 경우처럼, 우리가 "책"으로 간주할 만한 대부분의 긴 문서들은 두루마리에 기록되었다. 보다 긴 문서들은 파피루스 종이를 사용하여 제작되었다. 왜냐하면 파피루스 종이가 종종 양피지보다 저렴했기 때문인 것 같다. 그러나 교회가 새롭게 합법적 그리고 제국의 승인을 받은 기관으로 부상하기 시작했을 때, 양피지에 대한 필요성이나 선호도가 저술과 책 제작의 방침과 그 산업을 형성하는 데 중요한 요소들이 될 것이었다.

두루마리: 양피지와 파피루스

일단의 기록 대화물이 질그릇 조각과 나무 서판에 복사되었던 반면, 두루마리 혹은 고대 책을 제작하고 복사하기 위한 보다 일반적인 형태는 둘둘 말아 놓은 것이었다. 다른 형식의 문서들을 제작했던 이들처럼 유대인 서기관들은 두루마리에 그들의 성경을 복사했다. 비록 두루마리이 광범위하게 사용되었으나(딤후 4:13을 보라), 몇몇 두루마리들은 제작하는 데 더욱 비싼, 그래서 중요한 문헌들에만 제한적으로 사용된, 동물 피부 혹은 양피지로 되어 있었다. 양피지는 벗겨진 가죽을 석회에 담가지고, 바깥쪽과 안쪽의 살 부분이 제거된 외피를 가진, 그리고 쭉 펴지고 부드럽게 만들어진 후 함께 꿰매지고 일정한 크기의 낱장이 되도록 손질된, 특별히 준비된 동물 피부로 만들었다.

● 초기 그리스어 도편. 이 도기 조각 위의 메시지는 다름과 같다. "그의 아들에게 진심으로 문안한다. 그리고 그의 아버지/어머니께도 진심으로 문안한다. 네가 관리인의 도편을 보냈다.… 폼페이의 성전/무덤…그 관리인… 네가 보냈다.… 백부장"(사진과 번역. Paul Wegner의 호의로)

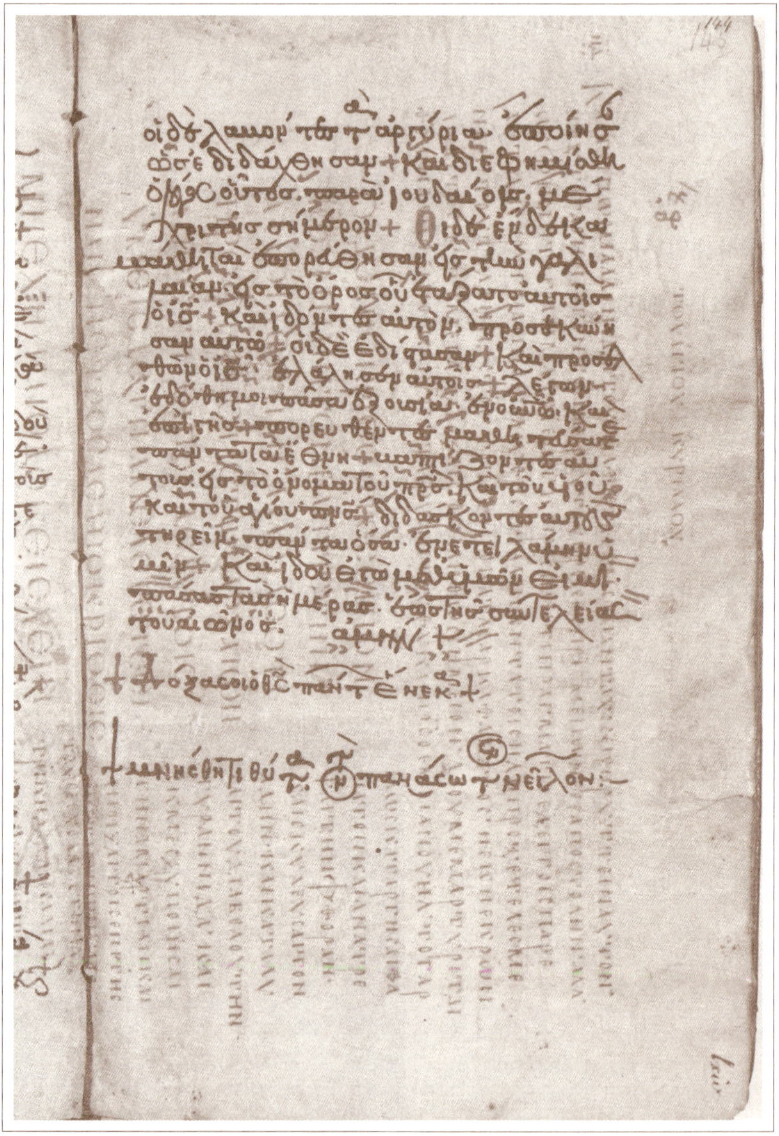

● 자친티우스 코덱스(Codex Zacynthius, X 040). 이는 주후 7 혹은 8세기의 『누가복음』 사본 위에 기록된 주후 12세기의 재생("팰림프세스트" 혹은 복기지) 사본이다. 양피지를 씻어내고 재사용하는 일반적인 관습은 고대 세계에서 저술을 위한 재료가 얼마나 비쌌는지를 증명해 준다(캠브리지 대학 도서관의 호의로)

비록 확증하기는 어렵지만, 양피지의 사용은 고대 버가모(페르가뭄)에서 발전했던 것 같다. 확실히 버가모인들은 저술 목적을 위한 동물 피부의 최대 생산자들이었다. 중세 시대같이 후대에조차 양피지는 저술을 위해 선호되던 재료였다. 양피지의 한 가지 중요한 가치는 기록하기가 보다 쉽고, 또한 실수를 하거나 저자가 다른 목적을 위해 보다 오래된 재료를 재사용하길 원했을 때 삭제하기도 보다 쉬웠다. 하지만 양피지의 가격은 비쌌다. 그래서 종종 양피지는 사본의 원 문헌을 씻고 문질러 제거한 이후 그 위에 다시 글을 쓰는 방식으로 재사용 될 필요가 있었다. 때때로 잉크가 완벽히 제거되지 않을 수도 있었다. 그래서 종종 그러한 양피지 책에서 원 작품을 읽는 것도 가능하다. 재사용된 이 사본들은 "팰림프세스트"(복기지複記紙)라고 알려졌다(헬라어 *palin*="다시" 및 *psestos*="매끄럽게 문질러진"에서 기인했다). 우리가 코덱스를 고려할 때 양피지의 사용에 대해 더 많은 것을 알게 될 것이다. 그러나 우선 우리는 두루마리를 만드는 데 사용되었던 다른 재료들을 생각해 보자.

그러나 파피루스 종이가 성경 본문들 혹은 다른 문학적 문서들의 사본들을 제작하기 위한 표준 필기 수단이었다.

고대의 많은 문서들은 함께 꿰매지거나 보통 밀풀로 접착된 파피루스 종이로 제작되었다. 파피루스 풀은 이집트 나일 강가에서 자란 삼면을 가진 갈대였다. 파피루스의 줄기를 마디에 따라 절단하고, 겉껍질이 제거된 이후 풀의 심지가 세로결로 잘랐다. 그것들은 맨 처음에 가로로 하여 나란히 펼쳐 놓았다(안쪽*recto*을 위로). 그 다음에 뒤쪽*verso*이 (세로로 맞추어) 가로로 놓인 것들에 놓았다. 그리고 그것들이 함께 말

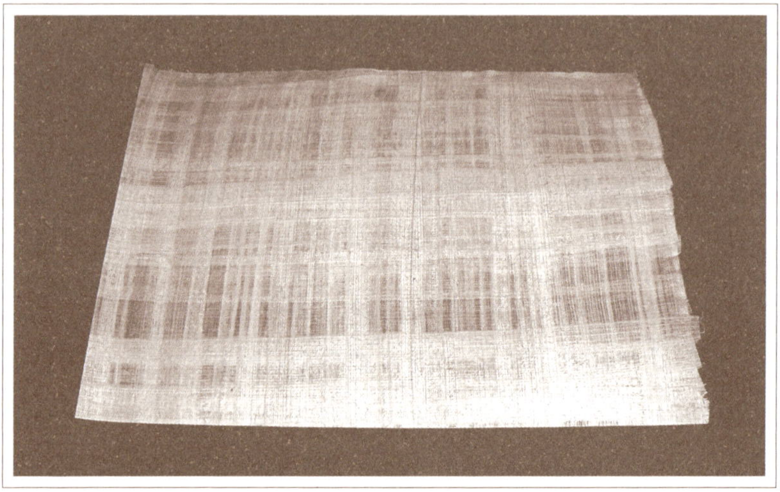

● 고대 사본들을 기록하기 위해 사용된 파피루스 종이의 예(Randolph Richards의 호의로)

라붙을 때까지 눌렀다. 그 후에 이 파피루스 종이들은 필기 재료로 사용될 수 있었다. 이것들은 필기하기가 쉬웠고 또한 다채로운 색의 문양들을 채식하거나 그릴 수 있었다. 몇몇 두루마리들은 양쪽에 글자가 기록되었다(계 5:1을 보라). 그러나 이는 일반적인 것은 아니었다. 파피루스 종이의 "기대 수명"은 보통 사용을 기준으로 하여 최대 약 30년이었다.

필기 기교나 기술들이 발전하고 더 긴 두루마리가 개발되었을 때, 히브리어 성경 (혹은 구약 성경)의 주요 부분들이 각각 한 두루마리에 놓일 수 있었다(예. 율법서 하나, 선지서 하나, 성문서 하나). 보통 파피루스 두루마리의 표준 길이는 대략 3미터 50센티(11과 2분의 1피트)였다. 그러나 몇몇 두루마리들을 훨씬 길었는데, 특별히 양피지 두루마리의 경우가 그랬다. 6미터 70센티에서 9미터 70센티(22-32피트)에 다다랐다. 그것들은 여전히 더 길게 제작될 수 있었다. 그러나 그러한 시도는 독자가 쉽게 사용하기에는 너무나 큰 두루마리를 만들게 되는 것이었다. 다양한 조각들을 함께 꿰매었을 때, 율법서 단독으로 약 9미터 10센티(30피트)보다 많은 두루마리 공간을 차지할 수 있었다. 주후 4세기에 구약과 신약의 모든 문헌들을 한 권 혹은 하나의 코덱스에 담을 수 있게 되었다. 그러나 유대 공동체들은 여전히 성경의 세 부분을 분리된 두루마리들에 보존하려는 경향이 있었다. 주후 3세기 이전에, 양피지와 파피루스 사본들은 대다수의 사본들을 이루고 있었다. 그리고 그 시기에 코덱스가 그리스-로마 세계로 대대적으로 유입되기 시작했다.

코덱스

주후 4세기에 이르러 양피지의 사용이 파피루스보다 더 일반적이 되었다. 아마도 그것은 값이 싼 파피루스 종이의 부족 때문이었던 것 같다. 그러나 그 때에 이르러 *코덱스*(복수. *코디체스codices*)의 사용이 대중성의 측면에서 두루마리를 넘어섰다. 이 경향은 아마도 코덱스들의 수송의 상대적 편리함의 결과와 또한 향상된 접근성 때문이었던 것 같다. 코덱스들은 큰 사본 내에서 특별한 본문들을 찾아내는 것을 훨씬 더 쉽게 만들었다.

두루마리 혹은 말아 놓은 것들을 수송하는 것의 어려움 때문에, 로마인들은 (분명히) 필기를 위한 새로운 형태로서 코덱스 혹은 서판이라는 개념을 발전시켰다. 초창기에 서판들은 학교에서 필기 연습을 위해 그리고 개인적 혹은 비교적 덜 공식적인 문서들에 대해 사용되었다. 그러나 그 현상은 급격히 변화했다. 코덱스의 보다 이른 형태는 기본적으로 가죽 끝으로 함께 묶일 수 있는 두 쪽으로 된 나무 판들이었다. 안쪽에 밀랍이 발라져 있었고 한시적인 가르침이나 메시지를 기록하는 데 사용되었다. "코덱스"는 원래 나무의 줄기를 가리키며, 후에 책의 두 판을 이루기 위해 쪼개진 목재 조각(큰 토막)을 가리키게 된 라틴어 용어다. 밀랍이 의도된 메시지를 전달하는 데 사용된 이후에 그것은 부드럽게 덮어졌고, 목재의 두 조각 안에서 또 다시 사용되었다. 이윽고 밀랍의 사용은 오늘 날의 책과 유사한 책 모양의 형태로 함께 접착되고/되거나 꿰매진 파피루스 종이의 사용으로 대체되었다.

이른 시기에, 코덱스는 공책과 유사한 형태였고 편지, 법적 처리, 영수증 등을 위해 다양한 방식으로 사용되었다. 마르티알Martial과 같은 (아래를 보라) 로마의 일부 저술가들은 아마도 여행 중에 쉬운 이동성을 위해 공책 모양의 형태로 그들의 문헌들을 보급했다. 코덱스의 유익은 필기 재료의 여러 장들을 한쪽 끝으로 하여 함께 묶일 수 있다는 것이다. 그래서 저자는 각 쪽의 앞쪽*recto*과 뒤쪽*verso* 모두를 사용할 수 있었다. 그래서 이 책이 연속적으로 읽히며 빠르게 언급될 수 있었다.

파피루스 종이 그리고 곧이어 양피지는 우선 보다 큰 낱장을 준비하여 절반으로 접어서 코덱스에 넣었다. 그래서 반으로 접힌 낱장의 양쪽 면들(현재 4쪽과 동일함)은 필기를 위해 사용될 수 있었다. 4장의 낱장이 함께 접혔고, 16면 혹은 16쪽을 만들어내는 "한 묶음"(a "quire", 라틴어 *퀴아떼르니quaterni*["넷으로 된 짝"]에 상응하는 고대 영어)을 이루면서 그 중간 부분을 붙였다. 그리고 크기에 있어서 낱장들을 일정하게 만들기 위해 바깥쪽 모서리들이 절단되었다. 묶음을 꿰매는 과정은 오늘날 출판을 위해 책이 준비되는 과정과 매우 유사하다. 여러 묶음이 함께 꿰매졌을 때 그 결과는 코덱스 사본은 여러 책들을 한 권에 담을 수 있도록 확장될 수 있었다. 그렇게 한 권의 더 큰 책을 만들었다. 주후 2세기 말 혹은 3세기 초에 이르러, 코덱스 기술이 충분히 발전했다. 그 결과 한 권의 코덱스가 바울의 편지들 혹은 4 복음서와 『사도행전』을 담을 수 있었다.

주후 2세기와 그 이후로부터, 기독교인들은 그들의 거룩한 책들을 전수하고 복사함에 있어서 두루마리보다 코덱스를 상당히 선호함을 보였다. 이때는 출판물의 대다수가 두루마리로 이뤄지고 있었을 때와 동일한 시기이다. 코덱스의 가치와 유용함이 오랫동안 인식되고 있던 주후 3세기에조차 생산된 사본들 전체 중에서 단지 20퍼센트만 코덱스로 만들어졌다. 다른 한편, 가장 이른 시기부터 기독교인들은 두루마리보다 코덱스를 압도적으로 그리고 거의 배타적으로 선호했다. 코덱스 기술이 교회의 성경 모두를 담을 만큼 충분히 발전했던 주후 4세기에, 신약과 구약이 한 권에 담겨졌다. 가장 오래된 것으로 알려진 두 개의 기독교의 구약 및 신약 성경의 모음집인 바티카누스 코덱스(바티칸 사본) 및 시나이티쿠스 코덱스(시나이 사본)의 경우에서처럼, 교회의 완전한 성경이 약 1,500-1,600쪽으로 된 커다란 한 권의 책들로 제작되기 시작했다.

코덱스는 두루마리에 비해 여러 명백한 이점들이 있다: 코덱스는 보다 간결하고, 가지고 다니기가 더 쉽고, 제작비가 약 25%정도 싸고, 독자들이 특정 구절들로 더 쉽고 따르게 접근할 수 있도록 해 준다. 책 전체 총서를 푸는 것보다 낱장을 넘기는 것이 얼마나 더 간단하지 생각해 보라! 양피지로 제작된 코덱스들은 주후 4세기와 그 이후에 파피루스 사본들에 대해 우위를 차지하기 시작했다. 그러나 파피루스 사본들은 주후 약 8세기까지 지속적으로 생산되었다. 위에서 간단하게 살펴보았듯이, 성경이 몇몇 사본들은 이전에 다른 문헌들로 사용되었으나 씻기고 문질러 지워진 양피지 사본(혹은 "팰림프세스트"[복기지])에 만들어졌다. 자친티우스 코덱스(X 040)에 대한 위의 사진은 이러한 관습의 예를 보여 준다. 더 여린 색깔의 문자가 더 오래된 씻겨 나간 본문이다. 다시 한번 말하지만, 재료와 사본들을 제작하는 비용을 고려해 본다면, 사본의 재활용 관습은 고대에서 그리 특별한 것이 아니었다. 비록 기독교인들이 주후 2세기 초에 말아 놓은 것 혹은 두루마리보다 현저하게 코덱스를 사용하기 시작했을지라도, 나머지 그리스-로마 사회는 대체로 이러한 전환을 주후 3세기 후반 및 4세기에 이루었다. 그러나 우리가 아래에서 보다 자세히 교회의 코덱스에 대한 선호를 살펴보기에 앞서, 우리는 코덱스가 가져온 변화들에 대해 세 가지 주요 요점들을 살피기 위해 시간을 가져야 한다.

한 권에 더 많은 책들을 담을 가능성. 주후 4세기의 코덱스에 대한 기술적인 진보는 구약 및 신약 문헌들 모두를 양피지로 만든 하나의 커다란 코덱스에 포함시키는 것이 가능하도록 했다. 이것은 모든 기독교인들이 하룻밤 사이에 양피지 사본으로 동일한 전환을 했다거나 혹은 그들 모두가 그들의 지역 교회에 성경책 모두의 복사본을 가지고 있었다는 것을 의미하지 않는다. 한 예로, 구약 및 신약의 완전한 복사본을 소유하는 것은 돈이 매우 많이 들었다. 추측컨대, 성경 전체를 담을 만큼 커다란 양피지 코덱스를 제작하기 위해서는 약 60-100마리의 동물을 잡아야 했을 것이다. 게다가 성경의 책들을 재생산하기 위해 양질의 필사자들을 고용하기 위한 비용은 대부분 교회에서 엄두도 못 낼 정도였다. 그 결과 수 세기 동안 대부분의 교회는 지속적으로 성경의 모음집의 부분들만을 소유했다. 주후 4-5세기에조차 대부분의 경우 신

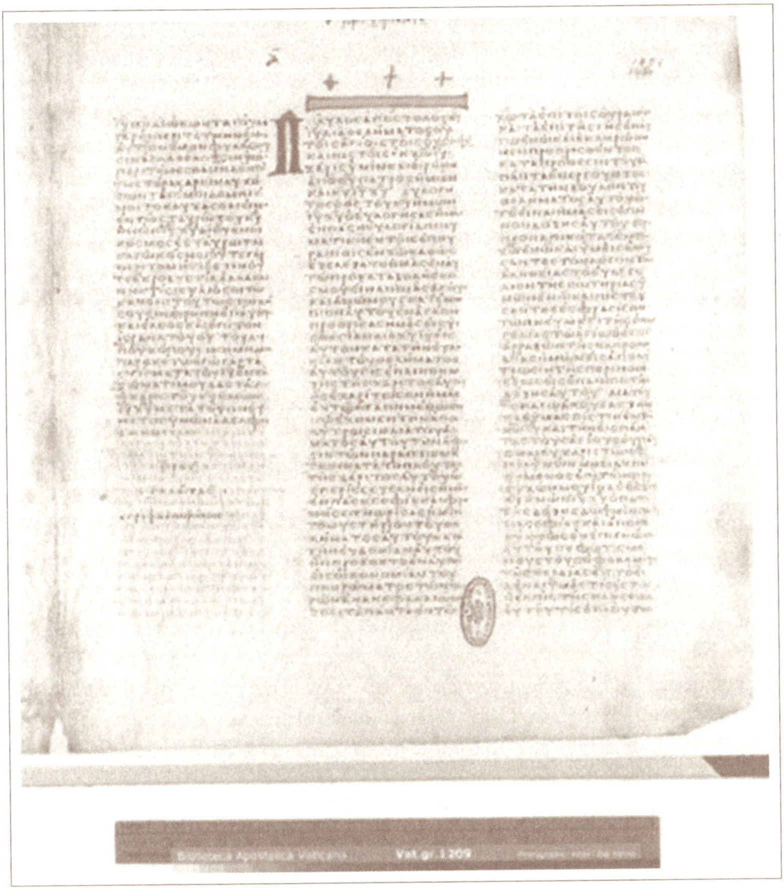

● 바티카누스 코덱스(바티칸 사본. 주후 약 350년)는 구약과 신약 모두를 담고 있는 가장 오래된 2개의 성경 중 하나이다. 위의 사진은 바울의 갈라디아서의 끝부분 및 에베소서의 처음 두 세로 단들을 보여 준다.(Biblioteca Apostolica Vaticana의 호의로)

약 문헌들의 전체가 단권으로 확산되지 않았다. 때때로, 단지 하나 혹은 두 개의 복음서들과 몇몇 편지들이 확산되고 있던 그 사본들에 담겨 있었다. 비록 이러한 관습이 콘스탄티누스 황제의 부추김으로 주후 4세기에 시작되었을지라도(앞 장에서 콘스탄티누스의 역할에 대한 논의를 보라), 수 세기 동안 완전한 한 권으로 된 성경의 *대폭적인* 출판은 없을 것이었다. 여전히 코덱스는 기독교 성경의 모든 책들을 한 권에 담을 가능성을 열어 놓았다. 그리고 그것은 어떤 책들이 그 안에 포함될지에 대한 추가적인 논의들과 성경책들의 보다 안정적인 순서와 배열을 가져올 후보자였다.

필체 A: 대문자로 쓰기. 신약 성경의 첫 번째 사본들은 문자 사이에 공간이 없이 쭉 이어지는 단어들의 형태로 하여(라틴어로 *스트립따 꼰띠누아scripta continua* [“연속적 필기”]로 불림) 대문자(*메쥐스쿨*)로 기록되었다. 물론 이 관습은 한 본문의 많은 수의 단어들이 구절들을 해독하는 것을 어렵게 만들었다. 사본들을 생산하고 해속하는 일 모두에서 나타난 이 어려움의 중요한 양상을 증명하기 위해, 우리가 영어로 매우 잘 알려진 예로 가보자. “GODISNOWHERE”라는 철자로 쓰인 문자들은 “GOD IS NOW HERE”(하나님이 여기 계신다) 혹은 “GOD IS NOWHERE”(하나님은 아무 곳에도 없다)를 의미할 수 있다. *문맥만이 독자들로 실제 의미가 무엇인지를 분별할 수 있도록 해 준다.* 주후 4세기 중 · 후반에 이르러, 기독교인들은 성경 사본들을 만들기 위해 보다 종종 전문적인 서기관들을 고용하기 시작했다. 그리고 그들이 제작했던 것들은 이전 것들보다 일반적으로 더 나은 품질과 더 쉽게 이해되었다. 그러나 휴지 없는 연속적인 본문은 고대 서기관들 중 가장 숙련된 이들조차 혼동하게 만들 수 있었다.

필체 B: 소문자로 쓰기. 주후 9세기에 이르러 일부 필사자들이나 서기관들은, 오늘날의 대부분 언어들에서 익숙하듯이, 단어들 사이에 공간을 가진 둥근 모양으로 된 소문자(미뉘스퀼minuscules)를 사용하기 시작했다. 이 사본들과 그 문자 쓰기법은 일반적으로 "미뉘스퀼"이라고 불렸고, 때때로 "커시브"cursive(흘림체. 단어들 사이를 제외하고, 어떤 휴지 없이 철자들을 함께 연속적으로 연결시키는 관습을 말함)로 불렸다. 주후 9세기부터 인쇄기와 이동식 활자가 요한 구텐베르크Johann Gutenberg에 의해 발명되고 그가 주후 1456년에 첫 번째 성경 인쇄본을 출판한 그 때까지, 성경책들의 소문자 양피지 사본들은 일정하게 손으로 제작되었다. 그리고 종종 사본 안에는 다채로운 이미지들이 담겨 있기도 했다(특별히, 책과 장들의 시작 부분에서. 그러나 때때로 장들의 중간 부분에서도 등장함). 다채로운 삽화는 교회가 이 성경 사본들에게 돌린 높은 가치를 반영해 준다.

초대 기독교 저술과 복사

왜 기독교인들은 두루마리 대신 코덱스를 선호했을까? 이에 대한 많은 가능성 있는 이유들이 길게 평가되어 왔다. 그러나 학자들은 그 문제에 일치하지 않는다. 우리가 위에서 윤곽을 그리기 시작했던 것처럼, 혹자들은 초대 기독교인들이 경제적 이유, 즉 코덱스들이 만들기에 저렴했고 초대 교회의 많은 이들이 가난했기 때문에 코덱스를 사용했다고 주장했다. 이것이 두루마리를 지속적으로 사용하는 것보다 더 경제적 이치에 맞았다. (만약 두루마리를 사용하는 것에 대한 결정이 단지 재정상의 이유였다면, 이는 최초 분명히 최초 기독교인들의 사회적 상황을 반영해주는 것일 것이다). 다른 건전한 이유들은 코덱스의 간편함(즉, 가지고 다니기 쉬움) 혹은 사용의 편리함과 참조하기 쉬움에 있을 것이다. 그러나 일반적으로 학자들은 대다수의 명백한 이유들 중 어떤 것도, 그 시대의 어떤 기관이나 고객층보다 왜 기독교인들이 그들의 성경을 전수하기 위해 코덱스를 선호했는지에 대해 충분히 답하고 있지 못한다고 결론짓는다. 아마도 초대 기독교인들은 그 당시 그들과 정식으로 분쟁이 있었던 유대 형제자매들에 의해 사용되던 것(두루마리) 대신 그들의 경전들을 전수할 다른 수단을 찾고 있었을지도 모른다. 위에서 간단히 언급했듯이, 그 관습은 디모데에게 "책은 특별히 가죽 종이에 쓴 것"(딤후 4:13)을 로마로 가져오라고 요구했던 사도 바울에게까지 거슬러 올라가는 것 같다. 여기서 "책"이 코덱스에 대한 언급인가? 만약 사도 바울이 다른 이들이 모방하도록 하기 위한 선례로서 "책"을 사용했던 것이라면, 그러한 한에서 성경의 내용(바울)이 교회에서 선호된 수단을 지시한 것처럼 보인다.

이는 이 기독교인들이 코덱스의 다른 이점을 가볍게 여겼다는 것을 뜻하지도 또한 우리가 그렇게 해야 한다는 것을 의미하지도 않는다. 책을 운반하기 위해 코덱스를 사용했다는 주장은 보다 쉬운 선례를 가지고 있다. 예를 들어, 로마의 시인 마르티알은 자신의 독자들에게(주후 약 80년), 만약 그들이 여행 중에 자신의 시를 소장하길 원한다면, 코덱스를 사용할 것을 충고했다. 그의 주장은 다음과 같았다.

● 독일의 마인츠에 있는 요한 구텐베르크(주후 1398-1468년)의 동상. 그는 이동식 활자와 인쇄기를 발명했다. 구텐베르크는 주후 1456년에 라틴어 『불가타』 성경을 인쇄했다.
촬영: I. Staudacher. http://en.wikipedia.org/wiki/File:Mainz_Gutenbergdenkmal_und_Dom.jpg#filelinks

> 나의 소책자[서판]을 네가 있기를 원하는 곳이 어디든 동행하고자 원하고 긴 여행 동안 동반을 바라는 너는 이것들을 구매하라. 그 양피지는 적은 쪽수로 압축되어 있다. 위대한 사람들에게 주라. 한손으로 나를 붙잡을 것이다. 그러나 네가 내가 어디서 판매하고 있는지 알지 못해 도시 전체를 헤매다 탈선할 경우를 대비해서 너는 나의 지도하에 너의 길에 대해 확신을 가질 것이다(『경구집』*Epigrams* 1.2, 1-7번째 줄. 영역 CLC를 사역함).

특별히, 위에서 살펴본 문학적 수단에 대한 바울의 언급처럼, 마르티알은 자신의 『경구집』에서 위대한 시인들의 작품조차 이러한 형식, 즉 서판에 담겨져 보급되었다고 지적한다. 그는 호메로스[의 작품들]가 이

● 베르무다의 성 조지에 있는 미첼 하우스의 1층에 위치한 Featherbed Alley Printshop 박물관에 있는 유명한 구텐베르크 인쇄기의 모사품 사진. 2006년 12월 7일 3시 28분 저자 Aodhdubh에 의해 업로드 됨(UTC). http://en.wikipedia.org/wiki/File:Featerbed_Alley_Printshop_Bermuda.jpg-metadata

방식을 따랐다고("양피지 공책들에 담긴 호메로스", 14.184), "내 도서관마저 충분한 공간을 준비할 수 없는 방대한 리비우스Livy[의 작품들]이 작은 가죽들에 축소되었다"(『경구집』 14.190). 코덱스는 두루마리보다 포함 범위가 더 *포괄적이었고*, 또한 여러 두루마리들을 합친 것보다 더 많은 본문들을 포함할 수 있었다. 그러나 우리가 살펴보았듯이, 아마도 코덱스의 일상적인 사용이 명백하게 된 것은 쉽게 접근할 수 있고 적들을 가르치거나 논쟁할 때 빠르게 참조하도록 하는 코덱스의 손으로 사용하기 편안함이었을 것이다. 바울이 자신의 선교 여행 중에 그것의 편안함과 휴대성 때문에 코덱스를 사용했었을 것이기 때문에, 그리고 그의 문헌들이 "경전"으로 인식된 몇몇 최초 문헌들 중에 속했기 때문에,

그의 예는 초대 기독교에서 코덱스의 사용을 적절하게 부추겼을 것이다. 바울의 편지들이 주후 1세기 말엽에 그의 추종자들에 의해 수집되고 회람되었을 때, 바울이 따랐던 바로 그 전수 형식이 다른 이들에 의해 되풀이되었을 가능성이 있다. 코덱스는 한 권에 담긴 그의 문헌들을 보다 더 쉽게 보급되게 했을 것이다. 또한 코덱스는 초대 교회에서 예수의 말씀들의 목록들(어록 목록들), 즉 초대 선교사들이 자신들의 선교를 증진하는 데 사용했던 자료들로서 서술형으로 기록된 복음서 전에 존재했던 그 목록들을 보존하는 데도 사용되었을 것이다.

코덱스는 또한 성경 사본들의 초기 생산에 대해 우리에게 많은 것들을 말해 준다. 코덱스들이 기독교인들이 그들의 거룩한 문헌들을 복사

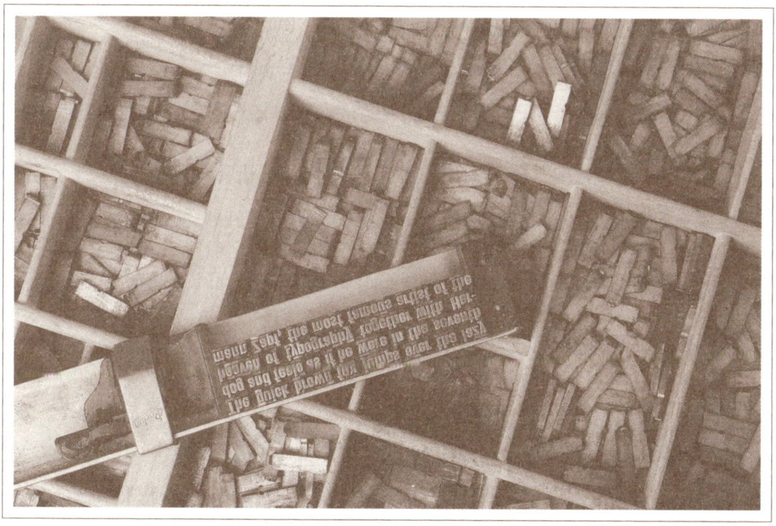

● 컴퓨터 폰트들의 출현 전에 인쇄에 사용된 이동식 활자의 예. 금속판에 있는 본문은 다음과 같이 쓰여 있다(뒤집어 거꾸로): "갈색의 재빠른 여우가 게으른 개를 뛰어 넘었다. 그리고 조판(typography)에 있어 최고로 유명한 명인 Hermann Zapf와 함께 조판의 7층천에 있는 것처럼 느꼈다." 촬영: Willi Heidelbach. http://enwikipedia.org/wiki/File:Metal_movable_type.jpg#filelinks

하는 데 사용했던 표준 형태가 되었을 때, 그것들은 맨 처음에는 일상의 사용을 위한 일종의 편람으로 취급되었던 것 같다. 기독교 성경 복사의 이 이른 시기들에는 그 사본들이 많은 오류들을 가지고 있었기에 종종 품질에 있어서 매우 조악했다. 그 이유는 대부분의 경우 그 사본들을 만들었던 사람들이 아마추어 필사자들이었고 전문 서기관들이 아니었기 때문임에는 의문의 여지가 없다. 일부 초기 필사자들은 그들이 성경 -그 범주와 내용이 여전히 유동적이었다- 을 베끼고 있었다는 것을 완전히 인식하지는 못했던 것 같다. 그래서 그 결과 그들은 작업하면서 적지 않게 부주의했다. 실수들에 더해, 그들은 아마도 그들이 생각하기에 본문에서 불분명했던 것을 명료하게 하기 위해 또는 그들이 그들의 사본이 교회의 현행 가르침을 반영하길 원했기 때문에 그들이 작업했던 사본들에 종종 변경을 가했다. 예를 들어, 성경학자들은 많은 초기 사본에서 요한복음 3:13의 맨 마지막 부분이 신성을 더욱 확고히 하려는 특징으로서 예수께서 전지하시다는 것을 보여 주기 위해 추가된 것임을 잘 안다.

고대 세계에는 일반적으로 필기 방법에 두 가지 필체들이 있었다. 즉, 하나는 보다 문학적 특정을 지닌 필체이고, 다른 하나는 문서적 필체로서 다소 덜 형식적인 필기 필체이다. 문학적 필체와 달리, 문서적 필체는 때때로 약어들을 포함하기도 했다. 그리고 기독교인 필사자들은 성경에서 매우 종종 사용되는 이름들과 직함들의 일부를 동시에 축약하며 또한 강조하는 방식에 유익이 되는 이 문체를 사용했다. 초대 기독교인들은 특별히 오늘날 *노미나 사크라nomina sacra*("거룩한 이름들"이라는 라틴어 표현)기록한 이름들을 약어로 표시함으로써 시간을

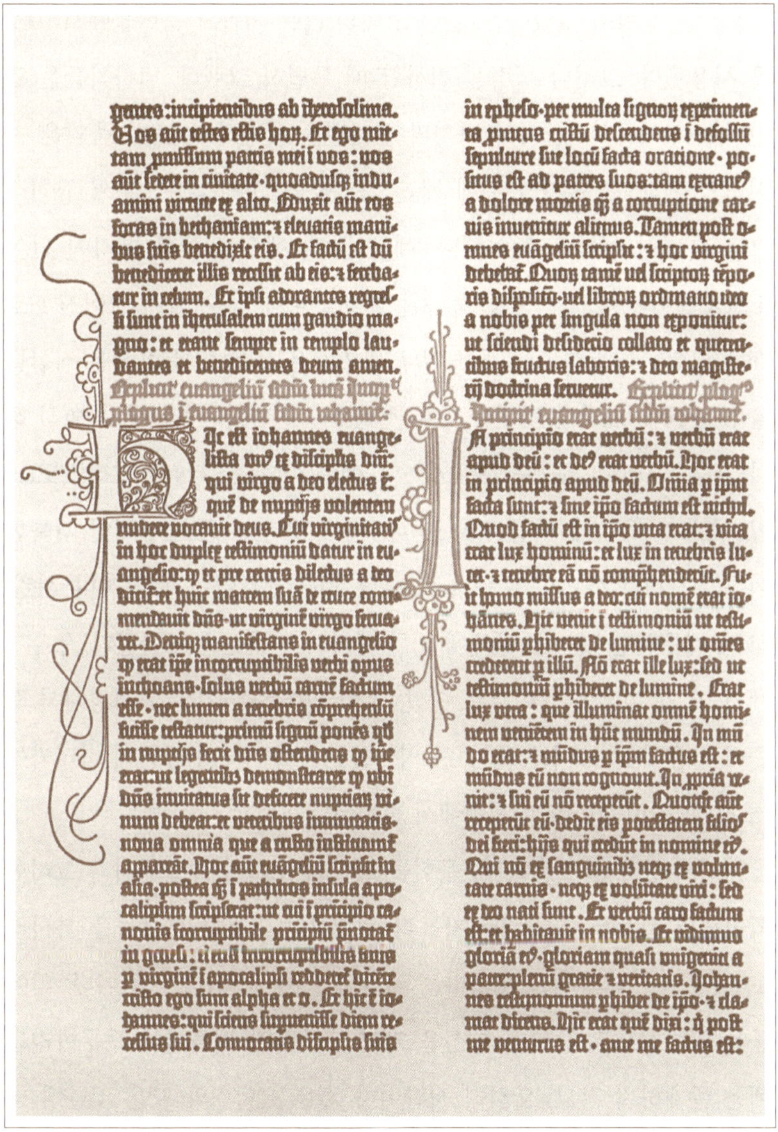

● 구텐베르크 성경의 낱장(구텐베르크 도서관의 Claus Maywald의 허락 받았음)

아끼려는 경향이 있었다. 그들은 고대의 많은 기독교 문헌들에서 이것을 사용했다. 그러나 성경을 필사할 때 특별히 그랬다. 필사자들은 일반적으로 이름의 첫 자와 마지막 철자만을 사용하고, 또한 축약을 표시하기 위해 그 철자들 위에 짧은 가로줄을 그어 놓음으로써 규칙적으로 특별한 이름을 축약했다. 예를 들어, 예수에 대한 헬라어 단어 IĒSOUS(*이에수스*)는 종종 축약된 철자들 위에 짧은 줄이 그어진 IS로 대체되었다. 거룩한 이름들(*노미나 사크라*)은 15의 이름들 혹은 직함들을 포함한다. 그러나 몇몇은 다른 것들보다 일반화되었는데, 특별히 하나님(*테오스theos*), 주(*뀨리오스kurios*), 예수(*이에수스Iēsous*), 그리스도(*크리스또스Christos*) 및 아들(*휘오스huios*)이 그렇다. 다른 일반적인 거룩한 이름들(노미나 사크라)은 구세주, 다윗, 영(성령), 아버지, 어머니, 사람, 하늘, 예루살렘 및 이스라엘에 대한 헬라어 단어들을 포함한다. 주후 4세기 및 그 이후에 들어서는 훨씬 더 이 약어들이 기독교 성경에서 꾸준히 사용되었다. 예를 들어, 그 약어들은 주후 4세기 중반의 바티카누스 코덱스(바티칸 사본) 전반에서 발견된다.

여기서 중요한 것은 신약 문헌들 필사의 초기 단계들에서의 그러한 약어들의 사용은 최초 필사자들이 문학적인 거룩한 본문들을 복사하고 있었다고 인식하지 못했다는 것을 의미할 수 있다는 점이다. 약어들은 일반적으로 문학적 특성을 가진 표준적인 책들이나 두루마리들에는 존재하지 않고, 오히려 서판이나 혹은 코덱스와 같은 것들에 더 많이 존재하기 때문에, 이 현상은 초대 기독교인들은 여전히 그들의 처음 사용에 있어서 자신들의 문헌들을 경전으로 인정하는 과정에 있었음을 암시하는 듯하다. 앞서 언급했듯이, 기독교 문헌들을 성경으로

부르는 관습은 주후 2세기 말엽에 발생하기 시작했다. 비록 약어들이 세속 문서들에서 일반적이었다 할지라도, 그것들은 잘 작성된 문학 본문들에서는 거의 드물게 등장했다. 거룩한 이름들(*노미나 사크라*)의 사용은 아마도 교회에서의 기독교 문헌들에 대한 *실용적 측면에서의* 사용을 가리키는 것 같다. 왜냐하면, 비록 그 문헌들이 기독교 훈계와 예배에서 정규적으로 사용되기는 했을지라도, 그것들은 여러 면에서 높은 수준의 문어체 본문들도 아니었고, 또한 거의 한 세기 동안 대체로 거룩한 본문들로 여겨지지 않았기 때문이다. 이 문서적인 혹은 비-공식적인 필기법은 주후 4세기에 이르러는 더욱더 대부분의 신약 파피루스 사본들의 특징이 되었다. 그러나 그보다 이른 시기의 양식으로 정립된 거룩한 이름들(*노미나 사크라*)의 관습은 주후 4세기 및 그 이후의 좀 더 형식화된 메쥐스쿨 혹은 대문자 사본들에서 지속되었다.

주후 4세기에 그리고 명백히 콘스탄티누스 황제의 명령에 의해 촉진되어(앞 장을 보라) 높은 품질의 양피지와 절적한 공간을 가진 사본들이 교회에서 제작되기 시작했다. 이것이 초대 기독교인들이 교회에서 읽고 있었던 작품들에 대한 그들의 관점들과 관련하여 무엇을 말해주고 있는가? 유대교 공동체가 성경을 다루는 전형적인 필사의 보다 섬세한 필체와 달리, 콘스탄티노플 교회에서 사용하기 위해 콘스탄티누스가 50개의 성경 사본들을 요구한 때 이후까지 기독교인들은 대체적으로 사본 준비와 생산에 대해 그리 섬세하지 않았다. 이는 기독교에 대한 제국의 승인만이 기독교인들로 그들이 성경에 대해 생각하고 재생산했던 방식에 변화를 주게 했다는 것을 말하지는 않는다. 그러나 그것은 분명한 요소였다. 그러나 결단코 정경과 그 본문들에 대한 취급을 형성하는 데 있어서 유일한 요소는 아니었다.

고대 유대교 공동체의 편에서 잘 알려진 관습들은 그들이 성경을 다루고 복사했던 섬세한 주의를 예증한다. 폴 웩너Paul Wegner는 그 관습을 조심스럽게 다음과 같이 요약했다(그의 *The Journey from Texts to Translations: The Origin and Development of the Bible*, 172, from F.G. Kenyon, *Our Bible and the Ancient Manuscripts* [rev. A.V. Adams; New York: Harper & Brothers, 1958], 78-79에서).

1. 깨끗한 [즉, *코쉐르kosher*] 동물들로부터 생산된 양피지들만이 허락된다. 이것들은 깨끗한 동물들로부터 나온 털들로 연결되어야 했다.
2. 두루마리에서의 필사를 위한 각각의 세로 단은 48줄보다 더 적어서도 60줄을 넘어서도 안 된다. 그 폭은 30 글자로 구성되어야 한다.
3. 각 쪽은 우선 선이 그어져야 하고, 글자들은 그 줄에 맞춰져야 한다.
4. 잉크는 특별한 제작법에 따라 준비되어야 하며, 검은색이어야 한다.
5. 어떤 단어나 철자도 기억으로부터 작성되어서는 안 된다.
6. 자음들 사이에는 약간의 공간이 있어야 하며, 각 단어들 사이에는 작은 자음자의 공간이 있어야 한다. 게다가 다른 여러 공간 규칙들이 있다.
7. 서기관은 두루마리를 복사하기 전에 전체적으로 스스로를 씻어야 하며 또한 유대식 옷을 완전히 갖춰야 한다.
8. 서기관은 여호와(야웨)라는 이름을 새롭게 담근 붓으로 쓸 수 없었고, 그 거룩한 이름을 쓸 동안에는 모든 사람, 심지어 왕조차 무시해야 한다.

학자들이 왜 기독교인들이 두루마리 대신 코덱스를 채택했는지에 대해 동의하지는 않지만, 그것의 휴대성, 사도 바울의 사용, 이 문헌들을 "성경"으로 인식함의 점진적 증가가 함께 초대 기독교인들의 코덱스 사용에 대해 설명해 주는 것 같다. 기독교 문헌들을 성경으로 승인한 *이후에도* 기독교인들이 이 형식을 지속적으로 사용한 것은 바울과 다른 초대 기독교인들에 의해 놓인 전통과 선례의 결과인 듯하다. 다시 한번 말하지만, 기독교인들이 두루마리보다 코덱스를 훨씬 더 많이 사용한 것은 코덱스가 일반적이지 않았을 때, 그리고 확실히 기독교를 제외한 그리스-로마 세계에서 중요한 문서들을 보관하기 위해 코덱스가 사용되지 않았던 시점이었다. 로마 제국에서 문학적 문헌들의 생산에 있어 두루마리에서 코덱스로의 대단한 규모의 대체는 단지 주후 3-4세기에 이르러 발생하기 시작했다.

그러고 나서 구약과 신약으로 된 모든 기독교 성경이 한 권으로 보급될 수 있었던 주후 4세기에 이르러, 고유한 이점을 가지고 있던 코덱스, 그리고 코덱스가 촉진시켰던 그 형식은 성경 정경의 범위 형성에 중요한 요소들이 되었을 것이다.

코덱스 기술과 정경 선택

우리가 위에서 살펴보았듯이, 주후 2세기 말에 코덱스 기술은 4개의 복음서 모두를 한 코덱스(P^{45})에 담고, 또한 바울 서신 모두 역시 한 코덱스(P^{46}. 대략 200-212쪽)에 담을 수 있을 정도로 발전했다. 주후 4세기 이전에는 성경 전체를 담고 있던 사본들은 없었다. 그리고 우리가 알기로는 알려진 어떤 교회도 후대에 성경에 포함된 모든 책들을 소유하고 있지 않았다. 책 전체가 하나의 큰 코덱스에 합해질 수 있게 되었을 때조차, 그리고 그 당시에 신약의 전체적인 형태에 대한 광범위한 동의가 있었을지라도 주후 4세기에조차 대부분 교회들은 성경 전체의 사본들을 만들 (재정적) 여유가 없었다. 그 점에서 어떤 책들이 초대 교회의 거룩한 사본들에 속해 있었는지를 상기하는 것이 특별히 중요하다.

신약의 모든 책을 담고 있으면서, *단지 그 책들만*을 담고 있는 주후 1000년 이전의 사본들은 단지 4개만 알려져 있다. 신약 책들 모두를 담고 있는 최초의 "완전한" 사본인 시나이티쿠스 코덱스(시나이 사본, 주후 약 375년)조차 『바르나바스의 편지』와 『헤르마스의 목자서』를 담고 있다(다음 장 끝에 있는 목록을 보라). 5,740개의 현존하는 신약 사본들 중 대부분은 오늘날 우리가 신약 성경에 가지고 있는 책들보다 현저하게 적은 책들을 담고 있다. 때때로 그것들은 성경 외의 책들도 가지고 있다.

현존하는 최초 신약 사본들은 파피루스 사본들에 기록되었고(주후 약 2-8세기), 그것들은 위에서 언급된 후대의 대문자 혹은 메쥐스쿨 양피지 사본들보다 훨씬 적은 숫자의 책들을 담고 있다. 알려져 있는 121개의 파피루스 사본들 중에서 단지 14개만이 그 안에 한 권의 책 이상을 담고 있다. 이 14개 중에서 일부는, 그 유명한 P^{72} 파피루스 사본의 경우처럼(주후 3-4세기), 성경 외적 책들과 나란히 신약 책들을 담고 있다. 이것은 세 권의 신약 성경(벧전, 벧후, 유)을 담고 있을 뿐만 아니라, 『마리아의 출생』*Nativity of Mary*, 『고린도 3서』(바울과 고린도 교회 사이의 추가적인 편지가 되길 목표로 함), 『솔로몬의 송가』 11번째 것(주후 약 125년), 멜리톤의 『유월절에 대한 설교』(주후 약 170-180년), 찬송 단편, 『필레아스의 변증』*Apology of Phileas* 및 시편 33편 및 34편을 포함한 몇 권의 다른 책들도 담고 있다. 이 모든 책들은 동일한 책에 구분 없이 함께 놓여 있다. 이러한 조합에 대해 우리는 무엇을 할 수 있을까?

이 사본들에서 매우 종종 생략되는 신약 책들은 에우세비오스가 의심스럽다고 여겼던 책들과 동일한 책들, 즉 『히브리서』, 『야고보서』, 『요한이서』, 『요한삼서』, 『유다서』, 『요한계시록』 및 목회 서신(딤전, 딤후, 딛)과 종종 『빌레몬서』이다. 물론 이 현상은 초대 교회에서 신약의 범위에 대한 동의가 결여되어 있음을 드러내 줄 것이다. 그러나 그것은 또한 어떤 책이 교회 모임을 위한 가장 실용적이고 도움이 되는지에 대한 초대 교회의 관점들도 드러내 준다. 그리고 그것들이 그 숫자에 있어서 동일하다는 보장도 없다. 대부분의 초대 교회들은 성경의 완벽한 모음집을 소유하고 못했을 것이고 또한 그러한 모음집을 소유할 여력도 없었기 때문에 그들은 그들이 믿기에 자신의 지역 교회 모임에서 가장 유용한 책들을 선택했던 것 같다. 종종 특정한 사도(혹은 다른 신약의 인물)가 해당 책을 저술했다고 믿어지면 모든 사람들이 그 책이 하나님에 의해 영감 받았다고 동의했고, 동시에 그 책을 그들의 성경 정경에 추가했다. 물론, 실은 그렇지 않지만 말이다.

우리가 현존하는 사본들 자체를 더욱 자세히 재검토하기 전에, 나는 오늘날 정경 형성사 연구에 있어서 가장 무시되어 오던 영역들 중 하나를 언급해야 한다. 그것은 고대 세계에서 성구집들(교회의 절기에 읽기 위해 선택된 성경 본문들)의 사용을 다루어야 한다는 것이다. 오늘날 많은 교회들이 여전히 성구집을 사용한다. 그러나 고대 교회로부터 보존된 성구집들은 그들의 정황에서 읽히고, 또한 아마도 다른 본문들보다 더 많이 초대 기독교인들의 신앙에 대해 정보를 제공한 특정한 성경책을 보도록 우리에게 허락한다. 이 성구집들은 신약 정경의 핵심적인 책들(즉, 복음서들과 바울 서신)을 제외한 다른 본문들을 거의 포함하고 있지 않다. 그리고 그 대부분은 위에서 언급된 정경의 소위 "가장자리 책들"을 결코 사용하지 않는다. 성구집들은 가장 적게 연구된 고대 기독교 본문들에 속한다. 그러나 우리가 초대 교회들에 대해 대단한 영향을 끼쳤던 거룩한 본문들을 생각할 때, 성구집들의 적합성은 상당하다.

사본들 안에 포함된 책들

현존하는 신약 사본들은 일반적으로 다음의 네 개의 범주들로 구분된다.

파피루스 사본. 위에서 간단하게 언급했듯이, 파피루스 사본들의 평균 수명은 약 30년이었다. 현존하는 거의 모든 파피루스 사본들은 이집트 혹은 유대 사막과 같은 매우 건조한 지방에서 발견되었다. 그곳에서 파피루스 사본들은 습도의 감소로 더 잘 보전될 수 있었다.

현존하는 헬라어 신약 성경 파피루스 사본들은 121개가 알려져 있으며(대략 주후 2-8세기), 그것들은 크기에 있어서 단지 몇 구절부터 여러 책들을 포함하고 있는 것들까지 있다. 모두가 파편적이다. 즉, 어떤 것도 완전하지 않다. 그러나 많은 경우 우리는 무엇이 의도되었는지를 추측할 수 있다. 왜냐하면 없어진 본문은 사본들의 처음 혹은 마지막 부분이기 때문이거나 혹은 없어진 공간은 종종 유사한 사본들에 의해 보충될 수 있기 때문이다. 말하자면, 만약 우리가 마가복음 1:11로 시작하는 파편이 된 복음서를 가지고 있다고 한다면, 그 사본이 동일한 장을 1-10절도 포함하고 있었다는 것은 잘된 추측이다. 왜냐하면 우리는 이 구절들을 포함하고 있는 엄청난 수의 사본들을 가지고 있기 때문이다. 더 많은 헬라어 사본들이 박물관들, 도서관들, 골동품 수집품들 및 세계의 다양한 곳에 있는 고고학 유적들에서 발견되기 때문에 현존하는 파피루스 사본들의 숫자는 거의 매년 바뀐다. 이 사본들의 일부는 아직 목록화되지 않고 도서관에 있는 상자들이나 큰 통들 안에 남아있을 것이다. 반면, 다른 것들은 중동에 있는 다른 고고학적 발견물들과 함께 발견되게 될 것이다.

그것들이 파편적이기 때문에, 현존하는 신약 파피루스 사본들은 심각한 훼손과 가치저하를 반영하며 종종 각의 책들의 주요 부분들을 빼먹고 있다. 이런 차질들에도 불구하고, 이 파피루스 사본들은 우리가 가지고 있는 가장 오래된 사본들이기 때문에, 신약 책들의 최초 본문들과 이문 어법을 확립하는 데 매우 중요하다. 동일한 사항이 신약뿐만 아니라 후대에 교회의 신약에 포함되지 못한 책들을 담고 있는 사본들에게도 적용된다. 우리가 위의 P72에서 보았듯이, 그러한 사본들은 초대 교회가 이러한 많은 사본들이 작성되었을 당시에도 아직 신약의 범위를 확립하지 못했음을 시사한다. 이러한 경우, 해당 사본이 적어로 일단의 정확성을 가지고 연대가 매겨질 수 있을 때, 파피루스 사본들은 의문 가운데 있는 성경책의 분문 발전에 대한 가치 있는 증거를 제공한다.

대문자 혹은 메줘스쿨 사본. 주후 4세기에 시작하여 대략 9세기에 이르기까지의 시기에 속한 현재 알려진 바로는 단어 사이에 공간 없이 대문자로 작성된 310개의 신약 성경 양피지 사본들이 존재한다. 이 사본들은 대체적으로 전문 서기관들에 의해 작성되었고 또한 한 쪽에 둘, 셋 및 심지어 네 개의 세로 단들로 되어 있었다. 위에서 살펴보았듯이 코덱스 혹은 책을 제작하는 기술은 기독교 성경 전체는 한 권에 담을 수 있을 만큼까지 발전했다. 여기서 처음으로 우리는 한 권으로 된 몇몇 교회의 승인을 받은 성경을 발견할 수 있다. 이 사본들은 학자들로 특정한 책들뿐만 아니라, 구약 및 신약 모두를 포함하고 있는 성경 본문의 발전을 살펴볼 수 있게 해 주는 헤아릴 수 없는 가치를 가지고 있다.

이 코덱스들은 일반적으로 정확하게 동일한 책들을 가지고 있지 않는 반면, 그것들은 초대 교회에서 복음서들, 『사도행전』, 바울 서신 대부분, 『베드로전서』 및 『요한일서』와 같은 신약의 "핵심" 책들을 기독교 성경으로 광범위하게 수용되고 있었음을 보여 준다. 물론, 우리가 시나이티쿠스 코덱스(시나이 사본)가 『바르나바스의 편지』 및 『헤르마스의 목자서』를 포함하고 있는 것을 보듯이, 성경 외의 일부 책들이 포함된 것처럼 다른 신약책들 역시 큰 코덱스에 포함되어 있다. 주후 5세기의 알렉산드리누스 코덱스(알렉산드리아 사본)은 『솔로몬의 지혜서』, 『클레멘스 1서』, 『클레멘스 2서』 및 (신약에 포함되어 있는 것이 이상하긴 하지만) 『솔로몬의 시편』을 포함하고 있다. 바티카누스 코덱스(바티칸 사본, 주후 4세기 중반)는 『디모데전서』, 『디모데후서』, 『디도서』, 『빌레몬서』 및 『요한계시록』을 생략한다. 주후 4-9세기의 이 사본들과 다른 사본들은 우리로 어떤 책이 일부 기독교 교회에서 *성경으로 기능했는지*를 알게 해 준다. 책들의 선택에 있어서 상당한 중복이 있는 반면, 우리가 7장의 도표 6에의 목록들과 카탈로그들에서 볼 수 있듯이, 구약 및 신약에 있어서 이 주요 코덱스들 사이에는 일단의 주요한 차이점들도 있다.

소문자(미뉘스쿨) 사본. 단어들 간에 공간이 있고, 대략 주후 9-15세기의 연대를 가진 소문자(미뉘스쿨)로 제작된 현존하는 사본들은 약 2,877개이다. 이 사본들은 종종 신약 원문을 결정하는 데 가치가 떨어진다고 여겨진다. 그러나 그것들은 여전히 매우 중요하다. 왜냐하면 이 사본들은 그것들이 제작될 당시 어떤 책들이 교회에서 가장 중요한 것이었는지를 보여 주기 때문이다. 이미 개요가 작성되었던 사본들과 같이 그것들 모두가 동일한 책들을 담고 있지 않다. 그러나 주후 1000년 이후의 연대를 가진 사본들은 더 큰 안정성을 보여 주는 경향이 있고 대부분의 신약책들을 포함하고 있다. 이 소문자 자료들이 시작된 그 기간 동안 우리는 이 사본들에 제시된 신약의 모든 책들, 그리고 단지 그 책들*만*을 보게 되기 시작한다. 또한 이 자료들은 어떻게 기독교 성경의 본문이 수 세기를 거쳐 변화하거나 변경되었는지를 보여 주기도 한다. 그러나 주후 11-12세기와 같이 늦은 시기에도 몇몇 사본들은 성경 외적인 책들을 포함한 채로 제작되었다. 예를 들어, 주후 12세기에, 그리스 북쪽의 아토스 산Mt. Athos의 라브라(라우라) 수도원Lavra(Laura) Monastery에서 발견된 그레고리 1505Gregory 1505로 규정된 소문자 사본은 『요한계시록』을 제외한 신약의 모든 책을 포함하고 있다. 하지만 그것은 또한 시편 및 송시 묶음으로 끝난다. 주후 15세기와 같이 늦은 시기의 아르메니아어 성경 사본은 외경 『고린도 3서』를 포함하고 있었다. 그리고 주후 14세기에 이르러서까지 일부 기독교인들은 여전히 타티아노스의 4복음서 조화Tatian's harmony of the Gospels를 사용하고 있었다. 타티아노스는 주후 2세기의 순교자 유스티나의 제자였다. 그의 본문은 『디아테사론』*Diatessaron*("4개를 관통하여", 즉 사복음서로부터 생산된 하나의 복음서)으로 알려졌다. 또한 "혼합 복음서"*Gospel of the Mixed*라고 불렸다. 다 함께 이러한 사본들은 본문 비평학자들이 신약 본문의 발전을 추적할 수 있게 해 줄 뿐만 아니라, 어떤 책들이 교회사의 다양한 단계에서 지속적으로 기독교인들의 신앙을 지도했는지를 알게 해 준다.

성구집. 앞서 살펴보았듯이, 성구집들은 고대 교회를 시작하면서 예배 시에 읽혔던 기독교 성경이 선별집이다. 대부분의 성구집들은 주후 4세기 이후의 것들이며, 모든 성경 사본들 중에서 가장 무시 받고 있는 것들이다. 알려진 바로는 신약 본문들을 가진 약 2,432개의 성구집들이 있다. 아마도 그들의 최고의 가치는 그것들이 우리로 어떤 성경책이 그것들이 작성되던 시기에 교회의 설교와 가르침을 가장 잘 지도하고 있었는지를 알게 해 주는 것인 반면, 그것들은 또한 교회의 성경의 최초 본문을 확립하는 데도 매우 도움이 된다. 만약 우리가 성구집들을 특정한 기간으로 정확하게 연대 매김을 할 수 있다면, 우리는 또한 무엇이 그 세대의 성경 본문이었을지를 결정할 수 있다. 오늘날과 같이 어떤 성구집들도 성경 모두를 포함하고 있지 않다. 그러나 그것들은 어떤 성경이 초대 기독교의 신앙과 실천에 대해 최대로 및/혹은 가장 빈번한 영향을 가지고 있었는지를 우리에게 말해 준다. 만약 혹자가 어떤 성경이 고대 기독교인들의 신앙을 가장 많이 가르쳤는지를 특별히 알기를 원한다면, 성구집들이 조사하기에 결실이 많은 자료이다. 그러나 불행하게도 지금까지는 아주 적은 성경학자들만이 그것들에게 합당한 관심을 보이고 있다. 위에 나온 다른 고대 사본들처럼, 성구집들은 교회사의 많은 단계들에서 어떤 책들이 교회의 신앙을 가르쳤는지에 대한 필수불가결한 지식을 제공한다. 그런 한에서 그것들은 또한 교회 성경의 형성에 대한 전반적인 이야기를 하는 데 도움을 준다.

성경 사본들의 본문

위에서 살펴보았듯이, 교회의 시작 첫 3세기 동안 글자는 알지만 비전문가 필사자들이 교회 성경 사본들의 대부분을 제작했다. 일부 필사자들은 다른 이들보다 더 능력이 있었다. 그러나 그들은 종종 그 업무에 적임자가 못됐다. 교회 성경을 재생산하는 역할은 경시되어서는 안된다. 비록 그들이 사본들 안에 수많은 실수를 가지고 많은 사본들을 제작했을지라도, 초대 교회의 목회의 확장과 몇몇의 경우 기독교 성경 사본을 만들려고 한 그들의 헌신이 없었다면 상실되었을 법한 일부 본문들의 존립에 있어서 중요한 특징이었다. 그럼에도 불구하고, 이 초기 필사자들이 시작한 성경 본문의 많은 변화들은 무시될 수 없다. 그것들 중 일부는 오늘날에도 지속적으로 성경학자들을 당혹스럽게 만든다.

주후 4세기에 전문 서기관들이 교회 성경의 보다 정확한 사본들을 제작하기 위해 고용되기 시작했다. 그리고 성경 사본들의 정확성은 상당히 개선되었다. 그러나 이 사본들 모두는 사본들이 이전 사본들에 기초를 두었다. 그래서 이전 사본들 안에 있던 중요한 이문들의 많은 수가 향후의 모든 사본들에 잔존하게 되었다. 주후 7세기 및 그 후 계속하여 성경 사본을 만드는 일의 대다수는 수도원의 수도사들에게 위임되었다.

인쇄기와 이동식 활자가 주후 15세기 중엽에 발명될 때까지, 어떤 두 개의 성경 사본들도 완전히 동일하지 않았다. 성경책들의 가능한 한 가장 이른 본문을 확립하기 위해 오랜 시간을 드린 사본학자들은 현존하는 헬라어 신약 사본들 중에 약 200,000-400,000개의 이문들이 있다고 주장한다. 이 사실은 신약에 있는 단어들보다 더 많은 이문들이 있다는 것을 의미한다! 이 이문들의 대부분은 눈의 착각, 지친 필사자들, 본문의 단어나 줄들에 대한 우연한 생략 및 그와 같은 일반적인 실수들로 인한 우연한 실수들이다. 그리고 이런 것들은 성경 본문의 어떤 형태가 더 선호되고 있는지를 발견하는 데 있어서 의문 가운데 있는 본문을 대다수의 사본들과 비교해 봄으로서 쉽게 교정될 수 있는 것들이다.

다른 한편, 성경 본문에 가해진 서기관들의 수많은 *의도적인* 변경들이 있다. 이러한 변경들은 종종 성경의 의도된 의미라고 믿어 왔던 바를 분명하게 하려고 의도된 것들이었다. 일부 서기관들은 그들이 생각하기에 성경 본문이 의미하는 것을 "다른 말로" 진술해 버렸다. 다

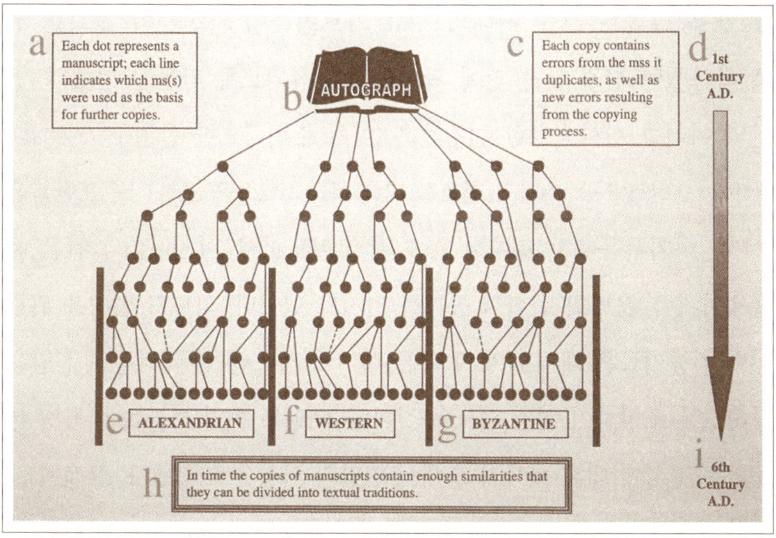

● 이 그림은 어떻게 성경의 원 본문들의 초기 사본들이 다양한 본문 계열(lines 혹은 본문 가계[families])에 따라 발전했는지 그리고 어떻게 이 본문 가계들을 복사한 필사자들이 그들의 전임사들이 성경 본문에 가했던 변화들이 무엇이든지 그것들을 채택했고 또한 더 나아가 계속하여 변화를 가했는지를 설명해 준다. (때때로 발생했던 피할 수 없는 실수들과 변경들과 함께) 손으로 복사하는 이 과정은 인쇄기가 발명되기 전까지 세대를 거쳐 지속되었다. 이동식 활자가 처음으로 해당 본문의 완전히 동일한 복사물을 재생산하는 것을 가능하게 만들었다(Paul Wegner의 호의로)

a: 각 점은 사본을 대표한다. 각 줄은 어떤 사본(들)이 이후 복사본들의 기초로서 사용되었는지를 가리킨다.
b: 원본
c: 각 복사본은 그 복사본이 복제했던 사본들로부터 실수들을 포함한다. 또한 필사 과정의 결과 새로운 실수들도 포함한다.
d: 주후 1세기
e: 알렉산드리아계
f: 서방계
g: 비잔틴계
h: 이윽고 사본들의 복사본들은 그것들이 본문 전통들로 구분될 수 있을 만큼 충분한 유사점들을 포함한다.
i: 주후 6세기

른 경우 그들은 그들 시대의 주요 가르침들이 자신들이 교회를 위해 복사했던 성경 본문 안에 확실하게 포함되도록 만들길 원했다. 일단의 이러한 심사숙고한 변경들은, 마치 소위 "요한 삽입구"*Johannine Comma*(요일 5:7-8; 추가적 정보를 위해 아래 242쪽을 보라) 및 요한복음 3:13b, 마가복음 1:1, 로마서 16:7 및 고린도전서 14:33-36과 같은 예들에서처럼, 분명한 신학적 동기를 가지고 있었다. 의도적 변경을 위한 신학적 동기들은 대체로 보다 이른 시기에 정초된 정통 기독교 신앙을 향하도록 조치하기 위해 의도된 것이었다. 일부 초기 사본들은 특정 본문의 진정성에 대해 필사자 측에서 일단의 의심을 드러낸다. 그래서 그러한 본문은, 마치 오늘날의 많은 성경 출판사들이 대다수의 신뢰할 만한 사본들에 의해 입증되지 못한 본문 단락을 처리하듯이, 차단되거나 그렇지 않으면며 나머지 본문으로부터 분리된 것으로 표시되었다. 일부 서기관들은 뭔가 빠졌으나 그 간격을 메꿀 다른 본문을 가지고 있지 않다는 것을 암시하는 것으로 사본에 빈 공간을 남겨 두길 선택했다.

이것은 책이 끝났을 때 세로 단의 나머지를 비워 놨을 뿐만 아니라, 마가복음 16:8의 마지막 부분의 경우에서처럼 필사자가 무엇인가 빠졌다고 생각했을 때 잘 지적하려고 추가적으로 빈 세로 단을 남겨 놓은 바티카누스 코덱스(바티칸 사본)에서도 발견된다. 주후 2-3세기의 후대는 아직 신약책들의 경전적 지위가 광범위하게 받아들여지지 않은 때였지만, 성경 본문의 많은 변경들 가운데 몇몇은 도입되었다. 주후 7세기 이후에 대다수의 의도적 변형들은 사라졌다. 반면, 존재하고 있는 것들은 일단의 학자들이 제시하는 것처럼 그렇게 많지는 않다.

근래 120년 동안 많은 수의 고대 성경 사본들의 발견의 결과로 성경

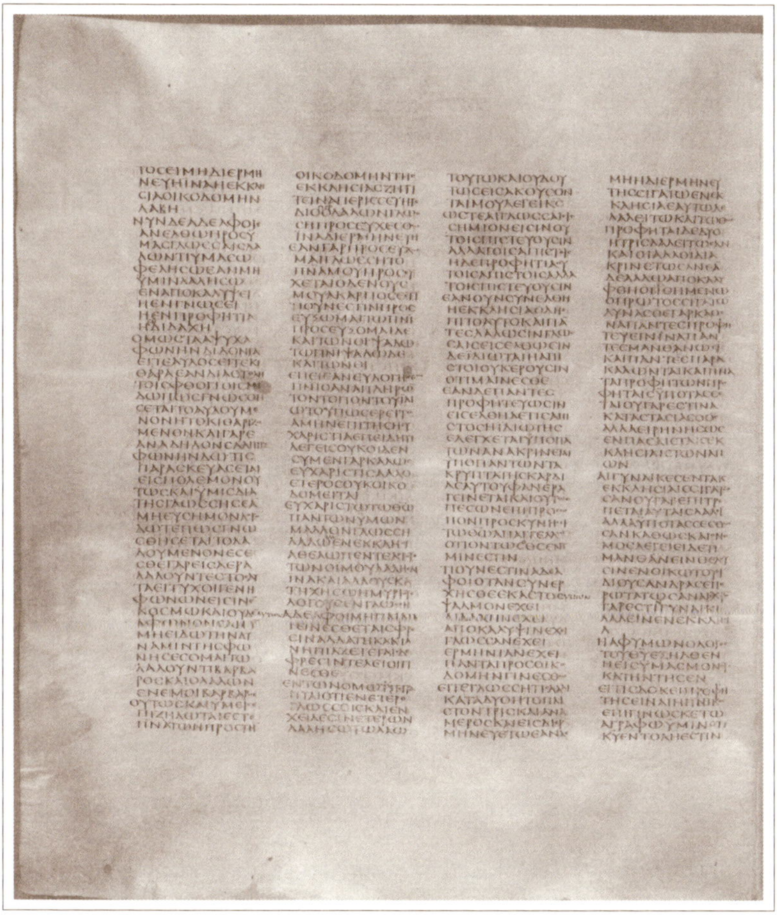

● 헬라어 신약 성경의 가장 오래된 두 개의 복사본들 중 하나인 시나이티쿠스 코덱스(시나이 사본. 주후 약 375년)에 있는 고린도전서 14장의 한 부분. 네 번째 세로 단에서, 대략 가운데쯤에 본문의 정상적인 흐름이 끊겨 있는 것과 그 세로 단 아래쪽 약 4분의 3지점에 본문의 정상적인 흐름의 두 번째 중단에 주목하라. 현재 쪽의 다른 부분에서와 마찬가지로 세로 단에 공간이나 단락의 끊김 없이 서술하는 일반적인 관습과 달리, 이 단락은 불확실함에 빠진 필사자가 그 구절들을 나머지 본문에서 분리했음을 보여 준다. 그렇게 복사된 구절들은 고린도전서 14:34-35이다. 고린도전서 14:5-37을 위해 Q83-f.4v[BL-f272v]. 영국 국립 도서관의 허락을 받음.

학자들은 전에 가능했던 것보다 원문 사본들에 사실상 약 1000년 정도 더 가까운 구약 및 신약의 한 본문을 확립할 수 있게 되었다. 성경책들의 원 저자들이 기록했던 것에 가장 신뢰할 만한 본문을 (가능한 한 많이) 재구성하는 목표는 고대 사본들을 면밀히 조사하고 그것들이 가진 공통점들을 비교하고 또한 많은 차이점들을 설명하려고 시도한 복잡하고 어려운 작업에 종사했던 많은 학자들의 연구 작업으로써 생기게 된 것이다. 이 과정의 결과 우리는 여러 중요한 경향들을 발견했다:

1. 고대에 존재했던 세 개 혹은 어쩌면 네 개의 주요 *본문 가계*들이 있다(알렉산드리아계, 서방계, 비잔틴계, 그리고 아마도 가이사랴계). 일부 본문 가계(알렉산드리아계)는 다른 것들(서방계 및 비잔틴계)보다 더욱 정확했다. 알렉산드리아계 본문들은 신약책들의 보다 *이른 그리고* 더욱 조심스럽게 작성된 본문을 반영한다. 주후 4세기 이전에는 비잔틴계 본문의 예들이 없다. 비잔틴계 본문의 중요성은 보다 오래된 영어 성경 번역들이 이 후대의 본문에 기초를 두고 있다는 데 있다. 원문을 보다 정확하게 보존하고 있는 것처럼 보이는 본문 가계에 더욱 의존함으로서 많은 변형들이 발견되었다. 그리고 학자들은 이전보다 더 그것들이 성경책의 원 표현에 더 가깝다고 확신한다. 그렇긴 하지만, 이 본문 비평학자들 중 어느 누구도 그들이 모든 성경책의 원 표현을 발견했다고 주장하지는 않을 것이다. 만약 일단의 추가적 주요 발견이 없다면, 현재 우리는 우리가 그 목적에 이를 수 있는 한 가깝게 있는 듯하다.
2. 성경 사본들에 대한 광범위한 비교 후에 학자들은 본문의 많은 수의 이문들 혹은 변조들이 수 세기에 걸쳐 신약 사본들에 슬그머니 들어왔

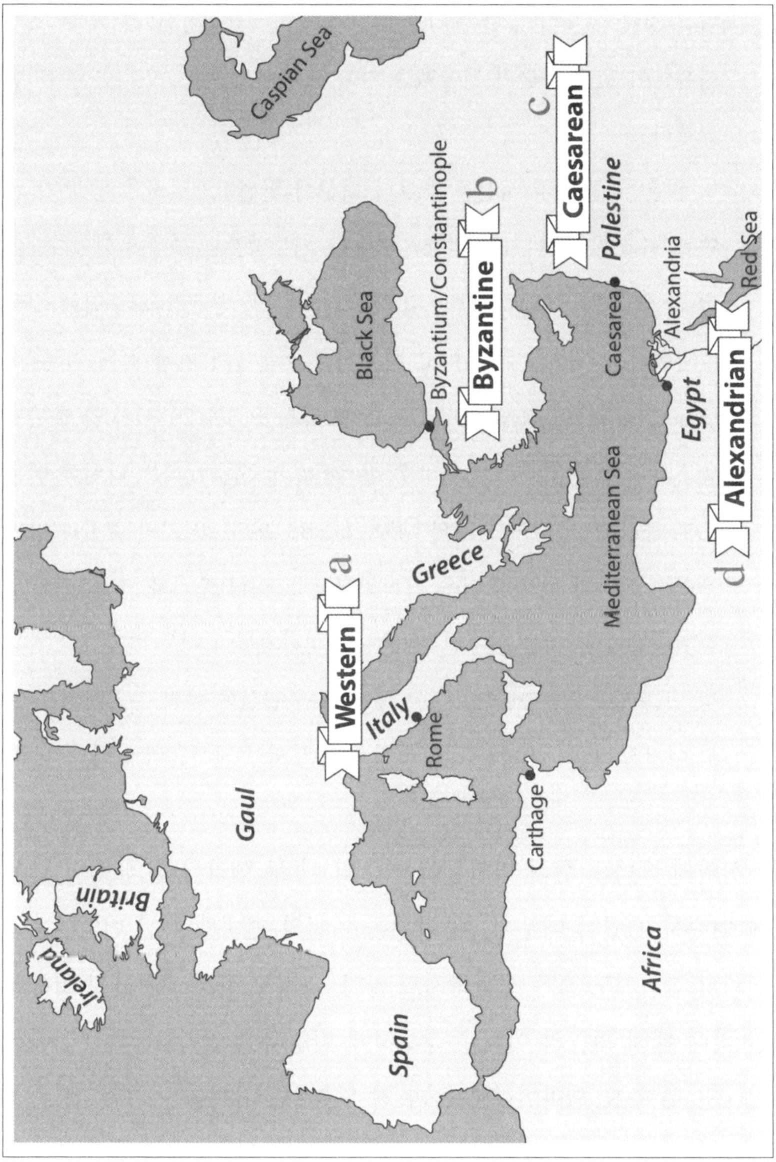

● 지도는 수 세기 동안 교회의 성경 복사본을 제작하면서 필사자들로부터 발전했던 다양한 사본 가계들의 위치를 보여 준다.

a: 서방계　b: 비잔틴계　c: 가이사랴계　d: 알렉산드리아계

다는 것과, 몇몇 유명한 예외들이 있기는 하지만, 더 신뢰할 만한 초기 사본들이 원 저자들이 저술했던 바를 더 잘 반영하고 있다는 것을 발견했다.

3. 더 많은 고대 성경 사본들이 보다 최근에 발견됨으로써 모든 초기 번역들, 즉 1993년 이전에 제작된 것들은 기본적으로 구식이 되었다- 이전에 가능했던 것보다 성경 원문에 더 가까운 본문을 재수집한 것의 결과이다. 신약의 비평적이고 학문적인 본문들의 가장 최근 판본들-United Bible Society의 *Greek New Testament* 5판(2013)과 곧 출판될 충분히 역설적이게도 *Novum Testamentum Graece*라는 라틴어 이름으로 불리는) 헬라어 성경의 Nestle/Aland 28판(2012)의 출판과 함께 우리는 신약의 원문에 더욱 가까워졌다. 그러나 우리가 그 목표에 도달했다고 믿는 것은 실수일 것이다. 성경학자들이 매우 빈약하고 가능성 있는 답변들을 제공할 수는 있으나, 확실성이 아직 유효하지는 않고 여전히 해결하기에 도전적이고 어려운 일부 본문들이 있다.

신약의 대다수 현대 번역들이 최근의 이 두 헬라어 신약 성경 본문에 의존하고 있기 때문에, 이 판본들 이전의 연대를 가진 번역본들은 신뢰할 만하지도 혹은 정확하지도 않다. 그리고 성경 저자들이 기록했던 바에 대해 최근의 이해를 정확하게 반영하고 있지도 않다. 위에서 언급된 두 주요 헬라어 본문들과 약 540개의 차이점을 가진 세 번째 헬라어 신약이 주후 2010년 마이클 홈즈Michael Holmes에 의해 소개되었다(*The Greek New Testament: SBL Edition*, 2010을 보라). 그래서 분명해진 것은 여전히 불확실성의 요소가 있으며, 신약책들의 원문이 어떻게 생겼는지에 대한 논쟁이 여전히 있다는 것이다. 헬라어 본문의 현재 판본들의 어떤 것도 그리고 우리가 현재 가지고 있는 보다 이른 시기의 성경 사본들도 우리를 성경 저자들이 저술했던 주후 1세기로 데려가지 못한다. 그러나 우리는 그러한 지속적인 비평적 논쟁에 대해 염려할 필요는 없다. 다시 한번 말하지만, *우리는 현재 이전의 어떤 때보다 원문들에 더 가까이 있다* - 우리가 아직 그곳에 있지는 못하더라도!

목회자들과 몇몇 성경학자들은, 그들이 성경 원문을 가지고 있고 그리고/혹은 우리가 소유하고 있는 사본들에서 발견되는 본문들의 이문들의 어떤 것도 주요 기독교 교리에 영향을 주지 못한다고 말하면서, 오늘날에도 지속적으로 획기적인 주장을 한다. 물론 그것은 과장이다. 거기에는 중요한 기독교 교리에 바로 영향을 주는 여러 이문 읽기가 있다(요 3:13; 요일 5:7-8; 막 1:1 및 다른 것들). 그러나 그러한 문제들을 해결해 줄 다른 많은 본문들이 있다. 그래서 놀랄 필요가 없다.

신약 성경 원문에 대해 우리는 무엇을 말할 수 있는가? 세계 도처에 있는 기독교인들은 그들의 성경이 믿을 수 있는 것인지 그리고 그들이 가장 신뢰할 만한 증거에 기초를 두고 있는 것인지에 불안해한다. 기독교인들은 그들의 신앙, 삶의 방식, 소망을 그들이 정기적으로 읽는 성경에 기초하기 때문에 그들은 그 본문들이 그러한 신뢰에 합당한지 아닌지를 알기 원한다. 물론, 답변은 "예"이다. 그러나 이 대답이 우리가 성경의 원문에 대해 알기 원하는 모든 것을 알고 있다는 것을 의미하지는 않는다. 우리가 알고 있는 것은 그 성경이 하나님이 누구신지, 혹자가 어떻게 하나님과 관계를 만들 수 있는지, 하나님께서 그의 아들 예수 안에서 우리를 위해 무엇을 하셨는지 그리고 우리의 일상생활에 대한 하나님의 뜻이 무엇인지에 대해 매우 분명하다는 점이다. 우리가 아직 완전히 만족할 만한 답변을 가지지 못한 많은 질문들이 있다. 그러나 그 성경으로부터 우리는 가장 중요한 질문들을 다룰 매우 좋은 수단을 얻는다.

헬라어 신약 성경과 현대 번역들

고대 사본들과 현대 성경 번역들과의 관계는 복잡할 수 있다. 성경 번역자들은 한 언어에서 다른 언어로 단어와 의미를 어떻게 번역할 것인지에 대한 어려운 선택들을 자주 맞닥뜨린다. 우리가 때때로 잊고 있는 것은 번역자들이 복수 사본들을 가지고 작업을 하며, 따라서 그들의 번역에 무엇을 포함시킬지에 대해 선택도 한다는 것이다. 근대 이전 시대에, 로테르담Rotterdam의 저명한 학자 데시데리우스 에라스무스Desiderius Erasmus는 스위스 바젤에 있는 도서관에서 발견된 주후 12세기의 두 개의 소문자 사본들을 사용하여 주후 1516년에 첫 번째로 근대 신약 헬라어 본문을 제작했다. 그는 후에 자신의 헬라어 신약 성경의 후속 판들을 제장하기 위해 사용했던 4개의 사본들을 추가적으로 발견하여 사용했다. 그러나 그것들 중 어느 것도 주후 10세기 이전의 것은 없었다.

에라스무스의 요한일서 5:7-8의 헬라어 판이 후대 라틴어 『불가타』에서 재구성되었고, “하늘에서 증거 하는 이가 셋이니, 곧 아버지와 아들과 성령이다”라는 어구를 포함하고 있다는 점은 잘 알려져 있다. 일

• 로테르담의 데시데리우스 에라스무스(주후 1466 1536년)는 주후 1516년에 첫 번째 "근대" 헬라어 성경을 제작했고 또한 후속 판들을 제작했다. 그의 헬라어 본문은 『킹 제임스 성경』을 제작한 학자들을 포함하여 신약 번역자들의 표준 본문이 되었다. Hans Holbein the Younger. http://commons.wikimedia.org/wiki/File:Holbein-eramus.jpg

반적으로 "요한 삽입구"로 불리는 이 단락은 어떤 고대 헬라어 사본의 지지를 받지 못한다. 그러면 그것이 어떻게 『킹 제임스 성경』에 들어오게 되었는가? 에라스무스는 그 어구를 자신의 헬라어 본문에 포함시키길 원치 않았다. 그러나 그는 다른 사람들로부터의 압력에 굴복했다. 그는 자신의 헬라어 신약의 다섯 판본을 제작했다(주후 1516, 1519, 1522, 1527, 1535년). 그리고 계속해서 칼빈주의자 테오도레 베자Theodore Beza가 에라스무스의 1522년 판을 자신의 *텍스투스 레켑투스textus receptus* 혹은 "수용 본문"의 기초로 사용했다. 그리고 그것이 『킹 제임스 성경』 번역의 근간이 되었다.

앞서 언급했듯이, 어떻게 그런 번역적 선택이 오늘날 만들어질 수 있는지에 대한 질문으로 돌아가면, 현재 대부분의 성경 번역에서 사용되는 세 개의 주요 현대 헬라어 성경들이 있다(네스틀레/알란트 28판, United Bible Society 5판, 마이클 홈즈의 SBL판). 이 판들 중 처음 두 개의 성경 본문들은 거의 정확하게 동일하다. 물론 그것들은 각각의 신약 본문들을 지지하는 다른 각주들을 가지고 있다. 현대의 이 헬라어 본문들은 모두 "절충"eclectic 본문들이다. 즉, 그것들은 본문 비평 학자들이 현재 가능한 가장 이르고 가장 정확한 신약 본문이라고 믿을 만한 것을 재생하기 위해 최초 및 가장 신뢰할 만한 고대 헬라어 사본들을 사용한 *선택적인* 본문을 구성하고 있다. 일반적으로 인식되지 못하는 부분은 우리가 오늘날 가지고 있는 헬라어 성경의 *이 절충적이거나 선택적인 본문들과 정확하게 같은 고대 헬라어 사본들은 없다는 점*이다. 유사하게, 정확하게 일치하는 두 개의 고대 사본들도 없다. 본문 비평가들은 굉장히 다양한 고대 성경 사본들을 조사하고, 비교하고 평가함으로서 각각의 신약 본문들을 구성해 왔다. 현대의 모든 신약 번역자들은 번역을 위해 이 헬라어 본문들을 사용한다. 그래서 이 헬라어 본문들을 오늘날 교회들에게 매우 중요하다.

학자들이 그들의 헬라어 신약 성경을 제작할 때 사용하는 가장 중요한 고대 성경 사본은 주후 3-5세기에 속한다. 예를 들어, 가장 중요한 주후 3세기 초의 사본들 중 하나이며 일반적으로 P^{45}(파피루스 사본 45번)로 알려진 단편 본문은 복음서들 및 『사도행전』의 부분을 포함하고 있다. 유사하게, 대부분의 바울 서신을 담고 있는 가장 이른 것으로 알려져 있는 단편 사본은 일반적으로 P^{46}이라고 불리며, 이는 『데살로니가후서』, 목회 서신(딤전, 딤후, 딛) 및 『빌레몬서』를 제외한 보통 바울에게 돌려지는 대다수의 편지들을 담고 있다. 이 사본에서 없어진 낱장들의 공간에 바울 서신 모두, 특별히 목회 서신을 담기에 적당한 공간이 없다. 이는 목회 서신과 『빌레몬서』를 생략하고 있는 바티카누스 코덱스(바티칸 사본)와 유사하다. 주후 2세기로부터는 단지 두 개의 신약 사본들이 알려져 있다. 그 둘, 즉 P^{52}(주후 약 125년) 및 P^{90}(주후 약 2세기 중후반) 모두 매우 파편적이며 각각은 『요한복음』의 몇 구절들만 포함하고 있다. 나머지는 모두 주후 3세기 및 그 이후의 연대를 갖는다.

앞서 주목했듯이, 신약 전체 혹은 대부분을 담고 있는 거의 완전한 초기 헬라어 사본들은 시나이티쿠스 코덱스(시나이 사본, 주후 약 375년)와 바티카누스 코덱스(바티칸 사본, 주후 약 350년)이다. 신약의 일부분을 위한 보다 이른 사본들이 있다. 그러나 그것들은 단지 몇 권의 책들만 포함하고 있다. 가장 중요한 두 개의 예외는 P^{45}(사복음서 모두와 『사도행전』의 단편들. 주후 약 3세기 초)와 P^{46}(바울에게 돌려진 대부분의 편지들을 담고 있음. 주후 약 200년)이다. 이 사본들이 우리로 하여금 원문에 이를 수 있는 만큼 가까이 가도록 허락해 준만큼, 항상 다른 사본들이 고고학자들이나 우연히 사본들을 발견하게 된 사람들에 의해 어떤 동굴 혹은 다른 지역에서 발견될 것이라는 소망은 항상 있다. 미래의 발견은 우리에게 남겨진 일단의 질문들에 답을 줄 것이다.

본문 비평학자들의 도전적 연구는 교회에게 필수적이다. 그러나 그들의 연구는 대부분의 교회에서 거의 관심을 받지 못하는 업무이다. 만약 과거가 어쨌든 성경 번역의 미래를 보여 주는 것이라면, 수년 내

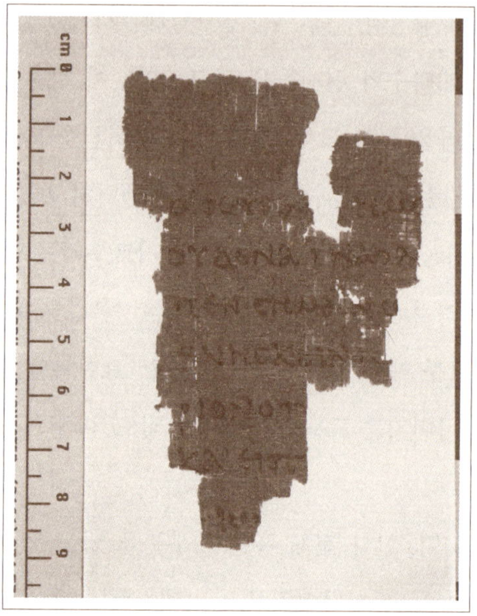

● P^{52}(주후 약 125년). 이 요한복음 18:31-33의 단편은 신약책들 중 가장 오래된 것으로 알려진 사본이다. (영국의 맨체스터에 소재한 John Rylands University Library의 호의로)

에 그 이상의 변화들이 추가적인 사본 발견들 혹은 현재 증거에 대한 재평가에 기초하여 미래의 성경 번역에서 일어날 것이다. 자신들의 성경을 충실하게 읽는 자들은 그들의 신앙에 부정적으로 영향을 줄 그 무엇이 발견될지에 대해 두려워할 필요가 없다. 그러나 독자들은 성경의 최초 본문을 확립해 가는 연구는 전행 중인 작업이고 또한 가까운 장래에도 그 길을 지속하게 될 것임을 감안해야 한다.

번역본들

무엇이 번역을 구성하는가?

간단히 말해 성경 번역은 원어들(히브리어, 아람어 및/혹은 헬라어)로부터 다른 언어로 성경의 문구를 조심스럽게 번역하는 것이다. 번역은 언어의 다양한 뉘앙스들, 숙어 및 문화를 고려하고 또한 다른 언어에서 의미적으로 동등한 것들을 제공하는 것이다. 성경의 의역(바꿔 쓰기)은 종류에서가 아니라 단지 정도에 있어서 번역과 차이가 난다. 의역은 표준 번역보다는 문자적이지 않다. 그러나 그것들 역시 이해하기 더 쉬운 언어 곧 "다른 말로" 성경 본문의 완전한 의미를 제공하는 것을 추구한다. 그것들은 대게 하급 수준의 읽기 방향을 목표로 하고, 그래서 보다 관용적이거나 접근 가능한 언어로 진술된다. 한 언어에서 다른 언어로 정확한 자구 번역이 불가능하고, 또한 적절할 때조차 종종 독자에게 의미가 통하지 않기 때문에 번역자들은 자주 성경의 원 *의미*를 잃지 않으면서도 상응하는 *단어*들로 성경 본문의 완전한 의미를 전달하려고 최선의 노력을 다한다. 성경 읽기에 많은 경험이 있고 번역본들에 대한 일단의 지식을 가진 이들은 종종 *New Revised Standard Version*, *New International Version*, *Revised English Bible*, *New Jerusalem Bible* 혹은 보다 최근에 *Common English Bible*과 같은 보다 문자적인 번역본들을 선호한다. 이것들과 다른 번역본들은 매력적으로 읽을 수 있는 영어로 원어와 원 의미에 충실하려는 시도들을 대표한다.

고대 번역본들의 중요성

성경의 일부분에 대한 가장 오래된 번역은 주전 3세기 초에 속한 율법서 혹은 오경을 헬라어로 번역한 것이다. 우리는 이 번역본에 대해 앞서 논의했고 그것의 가치를 인식했다. 이 번역본은 그리스-로마 전반에 있었던 유대 공동체들 중에서 필사되고 보급되었다. 그리고 그것은 초대 교회의 성경이 되었다.

주후 2세기 후반부터 초대 기독교인들은 자신들의 성경 번역본들을 제작하기 시작했다. 비록 이들 중 가장 잘 알려진 것조차 오늘날 교회에서 거의 언급되고 있지는 않지만, 이 번역본들에는 신약의 『구 라틴어 역』*Old Latin*, 『불가타』, 『구 시리아 역』*Old Syriac*, 『페쉬타』*Syriac Peshitta*, 에디오피아어, 고트어, 슬라브어, 아르메니아어 역본들이 있다. 이 번역본들 중 어느 것도 정확히 일치하는 성경책을 담고 있지 않다. 그리고 때때로 번역본들은 후대에 성경에서 배제된 책들을 포함하기도 했다. 히에로니무스의 라틴어 『불가타』를 제외하고, 대부분의 이 초기 역본들은 조악한 수준으로 되어 있다. 그럼에도 불구하고, 번역본들은 성경이 기독교 신앙으로 회심하고자 하는 사람들의 언어로 번역되어야 한다는 초대 기독교의 관점을 반영해 준다. 교회 지도자들은 기독교인이 된 자들이 자국어로 성경을 소유하는 것이 얼마나 중요한 것인지 깨닫고 있었다.

다양한 번역본들이 제작되어 그것들을 소유하게 된 기독교인들은 그것들을 성경으로 수용하고, 그것들을 예배, 교육 및 선교에서 사용했던 것으로 보인다. 우리가 알고 있는 한, 어떤 종교 공동체도 그들의 번

● 존 위클리프(주후 1329-1384년)는 기독교 성경을 라틴어로부터 최초로 영어로 번역하는 일(주후 1380-1382년)에 책임이 있었다. John M. Kennedy에 의해 작성되다. http://en.wikipedia.org/wiki/File:Jwycliffejmk.jpg#filelinks

역 성경이 영감이 안 되었거나 헬라어 혹은 히브리어 원문보다 열등한 가치가 있다고 생각하지 않았다. 상응하여, 모든 언어의 기독교인들은 규칙적으로 그들의 번역 성경을 영감된 성경으로 수용했다. 영감과 성경은 특정한 언어나 문화에 제한되지 않았다. 고대의 어떤 기독교인도 성경의 영감이 사본 원본 혹은 성경책이 기록된 원어들에 한정된다고 주장하지 않았다. 또한 그때도 그랬듯이, 오늘날의 번역본들도 번역 수준은 매우 다양하다. 그러나 (비록 모두는 아니더라도) 대다수의 번역본들은 기독교 신앙의 핵심 가르침들을 적절하게 제시한다.

초기 영어 번역본들과 『킹 제임스 성경』

라틴어에서 영어로 번역된 존 위클리프John Wycliff의 번역본(주후 1380-1382년)은 최초로 알려진 영어 성경이다.

● 윌리엄 틴데일(주후 1494-1536년)은 주후 1526년(신약)에 최고라고 알려진 기독교 성경의 영역본을 제작했다. 그리고 주후 1534년에 구약 성경의 많은 부분도 제작했다. 그러나 그가 주후 1536년에 처형당하기 전까지 번역을 종결짓지 못했다. 『폭스의 순교집』(Foxe's Book of Martyrs). http://en.wikipedia.org/wiki/File:William_Tyndale.jpg#filelinks

많은 수의 영어 성경 번역본들이 그 후에 제작되었다. 그리고 가장 영향력 있는 것들 중 하나가 『틴데일』(주후 1526-1534년)으로 알려진 윌리암 틴데일William Tyndale의 번역본이었다. 그러나 그는 구약 성경을 완성하지는 못했다.

이 번역은 주후 1535년에 『커버데일 성경』로 계승되었고, 그것은 후대에 개정되어 주후 1539년에 『대 성경』로 재출판되었다. 토마스 매튜Thomas Matthew라는 필명을 가진 존 로저스John Rogers(주후 1500-1555년)는 『매튜 성경』(주후 1537년)으로 알려진 것을 제작했으며, 윌리암 틴데일에 의해 미종결 상태로 남겨졌던 구약을 마무리지었다. 주후 1560년에 윌리암 휘팅햄William Whittingham은 일단의 학자들로 『제네바 성경』을 제작하도록 하게 했다. 이는 『대 성경』의 완전한 개정판이었다. 매튜 파커Matthew Parker는 주후 1568년에 『비숍 성경』을 제작했고, 그 성경 복사본은 주후 1568-1606년 사이에 영국의 모든 교회에 자리 잡았다. 영어 성경들의 지속적인 출판은 두 명의 로마 가톨릭 교회 학자들로 하여금 가톨릭 가르침을 지지하는 각주를 가진 영어 번역 성경을 출판하도록 이끌었다. 이 번역본은 『두에-랭스 성경』이라고 불린다(신약은 주후 1582년. 구약은 주후 1610년).

의심할 것 없이 가장 훌륭하고 영향력 있는 영어 번역 성경은 주후 1611년에 『킹 제임스 성경』의 출판과 함께 등장했다. 그 시대의 가장 재능 있고 주도적인 번역자들 중 54명이 이 5년 사업에 참여했다. 그들은 이 번역본이 "전체 성경으로 되어야 하고, 가능한 한 원어인 히브리어 헬라어와 일치해야만 한다. 그리고 이것은 난외주 없이 준비되어 출판되어야 한다. 또한 예배 시간에 영국의 모든 교회에서 유일하게 사용되어야만 한다"는 지시 하에 성경을 번역했다(이 인용은 Alister McGrath, *In the Beginning: The Story of the King James Bible and How It Changed a Nation, a Language, and a Culture* [New York: Anchor Book, 2001], 163-64에서 가져온 것이다).

오늘날에도 많은 기독교인들이 이 『킹 제임스 성경』을 지속적으로 사용하고 있는 반면, 현재 우리는 『킹 제임스 성경』 및 모든 초기 영어 번역본들이 출판되었을 때 알려졌던 것보다 수백 년을 성경 원문에 더 근접한 성경 사본들을 가지고 있다. 즉, 『킹 제임스 성경』과 초기 번역본들 모두는 후대 그리고 보다 최근의 성경 사본들에 기초하고 있다. 비록 『킹 제임스 성경』이 그 시대와 향후 수 세기 동안 최고의 영어 번역본이었을지라도, 그럼에도 불구하고 그것은 기원에 있어 후대에 속하고 또한 본문에 있어 많은 실수들과 변조들을 담고 있는 열등한 사본들에 기초를 두고 있다. 오늘날 성경학자들은 이전에 가능했던 것보다 더 이르고 더 정확할 헬라어 성경들을 제작하고 있다. 그리고 모든 번역자들이 그것들을 사용한다. 가장 이른 것으로 알려진 성경 사본들에 기초한 보다 정확한 본문을 원하는 일들을 위해 나는 현대의 훌륭한 많은 번역본들 중에 하나를 추천한다(바로 아래서 제시된 많은 숫자). 이것은 『킹 제임스 성경』과 그 개정판NKJV을 묵상하는 이들이 심각한 오류를 범하고 있다고 제안하는 것은 아니다. 많은 기독교인들이 『킹 제임스 성경』의 묵상, 설교, 가르침을 통해 신앙에 이르게 되었다. 그리고 그것을 통해 그들의 믿음이 성장했다. 그러나 전에 가능했던 것보다 구약 및 신약의 모두의 원문에 더 가까이 갈 수 있다. 그리고 지속적으로 『킹 제임스 성경』을 읽는 이들은 현대 번역본도 읽음으로써 상당한 유익을 얻게 될 것이다. 그렇게 함으로 그들은 『킹 제임스 성경』의 일부 본문들이 성경 저자들이 저술했던 것의 일부가 아닌 후대의 추가라는 것을 깨닫게 될 것이다.

어떤 번역본?

나는 종종 어떤 성경 번역본이 오늘날 읽기에 최고로 좋은지를 질문받는다. 나의 답변은 종종 "당신이 가장 즐겁고 가장 종종 읽는 것!"이다. 성경에 대해 보다 정확한 번역들과 의역들을 전반적으로 제공함으로 다른 번역들보다 원어에 보다 주의를 기울였음을 반영해 주는 몇몇 번역본들이 있다. 다음의 번역본들 목록은 결코 완전하지 않다(더 많이 있다!). 그러나 제시된 번역본들은 가장 정확한 것들에 속하여 오늘날 유용하며, 번역 품질에 있어서 추천될 만하다. 이렇게 말했지만, 나는 *어떤* 번역도 완벽하지 *않다*는 것과 *어떤 것*도 원문 사본에 근거하고 있다고 주장할 수 *없다*는 점을 다시 한번 강조해야 한다. 오늘날의 최고의 번역본들은 최고 및 최초의 사본학적 증거에 기초를 두고 있다. 그리고 유능한 번역자들에 의해 준비되었다. 이 번역본들은 다음과 같다. 그러나 이 목록에 제한되지는 *않는다*.

1. 대체로 세심한 연구들을 반영하고 또한 중요한 본문 비평적 연구들에 주의를 기울인 오늘날 가장 친근하고 인기 있는 번역본들 *Revised Stand Version*(RSV), *New Revised Standard Version*(NRSV), *New International Version*(NIV), *Today's New International Version*(TNIV), *The New English Bible*(NEB), 보다 최근에 *Revised English Bible*(REB), *American Standard Translation*(AST), *New Jerusalem Bible*(NJB) 및 새로운 *Common English Bible*(CEB)이다. *New American Standard Bible*(NASB)는 매우 문자적이며 자구 번역에 가까운 그 어떤 것을 읽어 보길 원하는 일단의 초보 헬라어 학습자들에게 기쁨이 될 것이다. 그러나 영어에는 우아함이 없다. *Common English Bible*(CEB)은 성경에 대한 세심한 연구들을 반영하고 있다. 또한 이는 전문 각주 혹은 방해되는 언어로 지나치게 채워지지 않은 현대 영역본을 원하는 독자들에게 상당한 찬성을 얻게 될 것이다. 또 다른 완전히 새로운 번역인 *English Standard Version*(ESV. 2008년)은 매우 좋은 번역이기도 하다. 이 번역본의 『연구 성경』*Study Bible* 판

은 보수적인 성경 신학을 반영하고 있는 크고 무거운 책이다.

2. 의역은 성경 본문의 의미와 관련하여 상당히 정확한 것을 추구하는 자유역이다. 그러나 그것들은 원문 어구의 문자적 의미를 희생시키기도 한다. 보다 정확한 번역본들에는 *Today's English Version*(TEV)와 *Contemporary English Version*(CEV)가 있다. *Living Bible*은 가장 많이 출판된 영어 의역 성경이다. 그러나 그것은 성경 언어들 혹은 표준적인 헬라어 및 히브리어 성경 본문들의 주요한 비평 각주들에 대한 면밀한 읽기를 반영하지는 않는다. 그럼에도 불구하고, 이 번역본은 좋은 대우를 받고 있고 또한 대체로 번역본들에서 발생하는 대다수 논쟁들을 피하고 있다(*Living Bible*을 갱신하려를 시도가 새로운 그러나 여전히 어느 정도 의역 판인 *New Living Translation*[NLT]을 제작하게 했다). *Amplified Bible* 및 *Cotton Patch Version*을 포함한 일부 지나친 자유역들은 신중하제 못하게 제작되었고 또한 종종 독자들을 잘못된 방향으로 이끌기도 했다.

헬라어 및 히브리어에 친숙하지 않은 이들을 위해 *적어도 두 개의 성경 번역본을 소유하는 것은 도움이 된다*. 한 번역이 독자로 다른 번역을 이해하는 데 도와줄 것이라는 것은 대체로 사실이다.

결론

신약 본문뿐만 아니라 신약 정경 형성에 대한 더 나은 이해를 원하는 독자들은 어떻게 교회 성경의 초대 저자들과 필사자들이 그들이 제작하고자 했던 것을 생산했는지에 대해 무엇인가 알기를 원할 것이다. 초대 필사자들은 얼마나 조심스러웠으며, 그들은 왜 더 대중적인 두루마리 대신 코덱스를 사용했는가? 코덱스의 크기가 초대 기독교인들이 그들의 성경의 범위에 대해 어떻게 생각했는지에 영향을 주었는가? 주후 1세기에 모든 공식 문헌들은 두루마리에 제작되었는데, 그렇다면 그 사실이 초대 기독교인들이 그들이 종교적 본문들을 어떻게 판단할지에 대해 영향을 주었을까? 그들은 일차적으로 그 본문들에 대해, 경우에 따라서 쉽게 변경될 수 있는 메모지들과 비전문적인 문서들로서 생각하고 있었는가?

위에서 주목했듯이, 신약책들의 필사자들은 처음 몇 세기 동안 성경 본문에 많은 변경을 가하는 것을 매우 자유롭게 느꼈다. 이 책들이 언제 거룩한 성경으로 인식되었으며, 또한 언제 (그리고 왜) 성경 본문에 대한 변경들이 저지되기 시작했는가? 성경책들이 저술되었던 대략 그 시기부터 기독교 문헌들의 광범위한 사용이 있었다. 그리고 이 문헌들 중 많은 수가 예배 시간에 정기적으로 읽혔고 또한 교회의 선교와 교리적 필요들을 촉진하는 데도 사용되었다.

비록 신약 문헌들이 보다 이른 시기에 성경처럼, 즉 교회에서 권위 있는 방식으로 *사용되고 있었을지라도*, 주후 2세기 말엽에, 전부는 아니지만, 그들 중 여럿이 "성경"이라고 불리기 시작했다. 우리가 보았듯이, 이는 특별히 사복음서와 대다수의 바울 서신에 있어서 참이었다. 성경의 모든 책들이 한 권에 담겨 보급될 수 있었을 때(주후 4세기)까지는 책들의 순서와 배열에 있어서 지속적인 안정성은 없었다. 대신,

그때조차 어떤 책들이 이 커다란 코덱스들 안에 포함되었는지와 관련하여 다소의 유동성이 존재했다.

현존하는 성경 사본들을 실제로 구성하고 있는 특정한 책들의 선택은 성경학자들에 의해 종종 간과되어 온 중요한 요소이다. 고대 사본들은 우리로 어떤 책들이 초대 교회에 가장 많이 영향을 주었고 또한 (반대로) 어떤 책들이 그렇지 않았는지에 대해 알게 해 준다! 교회 공의회들이 어떤 책들이 성경을 구성하고 또한 교회에서 읽혀질 수 있는지를 논의하기 위한 모임들을 시작한지 오랜 후에도, 많은 교회들이 공식적으로 거절된 책들을 예배 시간에 지속적으로 사용했다. 구약 및 신약 책들에 대한 다양한 목록들은 교회들 가운데 있었던 이러한 관습을 입증해 준다(다음 장에서 목록들을 보라). 그러나 후대의 사본들 역시 우리에게 초대 교회가 직면했던 주요 사건들과 도전들뿐만 아니라 교회 성경의 발전하는 위상들에 대한 정보를 제공한다.

우리는 우리가 오늘날 소유하고 있는 동일한 책들을 자신들의 거룩한 모음집들에 가지고 있었던 어떤 초대 교회들에 대해서 알지 못하기 때문에, 만약 초대 교회 성도들이 오늘날 우리가 가지고 있는 성경과 같은 성경을 가지고 있었다면, 우리는 그들의 신앙이 많이 달랐을지에 대해 곧바로 의문을 가질 수 있다! 예수에 대한 초대 교회의 핵심적 가르침들과 나란히, 예수에 대한 가장 중요한 전승들이 신약 문헌에 제공되고 있다는 것은 분명하다. 그러나 다른 여러 문헌들 역시 초대 교회의 삶과 가르침들에 일단의 영향을 미쳤다. 우리가 그 문헌들에 대해 좀 더 알아야 하며, 또한 우리가 그 문헌들이 초대 교회 및 세상에서의 초대 교회의 사명에 대한 우리의 이해를 위해 무엇을 기여하고 있는지를 배워야만 하는가?

마지막으로, 성경의 바로 그 말씀들이 오늘날의 기독교인들에 중요한 반면, 이것이 발전하는 초대 교회에서는 언뜻 보기에 중요하지 않은 것 같았다. 본문 비평학에 대한 간단한 공부는 성경 사본들 가운데 다양한 본문들이 인쇄기가 발명된 이후를 살고 있는 우리가 종종 상상하는 것보다 더 크다는 점을 가르쳐준다. 현대 세계에서 우리는 본문에 하나의 이문도 없이 수백만 권의 성경을 제작할 능력을 가지고 있다. 그러나 고대 세계에는 어떤 두 사본들도 완전히 동일하지 않았다. 모든 것이 손으로 필사되었다. 그러나 그것이 상대적으로 쉬운 일일 것이라 생각하는 사람들은 손으로 단 한 권의 성경 복사본이라도 만들어봐야 한다! 오늘날 학자들은 이 사본들의 단어에 (신중하게) 약 200,000개의 이문들이 있는지 아니면, 300,000개의 이문들 아니면 심지어 400,000개의 이문들이 있는지에 대해 토론한다. 다시 한번 말하지만, 이 선택할 수 있는 것들 모두가 신약의 단어 숫자들을 넘어선다! (현존하는 히브리어 구약 사본들에는 인정된 것만 약 900,000개의 이문들이 있다.) 인쇄기가 발명되기 전까지 우리는 정확히 동일한 두 개의 성경 사본을 소유하지 못했다. 대다수의 이문들은 사소한 것에 속하며, 쉽게 교정되고 또한 기독교 가르침 혹은 신념들에 영향을 주지 않았다. 그러나 일단의 의도적인 이문들은 교회의 가르침들을 분명하게 하려고 노력한 선의를 가진 서기관들에 의해 소개되었다는 점을 기억하는 것이 중요하다. 물론, 인쇄기가 발명될 때까지 신약 성경의 하나의 고정된 본문은 물리적으로 결코 가능한 것은 아니었다.

흥미롭게도 우리는 다시 한번 성경의 초기 전수가 시작되었던 그 시대, 곧 성경 본문이 더욱 유동적이었던 시대와 별 다르지 않는 세대에 속해 있다. 현재 인터넷과 또 다른 다양한 전산화된 공간에서 현재 유용한 성경의 디지털화된 전송과 함께, 교회에서 성경 본문의 현행의 유동성을 반영해 주는 것으로서 혹자의 취향에 맞게 성경 본문을 내려 받거나 변경하는 능력이 다시 한번 변화하고 있다. 이러한 현상은 확실히 기독교인들이 자신의 성경을 교회로 가지고 다녔을 때보다 현재 더욱더 분명하다. 오늘날 많은 수의 새로운 의역(바꿔 쓰기) 성경들로 성경 본문들의 의미와 단어의 변경들이 매우 일반적인 것이 되었다. 전자 시대가 다시 한번 유동성이 발생할 수 있도록 허락했다. 왜냐하면 (저술가들은 말할 것도 없이) 선한 의도를 가진 교사들과 설교가들은 성경 본문을 "다른 말로" 읽기 및 해석들로 쉽사리 변경할 수 있기 때문이다. 많은 수의 이 "다른 말들"은 이 변경 외에는 성경을 귀하게 여기는 교회들에서 정규적으로 읽힌다. 나는 이 교회들의 구성원들이 언제 한 본문이 원어상의 의미를 분명하게 만든다는 추정 하에 다른 특별한 것으로 변경되고 있는지를 거의 알지 못하고 있는 것이 아닌지 의심하긴 한다! 그러 정황 가운데 정경 형성에 대한 연구는 이전보다 중요하고 또한 긴급하다고 할 수 있다.

다음 장에서 우리는 어떻게 교회 공의회가 성경 정경의 내용에 영향을 주었는지에 주목하고 또한 교회의 고대 성경 목록들의 가치를 공부할 것이다.

7장

기준들, 공의회들 및 카탈로그들

교회 공의회들과 성경 정경

우리가 앞서 보았듯이, 기독교 성경 형성에 있어서 순교자 유스티나, 이레나이우스, 테르툴리아누스, 오리게네스, 에우세비오스, 아타나시오스, 히에로니무스, 아우구스티누스와 같은 여러 개개인이 중요한 역할을 했다. 주후 4세기에 여러 중요한 모임들이 유사한 역할을 감당했다. 세 개의 공의회들이 그 무엇보다 기독교 성경의 범위 -즉, 어떤 책이 권위 있는 거룩한 책으로 승인되어 교회에서 읽혀야 할지- 를 논의하기 위해 라오디게아(주후 363년), 히포(주후 393년) 및 카르타고(주후 397년)에 개최되었다.

비록 많은 수의 기독교인들이 이 공의회가 실제로 어떤 책들이 성경에 포함되었고 어떤 책들이 그렇지 않았는지를 결정했다고 생각할 지라도, 보다 정확히 말하면 공의회들의 결정들은 그 공의회들이 개최된 다양한 지역들에서 이미 중요성을 얻었고 사용되었던 책들에 해당

했고 단지 소위 "가장자리 책들"이라 불리는 것들에 대한 경우에 있어서만 그러한 공의회 결정들이 내려졌다. 어쨌든, 만약 공의회들이 성경 정경의 범위에 대해 어떤 결정을 내렸다면, 그 결정들은 단지 일부 교회들에서 승인을 얻었던 모음집들의 "가장자리"에 있던 책들과 관련된 것이었다. 이는 오랫동안 교회에서 광범위한 승인을 누리고 사용되어 왔던 신약의 대부분 책들에는 해당하지 않는다.

공의회가 결정한 다음의 사항들은 이 공의회 개최지들의 주변에 공동체들에서 공의회에 참석한 공동체 각 대표들에 의해 제시되었던 견해들이 무엇이었는지를 잘 드러내 준다. 그러한 결정들은 단지 교회의 사용이라는 오랜 기간의 마지막에 있게 된 것이지 전체적으로 "위로부터의" 일방적인 결정들이 아니었다. 공의회들은 성경 정경을 창조했기보다는 그것들을 *승인했다*. 그 결정들은 *공의회들이 열렸던 시대의 일의 상태를 반영하고 있다*. 소위 "가장자리 책들"과 관련하여 공의회들은 그 당시에 실제로 *각 공의회에* 대표로 나서게 되었던 교회들 가운데 *대다수의* 관점이 무엇이었는지를 기초했던 것으로 보이는 결정들을 제시했다. 흥미롭게도 일부 공의회들이 그러한 승인(위-아타나시오스Pseudo-Athanasius, 주후 약 6세기 및 후대의 니케포루스의 스티코메트리Stichometry of Nicephorus, 주후 850년을 보라)을 내리기 시작한 몇 세기 동안, 기독교인들은 예배와 교육에 있어서 이전의 공의회들에서 정죄되고 거절당했던 책들을 여전히 사용하고 있었다. 이러한 관점에서 공의회들의 영향력과 설득력들에 대해 생각해 보는 것에 신중 하는 것이 좋을 것이다. 만약 어느 누구든 교회에서 소위 비-정경적(거절된) 책들을 사용하지 않았다면, 왜 거절된 책들에 대해 보다 이른 시기의 공의회 결정들이 후대에 수 세기 동안 반복될 필요가 있는가? 안전한 추론은 공의회들이 공포했던 것들이 교회에서 항상 지켜지지는 않았다고 보는 것이다.

성경 정경에 대한 초대 교회의 여러 공의회 결정들 중에 아마도 두 가지가 가장 중요할 것이다. 첫째는 라오디게아에서 열린 공의회이다(주후 약 363년). 이 공의회는 59번째 규범에서 어떤 시편들이 교회에서 읽힐 수 있는지를 결정했다. 바로 그 공의회 60번째 규범은 구약 정경 책들의 목록을 제시했다(앞선 4장의 도표 4의 목록을 보라). 공교롭게도, 이 책들은 『룻기』가 『사사기』와 합쳐져 있고 『에스더』가 바로 뒤따른다는 점을 제외하고 아타나시오스 정경 목록(주후 367년)에 제시된 책들과 동일하다. 이 가장 중요한 공의회 결정들 중 두 번째 것은 주후 393년에 나타났다. 그때 북아프리카의 히포에서 열린 공의회는 아타나시오스에 의해 제시된 것과 유사한 성경 정경을 발표했다. 그리고 그것은 아우구스티누스에 의해 확인되었다. 비록 이 공의회의 협의 사항들이 현재 소실되었더라도 그것들은 주후 397년 북아프리카의 카르타고 공의회의 회의록에 요약되어 있다. 이 공의회가 틀림없이 성경 정경의 범위와 내용에 대한 공식적인 결정을 내린 첫 번째 공의회였다. 비록 (앞서 바로 언급된) 주후 363년 라오디게아 공의회가 이 공의회 결정에 일단의 영향을 미쳤을지라도 말이다. 아래에서 우리는 보다 쉬운 비교를 위해 주후 4-5세기의 교부들에 의해 결정된 일단의 모음집들 및 공의회들에서 확증된 것들을 제시할 것이다.

참고로 이 공의회들에 의해 결정된 것들과 같은 결정들이 상대적으로 최근에도 지속되었다는 점을 상기하는 것 역시 중요하다. 주후

1950년이라는 늦은 시기에 그리스 정교회의 거룩한 공의회Holy Synod of the Greek Orthodox Church는 부록에 담겨 있던 『에스드라 2서』, 『마카비 3서』, 『마카비 4서』을 비롯하여 외경 전체를 구약 정경의 부분으로 인정했다. 주후 1956년 러시아 정교회의 구약 성경은 그리스 정교회 성경과 동일한 내용을 담고 있었다. 그러나 『에스라 3서』 및 『마카비 4서』는 생략되었다.

한편, 기독교 역사에서 첫 번째 공의회인 니케아 공의회(주후 325년)에서 니케아 2차 공의회(주후 787년)에 이르는 처음 7개의 보편 공의회들 모두는 정통 신학의 합의에 이르고 기독교를 로마 제국 국교회 아래 통일하려는 집합적인 시도들을 대표한다. 7개의 보편 공의회들 모두는 동로마 제국의 비잔티움 황제에 의해 확립되었고 또한 모두가 그 영내에서 개최되었다. 그러나 이 보편 공의회들 중 어느 것도 어떤 책들이 교회의 성경을 이루고 있는지에 대한 교회의 책들을 우선적으로 취급하지는 않았다.

트렌트 공의회Comcil of Trent

잠깐 동안이었으나 동방 교회들은 서방 교회들보다 정경을 위한 문헌들 선택에 있어서 보다 보수적이었다. (로마 가톨릭 교회에 있어서) 그 선택 과정의 마지막 시점에 가장 중요한 공의회는 트렌트 공의회였다. 특별히 성경의 범위를 다루었던 이 에큐메니컬 공의회는 주후 1545-1563년 사이에 25개의 회기로 트렌트에서 개최되었다. 주후

1546년 4월 8일에 있었던 네 번째 회기에서 로마 가톨릭 교회는 구약 정경의 범위에 대해 결정을 발표했다. 그리고 외경들을 포함시켰다. 그 네 번째 회기는 부분을 보자.

> 거룩한 에큐메니컬 보편 공의회는 … 정통 교부들의 예들을 … 따라서 … 경건과 존경의 심정으로 구약 및 신약의 모든 책들을 받아들이고 존경한다. 왜냐하면 한 분 하나님께서 그 둘 모두의 저자이시기 때문이다. 또한 신앙과 관련되어 있건 윤리와 관련되어 있건 간에 전통들을 그리스도 혹은 성령님에 의해 구두로 명령되었으며 또한 중단되지 않은 계승으로 가톨릭 교회에 보전된 된 것으로 [받아들이고 존경한다].

이 공의회는 성경과 기록되지 않은 전통들(교회의 판결들)을 진리의 원천으로 확증했고, 또한 종교 개혁 기간 동안 중추적 중요성을 가진 주장인 *성경 해석을 위한 교회의 독점적인 권한* 역시 확증했다. 또한 공의회는 로마 가톨릭 교회의 성경으로 라틴 『불가타』 본문의 권위를 확증했다. 그러나 『불가타』의 개정도 명령했다. 공의회의 주요 취지는 개신교의 확산에 대한 세평과 성경에 있는 책들에 대한 권위의 확증이었다. 또한 공의회는 구약 및 신약책들에 대한 법령을 제공했다.

구약 목록은 트렌트 공의회에서 다음과 같이 확증되었다.

> 모세의 다섯 책들(『창세기』, 『출애굽기』, 『레위기』, 『민수기』, 『신명기』); 『여호수아』, 『사사기』, 『룻기』, 『사무엘상』, 『사무엘하』, 『열왕기상』, 『열왕기하』, 『역대상』, 『역대하』, 『에스드라 1서』, 『에스드라 2서』, 『토빗서』,

『유딧서』, 『에스더』, 『욥기』, 『시편』, 『잠언』, 『전도서』, 『아가』, 『솔로몬의 지혜서』, 『집회서』(『시락서』), 『이사야』, 『예레미야』, 『바룩서』; 『에스겔』, 『다니엘』; 『12 소선지서』(『호세아』, 『요엘』, 『아모스』, 『오바댜』, 『요나』, 『미가』, 『나훔』, 『하박국』, 『스바냐』, 『학개』, 『스가랴』, 『말라기』) 및 『마카비 1서』, 『마카비 2서』

신약 목록은 다음과 같이 제시되었다:

『마태복음』, 『마가복음』, 『누가복음』 및 『요한복음』; 『사도행전』, 바울의 14편지(『로마서』, 『고린도전서』, 『고린도후서』, 『갈라디아서』, 『에베소서』, 『빌립보서』, 『골로새서』, 『데살로니가전서』, 『데살로니가후서』, 『디모데전서』, 『디모데후서』, 『디도서』, 『빌레몬서』, 『히브리서』); 『베드로전서』, 『베드로후서』, 『요한일서』, 『요한이서』, 『요한삼서』, 『야고보서』, 『유다서』 및 『요한계시록』

책 목록을 제시한 후에 이 문서는 계속해서 다음과 같이 진술한다. "그 책들이 가톨릭 교회에서 읽혀져 왔듯이 만약 혹자가 앞에서 언급된 책들을 전체로 그리고 그것들 모든 부분들을 거룩하고 정경적인 것으로 수용하지 않는다면… 그에게 저주가 있을 것이다"(F. J. Stendebach 번역). 이 결정은 바티칸 1차 공의회the First Vatican Council(주후 1869-70년)에 의해 재확인되었다.

주후 1559년에 개혁 교회는 갈리아 신앙고백서*Confessio Gallicana*를 발표했다. 그리고 주후 1561년에 벨기에 신앙고백서*Belgic Confession*(조항 4 및 5)에서 로마 가톨릭 교회에 의해 포함되었던 외경들을 제외한 성경 정경을 다시 확인했다. 주후 1562년 및 1571년 영국에서, 39개 신조*Thirty-Nine Articles*의 여섯 번째 조항에서 영국 국교회는 외경의 사용을 확인했다 그러나 그것들이 교회의 가르침을 설명하거나 세우는 데 사용될 수 없다고 덧붙였다. 보다 넓은 구약 정경에 속한 책들을 목록으로 제시하고 현재 개신교 구약 정경을 확인한 후에 그 문서는 다음의 결론을 내린다. "그리고 (히에로니무스가 말했듯이) 교회가 삶의 예시와 예절 훈계를 위해 읽었던 다른 책들, 그러나 어떤 교리를 세우는 것에는 그것들을 적용하지 않는다"(O. Chadwick 번역). 이 진술 후에 외경들에 목록화되어 있다.

공의회들과 정경에 대해

이쯤에서 공의회를 중심으로 한 역사를 우리가 이미 앞선 장들에서 살펴보았던 정경 형성사의 일부 다른 중요한 요소들과 함께 합쳐서 제시하는 것이 도움이 될 것이다. 막 언급된 에큐메니컬 공의회들과 대조적으로, 주후 1546년 트렌트 공의회에서 성립된 목록을 예견한 성경 정경을 목록화했던 첫 번째 공의회는 북 아프리카의 히포 레기우스 종교 회의Synod of Hippo Regius(주후 393년)였던 것 같다. 그러나 위에서 살펴보았듯이 이 공의회의 헌장들은 현재 소실되었다. 이 헌장들의 간단한 요약이 후에 주후 397년 및 419년에 카르타고에서 열린 공의회들에서 낭독되고 수용되었다. 아우구스티누스는 이 공의회에 중요하게 영향을 끼쳤고 그리고 앞서 논의되었던 주후 367년의 『과월절 편지』에서 아타나시오스에 의해 선포된 성경의 초기 목록들을 수용했다. 주후 383년 다마수스 1세Damasus I에 의해 시작된 로마 공의회에서, 비록 그 출판된 목록이 주후 6세기의 편집물인 듯하지만, 히포 공의회에서 선포되었던 성경 정경과 일치가 있었던 것 같다. 유사하게, 주후 383년 다마수스 1세가 라틴 『불가타』를 주문한 것은 서방 제국 지역에서 성경 정경의 확정에 영향을 주었던 것 같다. 주후 405년 교황 인노켄티우스 1세Pope Innocent I는 툴루즈에 있는 한 갈리아 출신 주교에게 유사한 거룩한 책 목록을 발송했다.

주교들과 공의회들이 정경 형성의 문제에 대해 이야기할 때, 그들은 뭔가 *새로운* 것들을 정의하는 것이 아니라, 오히려 이미 교회에서 일반적인 실천과 회람의 문제였던 것을 숙고하고 선별적으로 재가했던 것 같다. 이쯤에서 우리는 주후 4세기에 신약 정경을 이루고 있었던 27권의 책들에 대해 서방에서는 광범위한 동의가 있었음을 잘 상기해야 할 것이다. 일부를 제외하고 주후 5세기 동방에서 오랜 논쟁을 거친 『요한계시록』을 포함한 신약의 모든 책들이 정경으로 수납되었다. 기본적으로 동 · 서방의 대다수 교회들은 주후 5세기 중 · 후반에 신약 정경의 범위에 동의했다. 다시 한번 말하지만, 이는 교회들이 어떤 책들이 그들의 성경인지에 대한 다른 개념을 가지고 있지 않았음을 말하지 않는다. 현존하는 성경 사본들에 있는 정경 외의 책들은 그렇지 않다는 것을 암시한다.

복습의 방편으로, 다음은 기독교 성경의 범위를 특별히 다뤘던 공의회들의 목록 (그리고 한 경우는 이들 공의회의 결정들 결정들의 목록에

비견할 만한 영향력을 가졌던 인노켄티우스 1세에 의한 결정)이다.

1. 라오디게아 공의회(주후 약 363년). 로마와 연합한 이 지역 공의회는 오랜 후에 트렌트 공의회에서 확증된 성경 목록과 유사한 성경책 목록을 제작했다. 이 목록은 성경 정경 범위에 대한 최초로 알려진 교회 결정들 중 하나였다.
2. 로마 공의회(주후 382년). 교황 다마수스 1세(주후 366-384)의 권위 하에 주제된 지역 공의회. 이 공의회에서는 후대 트렌트 공의회에서 승인된 목록과 동일한 구약 및 신약 책들의 목록을 주어졌다.
3. 히포 공의회(주후 393년). 다시 한번, 로마 주교의 권위와 함께 연합하고 그 권위 하에서 진행된 북아프리카의 지역 공의회는 구약 및 신약 정경을 구성하는 책들 목록을 승인했다. 그것은 후에 트렌트에서 승인된 것과 동일한 목록이다.
4. 카르타고 공의회(주후 397년). 위의 히포 공의회처럼, 로마 주교와 제휴하고 권위 하에 있었던 북아프리카의 지역 공의회는 교회의 구약 및 신약 정경을 구성하고 있는 책들 목록을 승인했다 (다시 한번, 후에 트렌트 공의회에서 승인된 것과 동일한 것).
5. 인노켄티우스 1세(로마의 주교, 주후 약 401-417)는 주후 405년에 툴루즈의 주교 엑수페리우스Exsuperius에 의한 의뢰에 성경에 속한 정경적 책들의 목록을 제시하며 답변했다. 그의 목록은 후에 트렌트 공의회에서 승인되었던 것과 동일했다. (4장 마지막 부분에 있는 도표 4에 있는 목록들 중 구약책들의 목록과 아래 7장에 있는 도표 6에 제시된 신약 책들의 목록을 보라).

6. 카르타고 공의회(주후 419년). 위의 히포 공의회와 카르타고 1차 공의회와 마찬가지로 북아프리카의 지역 공의회가 다시 한번, 로마 주교와 연합하고 그 권위 하에서 (후에 트렌트 공의회에서 승인된 것과 동일한) 구약 및 신약 정경들을 이루는 한 목록을 승인했다.
7. 플로렌스 공의회Council of Florence(주후 1441년). 구약 및 신약책들에 대한 완전한 목록을 제공했던 하나의 에큐메니컬 공의회. 이 목록은 후에 트렌트 공의회에서 채택되었다. 소위 외경적 책들이 첫 번째로 "제1 정경적" 책들(모든 기독교인들이 수용하는 유대 성경 및 개신고 구약 성경에 있는 39권의 책들)과 구별된 것으로 "제2 정경적" 책들로 규정된 것 역시 플로렌스에서였다.
8. 트렌트 공의회(주후 1545-1563년). 이 에큐메니컬 공의회는 일차적으로 종교 개혁자들의 이견異見을 감지한 후 그에 대한 답변으로 소집되었다. 이는 로마 가톨릭 교회사에서 가장 중요한 공의회들 중 하나이다. 왜냐하면 이 공의회는 교회의 성경 정경의 범위에 대해 이 시대에 통용되고 있는 교회의 신념들을 분명하게 규정했기 때문이다. 구약 및 신약 정경은 최종적인 정의를 얻게 되었다. 구약의 46권 및 신약의 27권(위의 목록을 보라). 이 공의회는 "제1 정경적" 및 "제2 정경적" 책들로 구성된 구약책들과 신약책들이 교회의 정경을 형성한다고 결론지었다. 두 모음집들은 동일한 권위를 가졌다고 주장되었다. 성경의 라틴어 『불가타』 판 역시 교회 성경의 권위 있는 판으로 수용되었다.

제2 정경, 제1 정경 및 외경

"제2 정경적"이라는 용어는 주후 15-16세기 이래로 로마 가톨릭 교회와 동방 기독교에서, 소위 "제1 정경적" 책들이라 불리는 히브리어 성경 혹은 유대교 성경의 일부가 아닌, 기독교 구약 성경과 함께 담겨 있던 어떤 책들과 그 본문들을 묘사하는 데 사용되어 왔다. 제2 정경적 책들은 개신교에서 규칙적으로 "외경"이라고 불린다. 보다 이른 시기에 이 용어는 새로운 기독교인들 혹은 기독교인으로서의 여정을 잘 살아왔던 자들에 의해 종종 읽힌 "비밀의" 책들과 관련되었다. 이후 적어도 주후 4세기 후반 및 5세기에 개인과 교회들은 성경 외의 책들 혹은 영감되지 않은 책들, 즉 그 메시지가 가짜인 것은 책들, 곧 그 책들과 그 저자들을 통해 하나님께서 명백히 말씀하고 계시는 것 같지 않은 책들을 언급하거나 목록에 제시하기까지 했다. 아마도 "외경"이 그런 부정적인 뜻을 함축하고 있었기 때문에, 플로렌스 공의회에서 로마 가톨릭 교회의 일부는 "첫 번째 정경"("제1 정경적") 책들의 일부가 아니었던 유대 종교 문헌들을 확인하려고 "제2 정경"이라고 말하기 시작했다.

위에서 우리가 살펴본 다른 많은 공의회의 결정들에서처럼 이 표시들은 교회들과 교회 지도자들 중에서의 초기 논쟁들을 반영해 준다. 한 예로, 히에로니무스는 분명 후대에 유대인들과 개신교 기독교인들에 의해 승인된 제1 정경 모음집에 속한 책들만 승인하길 원했다. 그러나 아우구스티누스는 구약 본문들에 속한 "제2 정경"을 수호하길 원했다. 그리고 그는 그의 시대에 이 책들이 교회에서 읽혀야 하며 그렇게 교회의 경전으로 분류되어야 한다고 설득력 있게 논증했다.

이 책들 중 어떤 책이 오늘날 승인되었는가? 로마 가톨릭 교회는 정식으로 다음의 책들을 그들의 제2 정경 모음집에 포함시킨다. 『토빗서』, 『유딧서』, 여섯 개의 『에스더 추가물』, 『마카비 1서』, 『마카비 2서』, 『솔로몬의 지혜서』, 『시락서』(『집회서』), 『바룩서』(이 책의 6장이 『예레미야의 편지』임), 세 개의 『다니엘 추가물』, 즉 『아자리아의 기도』와 『세 젊은이들의 노래』, 『수산나』 및 『벨과 용』. 동방 정교회는 로마 가톨릭 교회의 정경에 있는 제2 정경 책들뿐만 아니라, 『마카비 3서』, 『시편 151편』 및 『에스드라 2서』(로마 가톨릭 교회 제2 정경에서 『에스드라 1서』는 정교회 성경의 『에스드라 1서』와 동일하다. 로마 가톨릭 교회의 성경의 『에스드라 2서』는 『에스라』와 동등하며 『느헤미야』도 포함한다)도 포함한다.

에티오피아 테와헤도 교회Ethiopian Tewahedo Church의 성경은 로마 가톨릭 교회와 동방 정교회보다 더 넓은 구약 및 신약 모음집을 가지고 있기까지 하다. 그 교회의 정경은 81권의 책들을 가지고 있고 다른 기독교인들에 의해 수용된 책들뿐만 아니라 여러 다른 책들도 가진다. 구약은 『에녹 1서』, 『희년서』, 『메카뱐 1서』*Meqabyan 1*, 『메카뱐 2서』 및 『메카뱐 3서』(마카비 1-3서와 혼동하지 말 것)을 포함한다. 신약은 두 권의 『언약의 서』*Books of the Covenant*, 네 권의 『시노도스의 책』*Books of Sinodos*, 하나의 『클레멘스에게 보내는 서신』*Epistle to Clement* 및 『디다스칼리아』(동일한 제목을 가진 고대 서방의 책과 정확하게 동일하지는 않다)를 포함한다. 혹자가 어떤 고대 혹은 현대 자료에 의존하느냐에 따라 전체 81개로 구성된 책들의 목록조차 어느 정도 차이가 난다.

신약 카탈로그들

초대 기독교인들에 의한 다음의 신약 목록들 혹은 카탈로그들의 모음은 고대 신앙과 관습에 대한 정보를 제공하는 거룩한 본문들의 중요한 유사점들뿐만 아니라, 어려 경우 그들 가운데 차이점들도 반영한다. 우리는 앞서서 교회 공의회가 그러한 문제를 숙고하기 위해 열린 이후에도 오랫동안 일단의 교회들은 지속적으로 이른 시기에 대다수에 의해 거절당했던 일부 책들을 사용했다는 점에 주목했다. 지속적으로 분명해 지고 있는 것은 교회의 한 무리가 성경 모음집을 수용했을 때 이것이 모든 곳의 모든 기독교인들이 그 동일한 것을 받아들였다는 것을 의미하지 않는다는 점이다. 우리는 이 점을 증명하기 위해 몇몇 최초 복록들로 시작하여 후대 목록들로 나갈 것이다. 나는 독자들이 가능한 곳에서 이 목록들, 그 배열들 및 그것들의 무리 짐과 표제들까지 비교해 볼 것을 권한다. 신약책들의 배열 혹은 순서는 구약 성경과 같이 수세기 동안 지속적으로 다양했다.

도표 6: 성경책의 초기 목록들

다음의 도표들은 Continuum International Publishing Group의 허락을 받아 제공되는 것으로 인터넷 상에 제시되었던 나의 이전 도표들을 수정한 것들이다.

계속되는 세부 도표들에서, 도표 6.A의 예에서 보듯이, 명칭으로 언급된 편지들 없이 "바울"이 표시될 때, 그 자료는 바울의 편지들이 수용된 본문들 안에 속해 있음을 언급하는 것이다. 그러나 그것은 어떤 편지가 의도 되었는지 혹은 혹시 얼마나 많은 편지들이 의도되었는지는 가리키지 않는다. 그러나 바울에게 돌려지는 13개의 서신들은 광범위하게, 아니 거의 보편적으로 수용되었고, 『히브리서』 역시 바울에 의해 저술된 것으로 여겨졌다. 만약 "바울"이 예들 들어 숫자 (13) 혹은 (14?)와 함께 표시된다면, 그 자료는 바울 서신들이 수용된 본문 중에 있음을 언급하고, 또한 그와 더불어 얼마나 많은 서신들이 수용되었는지를 표시한다. 만약 그의 이름 다음에 나오는 숫자가 14라면, 그 자료는 『히브리서』를 바울 서신으로 담고 있다는 것이다. 만약 의문 부호가 있다면, 어떤 서신들이 포함되어 있다는 것인지가 불확실한 것이다. 자료가 실제로 바울의 것이라 보는 서신들의 이름을 부른다면, "바울" 표시 다음에 그 자료가 바울 서신들을 제시하고 있는 순서로 그의 것이라고 여겨지는 서신들의 목록이 나온다는 것이다. 이 동일한 패턴이 복음서 및 공동 서신을 목록화하는 데도 사용되었다.

이 목록들은 고대 자료들이 수용된 본문들을 열거했던 순서로 제시된 것이지, 단순히 비교하기 위한 형태로 제시된 것이 아니다. 신중한 독자는 특별히 초기 자료들을 비롯하여 많은 자료 잘 기재된 신약책들을 목록화한 순서가 명확하게 통일되지 않았다는 것을 빠르게 파악할 것이다.

A. 에우세비오스에 근거한 세 개의 진실일지도 모르는 초기 목록들

이레나이우스 (주후 170-180년)[22]	알렉산드리아의 클레멘스 (주후 170년)[23]	오리게네스 (주후 220-230년)[24]
마	유	마
막	『바르나바스의 편지』	막
눅	『베드로의 묵시』	눅
요	히	요
계	행	벧전 · 후
요일	마	계
벧전	눅	요일 · 이 · 삼
『헤르마스의 목자서』	막	히
『솔로몬의 지혜서』	요	바울
바울		

22. 에우세비오스, 『교회사』 5.8.2-8(주후 약 320-330년, 팔레스타인의 가이사랴). 에우세비오스는 이 "정경"(*endiathēkon*= "계약이 맺어진" 혹은 단체에 가입된) 모음집을 이레나이우스에게 돌린 반면, 이레나이우스에 의해 언급된 것들을 에우세비오스가 목록화한 것 이상으로는 아무것도 아닌 것 같다.

23. 에우세비오스, 『교회사』 6.14.1-7(주후 약 320-330년, 팔레스타인의 가이사랴). 바로 위에서 에우세비오스가 행한 것처럼, 그는 이 "정경"(*endiathēkon*) 모음집을 클레멘스에게 돌렸는데, 이에 반해 클레멘스에 의해 언급된 것들을 에우세비오스가 목록화한 것 이상으로는 아무것도 아닌 것 같다.

24. 에우세비오스, 『교회사』 6.23.3-14. 위에서 살펴보았듯이 이 목록은 오리게네스가 언급했던 작품들에 대한 참고 문헌들의 편찬물에 근거한 에우세비오스의 고안품이듯 하다.

B. 주후 4세기 신약 성경 모음집 목록들

에우세비오스[25]	예루살렘의 키릴로스[26]	아타나시오스[27]	챌턴햄(Cheltenham)[28]
• 승인된	복음서(4)	복음서	복음서
복음서(4)	행	마	마
행	공동서신(7)	막	막
바울(14?)	약	눅	눅
요일	벧전·후	요	요
벧전	요일·이·삼		
계(?)	유(?)	행	바울(13)
• 논쟁중인	바울(14)		행
약	외경	공동서신	계
유	『도마 복음서』	약	요일·이·삼
벧후		벧전·후	벧전·후
요이·삼		요일·이·삼	
계(?)		유	
『히브리인의 복음서』			
(?)		바울	
• 거절된		롬	
『바울 행전』		고전·후	
『헤르마스의 목자서』		갈	
『베드로의 묵시』		엡	
『바르나바스의 편지』		빌	
『디다케』		골	
• 이단들에 의해		살전·후	
인용된 작품들		히	
『베드로 복음서』		딤전·후	
『도마 복음서』		딛	
『마티아스 복음서』		몬	
『안드레 행전』			
『요한 행전』		계	
		• 교육적 작품들	
		『디다케』	
		『헤르마스의 목자서』	

C. 주후 4세기 신약 성경 모음집 목록들(계속)

에피파니오스[29]	사도적 정경[30]	그레고리오스[31]	아프리카 정경[32]	히에로니무스[33]
복음서(4)	복음서	마	복음서(4)	"주님의
바울(13)	마	막	행	소유 넷"
행	막	눅	바울(13)	마
공동서신	눅	요	히	막
약	요	행	벧전·후	눅
베드로	바울(14)	바울(14)	요일·이·삼	요
요일·이·삼	베드로(2)		약	바울
유	요일·이·삼	공동서신	유	롬
	약	약	계	고전·후
계	유	벧전·후	• 읽도록 승인된	갈
『솔로몬의	『클레멘스 1서』	요일·이·삼	『순교자들	엡
지혜서』	『클레멘스 2서』	유	행전』	빌
『시락서』	『사도적 정경』			살전·후
	행			골
				딤전·후
				딛
				몬
				히
				벧전·후
				요일·이·삼
				유
				약
				행
				계

D. 주후 4세기 신약 성경 모음집 목록들(계속)

아우구스티누스[34]	암필로키오스[35]	루피누스[36]	인노켄티우스[37]	시리아어 카탈로그 (Syrian cat.)[38]
복음서	복음서	복음서	복음서(4)	복음서
마	마	마	바울 서신(13)[39]	마
막	막	막	요일·이·삼	막
눅	눅	눅	벧전·후	눅
요	요	요	유	요
바울	행	행	약	행
롬	바울(14?)	바울(14)	행	
고전·후	롬	벧전·후	계	갈
갈	고전·후	약	거부된	롬
엡	갈	유	(아래 이름으	히
빌	엡	요일·이·삼	로 저술된 책	골
살전·후	빌	계	들)	엡
골	살전·후	교회의	마티아스	빌
딤전·후	골	『헤르마스의	소 야고보	살전·후
딛	딤전·후	목자서』	(James the	딤전·후
몬	딛	『두 길』(The	less)	딛
히	몬	Two Ways)	베드로+요한=	몬
벧전·후	히(?)	『베드로의 설	루시안(Luian)	
요일·이·삼	공동 서신(7)	교』(Preaching	안드레=크세노	
유	약	of Peter)	카리데스	
약	베드로		(Xenocharides)	
행	요한		와 레오니다스	
계	유(?)		(Leonidas)	
			도마와 다른 이	
	계(?)		들	
			『도마 복음서』?	

E. 주후 4세기 신약 성경 모음집 목록들(계속)

---

25. 에우세비오스, 『교회사』 3.25.1-7(주후 약 320-30년, 팔레스타인의 가이사랴).
26. 예루살렘의 키릴로스, 『교리문답』 4.33(주후 약 350년, 예루살렘).
27. 아타나시오스, 『과월절 편지』 39(주후 약 367년, 이집트의 알렉산드리아).
28. 첼튼햄 정경은 몸센 카탈로그(Mommsen Catalogue)라고도 알려져 있다(주후 약 360-370년, 북아프리카).
29. 에피파니오스, 『파나리온』(*Panarion*) 76.5(주후 약 374-377년, 서 시리아의 살라미스).
30. 『사도적 정경』 85(주후 약 380년, 서시리아).
31. 나지안조스의 그레고리오스, 『시가』 12.31(주후 약 390년, 소아시아의 카파도기아. 후에 주후 692년 투룰란 종교회의[Trullan Synod]에서 재가되었다).
32. 아프리카 정경(주후 약 393-419년, 북아프리카).
33. 히에로니무스, 『편지』 53(주후 약 394년, 팔레스타인의 베들레헴).
34. 아우구스티누스, 『기독교 교리에 대하여』 2.8(주후 약 395-400년, 북아프리카의 히포 레기우스).
35. 암필로키우스, 『셀류코스에게 주는 시』 289-319(주후 약 396년, 소아시아의 이코니움). 이 목록은 혹자가 『베드로후서』, 『요한이서』, 『요한삼서』, 『히브리서』, 『유다서』, 『요한계시록』에 대해 의문을 가지고 있다는 점을 알려주는 것으로 끝난다 (?) = 혹자에게 의심받음.
36. 루피누스, 『사도신경에 대한 주석』 36(주후 약 394년, 이태리의 로마).
37. 교황 인노켄티우스, 『엑수페리우스에게 보내는 편지』 (*Ad Exsuper. Tol*).(주후 약 405년, 이태리의 로마).
38. 성 케서린(St. Catherine's)의 시리아어 카탈로그(주후 400년, 동시리아).
39. 일부는 이 13권에 『히브리서』를 더하여 편지의 개수를 14로 만들었다. 그러나 이는 불확실하다.

무라토리 단편[40]	라오디게아 종교회의[41]	카르타고 종교회의[42]	에우케리우스 (Eucherius)[43]
복음서	복음서	복음서(4)	마
…	마	행	막
…	막	바울(13)	눅
눅("세 번째 책")	눅	히	요
요("네 번째 책")	요	벧전·후	롬
		요일·이·삼	고전·후
요한 서신	행	약	엡
		유	살전
행	공동서신	계	골
	약		딤전·후
바울(교회들)	벧전·후		히
고린도서	요일·이·삼		행
엡	유		약
빌			요일
골	바울		계
갈	롬		• 소실
데살로니가서	고전·후		갈
롬	갈		살전
바울(개인들)	엡		딛
몬	빌		몬
딛	골		요이·삼
딤전 · 후	살전·후		유
유	히		
	딤전 · 후		
요한일·이 혹은 삼	딛		
(단지 2개)	몬		
『솔로몬의 지혜서』			
계			
『베드로의 묵시』			

• **날조된(거절된)** 『라오디게아인들에게 보내는 편지』 『알렉산드리아인들에게 보내는 편지』 다른 것들(?) • **거절된** 『헤르마스의 목자서』 아르시노우스(Arsinous)의 작품들 발렌티노스(Valentinus) 밀티아데스(Miltiades) 바실레이데스(Basilides) …			

40. 무라토리 단편. 대다수 학자들은 이 단편이 로마 혹은 로마 주변에서 기원한 주후 2세기 후반의 단편이라고 주장하는 반면, 많은 수는 그것이 주후 4세기 중반(주후 약 350-375년)에 제작되었고 로마 제국의 동쪽 지역, 아마도 시리아 그 어디에선가 기원했다고 주장한다.

41. 라오디게아 종교회의, 『규범』 60(주후 약 363년 소아시아의 라오디게아).

42. 카르타고 종교회의, 『규범』 39(주후 397년, 북아프리카). 주후 419년의 카르타고 후속 종교 회의에서 『요한계시록』이 나중에 추가되었다.

43. 에우케리우스, 『권고』(*Instructiones*)(주후 약 424-44, 리용).

F. 후대 신약 목록들/카탈로그들 (주후 5, 6, 및 16세기)

겔라시오스 (Gelasius)[44]	유닐리우스 (Junilius)[45]	카시오도루스 (Cassiodorus)[46]	이시도루스 (Isidore)[47]	트렌트 공의회[48]
복음서	복음서	복음서	복음서	복음서(4)
마	마	마	마	행
막	막	막	막	바울(14)
눅	눅	눅	눅	벧전·후
요	요	요	요	요일·이·삼
				약
행	행	행	바울	유
	계	벧전	롬	계
바울	바울	약	고전·후	
롬	롬	요일	갈	
고전·후	고전·후		엡	
엡	갈	바울	빌	
살전·후	엡	롬	살전·후	
갈	빌	고전	골	
빌	살전·후	고후	딤전·후	
골	골	갈	딛	
딤전·후	딤전·후	빌	몬	
딛	딛	몬	히	
몬	몬	엡		
히	히	살전·후	요일·이·삼	
		딛전·후	벧전·후	
계	약	딛	유	
벧전·후	벧전·후	몬	약	
요일·이·삼	유		행	
유	요일 · 이	계	계	
		• 소실		
		벧후		
		요이·삼		
		유		
		히		

G. 주후 4–5세기 대문자 필사본들

바티카누스 (바티칸, 주후 4세기)	시나이티쿠스 (시나이, 주후 4세기)	페쉬타 (SyrP. 주후 6세기)	알렉산드리누스 (알렉산드리아, 주후 5세기)	클라로몬타누스 (D. 주후 5–6세기)[49]
마	마	마	마	복음서
막	막	막	막	마
눅	눅	눅	눅	요
요	요	요	요	막
행	롬	행	행	눅
약	고전·후	약	약	
벧전·후	갈	벧전	벧전·후	바울
요일·이·삼	엡	요일	요일·이·삼	롬
유	빌	롬	유	고전·후
롬	골	고전·후	롬	갈
고전·후	살전·후	갈	고전·후	엡
갈	히	엡	갈	딤전·후
엡	딤전·후	빌	엡	딛
빌	딛	골	빌	골
골	몬	살전·후	골	몬
살전·후	행	딤전·후	살전·후	

---

44. 겔라시오스 교령(*Decretum Gelasianum*), 『수용되어야 할 책들과 수용되지 말아야 할 책들에 대하여』(*De Libris Recipiendis et non Recipiendis*)(주후 약 6세기) 이 정경 목록은 교황 겔라시우스 1세(주후 492-496년)에게 돌려진다. 그러나 이는 주후 6세기에 기인한 것 같다.

45. 유닐리우스, 『거룩한 율법으로부터 제정된 규율들』(*Instituta Regularia Divinae Legis*), 책 1권(주후 약 551년, 북아프리카).

46. 카시오도루스, 『영원히 거룩한 문헌들에 대한 지침』(*Institutiones Divinarum Saecularium Litterarum*)(주후 약 551-562년, 로마).

47. 세비야의 주교 이시도루스, 『구약 및 신약의 책들의 서설』(*In Libros Veteris ac Novi Testamenti Prohoemia*)(주후 약 600년).

48. 트렌트 공의회(주후 1546년).

49. 크라로몬타누스 코덱스 안에 있는 카탈로그(D^p. 주후 약 500년, 이집트 알렉산드리아).

히 • **소실** 딤전·후 딛 몬 계	약 벧전·후 요일·이·삼 유 계 『바르나바스의 편지』 『헤르마스의 목자서』 …	딛 몬 히	히 딤전·후 딛 몬 계 『클레멘스 1서』 『클레멘스 2서』 『솔로몬의 시편』	벧전·후 약 요일·이·삼 유 『바르나바스의 편지』 계 행 • **다른 작품들** 『헤르마스의 목자서』 『바울 행전』 『베드로 계시록』 소실 빌? 살전·후 히?

8장
에필로그

고대 교회는 정말 바르게 이해했는가?

6장에서 나는 기독교인들이 그들의 성경을 신뢰할 수 있는지 없는지를 물었다. 물론 내 대답은 "그렇다"이다. 그리고 내가 교회가 "바르게 이해했었는지" 아닌지, 즉 그들이 올바른 작품들을 선택한 것인지 아닌지에 대한 질문을 다루고 있는 지금도 그 대답은 여전히 "그렇다!"이다. 그러나 이것이 다루기 위한 어떤 남아 있는 용건이나 질문이 없다는 것을 의미하지는 않는다. 초대 기독교인들은 그들이 유대인 형제자매들로부터 상속받은 경전을 수용했다. 그러나 그것은 아직 최종적으로 확정된 모음집은 아니었다. 비록 유대교 성경이 예수 시대의 많은 유대인들에 의해 거룩한 본문들로 오히려 더 수용된 다른 책들을 포함하고 있었을지라도, 유대인들의 성경의 핵심 책들은 분명히 당대의 유대교 성경, 즉 기독교 구약 안에 있는 책들이었다. 모든 교회들이 문제의 책들 모두에 동의한 것은 아닐 것인 반면, 그들 모두는 최종적으로 성경으로 승인되었으며 또한 유대교 성경 모음집에 포함되었던 책들에 대해서는 동의했다. 구약의 범위에 대한 불일치가 있다. 그러나 우리가 보았듯이, 최초 기독교인들을 지도했던 동일한 문헌들로 모든 기독교인들이 지도받게 되는 것을 금지할 혹은 금지해야만 하는 어떤 것도 없었다. 기독교인들은 초대 교회의 많은 이들에게 신앙을 알려 준 그 동일한 문헌들에 의해 지도 받기 위해 어떤 책들이 그들의 구약 정경을 이루고 있는지에 대한 그들의 관점들을 바꿀 필요가 없다.

오늘날 기독교의 주요 세 분파들 가운데 신약 성경의 범위에 대한 거의 이의 없는 일치가 있다. 비록 승인의 과정이 이루어지기 위해 수 세기가 걸렸을지라도, 주요 분파들 모두는 우리가 오늘날 가지고 있는 신약 문헌들이 예수는 누구였고, 누구이며, 또한 세상에 희망, 평화, 구원을 가져오시기 위해 하나님께서 그 안에서 그리고 그를 통해 무엇을 성취하길 원하시는지를 조심스럽게 반영하고 있는 최고의 성경 모음집이라는 것에 동의해 왔다. 교회는 공동의 지혜로 교회의 신앙과 예수 그리스도에 대한 가르침-교회와 성경의 기준, 곧 권위-을 예수께 가장 가까운 이들, 곧 그의 제자들에 의해 저술된 선별된 문헌들에 정초시키기로 선택했다. 단지 몇 개의 있을 법한 예외들을 제외하고, 신약책들은 고대 시대를 통해 살아남은 아마 틀림없이 예수의 최초 제자들의 신앙을 반영해 주고 있는 최초 기독교 책들이었다. 그래서 위에서 제기된 질문에 대한 답변은 여전히 동일하다. 그렇다. 고대 교회는 바르게 이해했다!

교회를 위한 성경 정경의 지속적인 유효성과 적절성은 본질상 역사적이지 않으나 신학적인 다른 이슈와 관련이 있기도 한 것 같다. 우리가 성경 본문의 권위에 대한 우리 질문들을 어떻게 해야만 하는가? 결국 가장 중요한 것은 우리는 우리가 채택한 성경 정경의 메시지를 기꺼이 듣고 복종하는 것인가? 더욱 정확히 하자면, 만약 우리가 성경 메시지가 우리의 신념이나 행위를 지도하거나 영향을 끼치는 것을 허락하길 원하지 않는다면, 성경 정경은 어떤 가치를 가지고 있는가?

이것은 우리가 비평적 연구 방법들을 훈련받은 성경학자들에게 묻는 질문과는 다른 질문이다. 역사가들은 그들의 비평적 조사를 수행하기 위한 지침들로 믿음과 복종을 꼭 인정하지는 않는다. 왜냐하면 그것은 신중한 독립적 연구를 수행할 그들의 능력에 방해가 되기 때문이다. 역사가들은 그들이 조사하는 고대 본문들에 대해 판단한다. 그래서 그들은 이 본문들의 권위로부터 자신들을 -그들이 그렇게 할 수 있을 정도로- 떨어뜨리기까지 할 것이다. 그러나 성도들은 성경 본문에 다르게 접근한다. 그리고 이것이 교회를 위해 중요한 문제가 된다.

계몽주의 시대 및 그 이후로 발전한 역사적 방법론은 *역사가로서* 역사가는 결코 그/그녀가 조사하는 본문에 종속되어서는 안 된다고, 아니 오히려 본문들로부터 자율적이며 거리를 두어야 한다고 주장한다. 고대 본문들 자체는 역사가에게 방법론들, 전제들 혹은 결론들을 수용하라고 강요하지 않는다. 역사가들은 자료와 관련하여 객관적이길 추구한다. 비록 그러한 객관성은 결단코 완전히 성취될 수 없는 것일지라도 말이다. 역사가들은 그들이 조사하는 본문들에 대한 그들의 자율권을 포기하지 않는다.

다른 한편, 기독교 신앙 및 성경 정경에 전념하는 이들에게 있어서 상황은 전혀 다르다. 만약 기독교인들이 성경 정경을 승인한다면, 그들이 그 정경의 권위에 복종하거나 혹은 그들의 삶과 교회에서 권위를 갖게 될 것으로 대체하는 때가 와야만 한다. 그것이 성경의 본성이다. 성경 정경을 인정하는 자들은 성경의 신앙과 복종으로의 부름을 듣고 받아들일 것이다. 하나님을 믿는 자들은 그들에게 신앙과 사명을 요구하는 권위에 응답할 것이다. 성도들은 항상 그들의 성경에 대한 이해가 올바른 이해인지를 물을 것이다. 그들은 또한 이혼과 재혼, 성, 동성애 및 교회에서의 여성 리더십에 대한 성경의 관점들과 같은 문제들이 문화적으로 조건 지어져 있는 것이니, 그리고 어느 정도까지 그것들이 오늘날 적용될 수 있는지를 물을 것이다. 권위의 이슈들은 맨 처음 성경이 출현했던 시대의 가부장적 문화들과 풀 수 없을 정도로 긴밀하게 연결되어 있고, 또한 그러한 문제들에 대한 성경의 가르침들은 명백히 계속되고 또한 모든 시대를 위한 것인가? 역사가로서 역사가는 그러한 권위들을 인정하지 않는다. 그리고 그들은 정경적 제한들을 가진 사회적 환경 내에 있는 인간을 연구하는 업무를 조금도 요구 받을 수 없다. 그러나 기독교인들은 다른 방향으로 그들의 고대 종교 본문들에 접근할 것이다.

내가 목회자였을 때, 교회에서 사람들은 종종 나에게 다양한 문제들에 대해 성경이 무엇을 말씀해야 하는지에 대한 충고와 우리가 이 문제들에 대한 성경의 관점을 따라야 하는지 말아야 하는지에 대해 나에게 물었다. 나는 종종 반대로 질문했다. 만약 내 대답이 "그렇다"라면, 그들은 성경에 있는 이 명령들을 따르고자 하는가? 다른 말로 하면, 나는 그들에게 그들의 행위에 대한 성경의 판단을 수용하고 그렇게 행동할 것을 기꺼이 받아들일 것인지를 물었다. 그런데 만약 아니라면, 당연한 결과로서 그들에게 있어서 성경이 정경으로 기능하지 않고 있는 것이 될 것이다. 그들은 답변이 주어졌을 때 그들이 단순히 따르기로 선택할지 아니면 말 것인지에 대한 역사적 질문들만 하게 될 것이다. 흥미롭게 이 사람들 중 일부는, 만약 이혼의 경우와 결혼 남용에 대한 용서의 경우에서처럼 성경이 그들의 견해들과 다르다면, 그들이 어떤 이슈들에 대한 성경의 관점들을 수용하지 않을 것이라고 솔직히 인정했다. 한 번은 한 여성이 나에게 성적 난잡함에 대한 성경의 관점들에 대해 질문했다. 그리고 다양한 본문들이 실제로 무엇을 의미하는지 알기를 원했다. 그녀는 성경 본문들이 그 영역에서 자신의 행동을 지도하길 허락하지 않고 있었다. 그래서 그녀는 성경에 대한 역사적 호기심을 가진 반면, 그 호기심은 신앙과 행위의 문제에 있어서 성경의 권위에 대한 긍정을 심각하게 배제한 것이었다. 그러한 경우들에 있어서는 *본질적으로 정경은 존재하지 않는다 - 어떤 의미에서 성경은 그들에게 있어 경전이기를 그친 것이다.*

하나님의 뜻에 항복하고 성경이 예수의 추종자들에게 행하라고 요청한 것에 대한 우리의 자발적 참여는 원칙적으로는 우리가 정경으로의 성경을 *분명히* 가지고 있음을 보여 준다. 만약 우리가 우리의 삶에 명령하는 성경의 지침을 기꺼이 따르고자 하지 않는다면, 우리는 성경 정경을 가지고 있는 것이 아니다. 다른 말로 하면, 성경적 문자주의와 성경의 권위에 복종이 신앙적 관점의 일상적인 부분보다 보수적인 개신교 교회들에서 신앙 공동체의 구성원들이 성경이 정죄하는 범죄들에 대해 고발당하거나 심지어 심판 받은 것을 발견하는 것은 드문 일이 아니다. 그러한 경우들에 있어서, 성경이 매우 환영을 받는 반면, 성경은 종종 그 권위를 확언한다고 주장하는 이들 중에서 정경으로 기능하지 않는다. 불행하게도 성경의 권위를 확언하는 교회들 중에서 차별이나 굶주린 자, 못 배운 자, 사회에서 학대당하고 억압당하는 자의 필요를 무시하는 것과 같은 성경에서 금지된 행위들을 실행하는 사람들을 발견하는 것은 드물지 않다. 그것이 진실일 때, 우리가 어떻게 현재의 성경에 도달했고, 또한 무엇이 정경적이며 무엇이 정경적이지 않은지에 대한 모든 논의들은 그다지 중요하지 않으며 또한 대단히 부적절하다. 단지 성경이 편안한 경우 혹은 편안할 때만 성경 정경을 따르는 자들과 성경 메시지의 핵심은 무시하면서 성경을 존경한다고 주장하는 자들은 근본적으로 정경 성경을 가지고 있지 않은 것이다.

다른 한편, 내가 위에서 암시했듯이, 전에 타당했으나 오늘날에는 더 이상 타당한 것처럼 보이지 않는 성경의 여러 부분들이 있다. 예를 들어, 리더십의 역할로부터 여성들을 제외하거나(딤전 2:10-15; 고전 14:33-35) 혹은 여성들에게 예배 시간에 덮개나 면사포를 쓸 것을 요구하는(고전 11:2-16) 일단의 성경 본문들을 우리는 어떻게 다루어야 하는가? 그리고 노예 이슈들(고전 7:17-24 및 엡 6:5-9)은 어떤가? 만약 성경이 오늘날 교회에 적절하게 되고자 한다면, 성경은 그것의 문화적 뿌리들로부터 번역되어야만 하는 문화적으로 결정된 책이다(5장의 적응력의 기준을 상기하라). 기독교 신앙이 출연했던 고대의 가부장적 문화가 오늘날 성경 해석에 타당한가? 우리는 보편적인 기독교 복음을 복음의 고대 문화로부터 구별할 수 있는가? 기독교인들은 종종 무엇이 폐기되거나 무시될 수 있는 문화적으로 결정된 전통을 구성하는지 그리고 성경 가운데서 무엇이 오늘을 위한 하나님의 뜻인지에 동의하지 않고 있다. 그럼에도 불구하고, 성경의 문화적으로 결정된 메시지가 우리 문화로 번역된 이후에는, 그것이 어떻게 우리의 삶에 영향을 줄 것인가? 단지 그것이 편안하고 우리의 전제 혹은 선입견에 동의할 때만 적절한 것일까? 어떤 의미에서 우리 성경 정경이 우리에게 실제로 정경인가?

50년보다도 더 이전에, 한 저명한 독일 신약 신학자도 유사한 질문들을 제시했다. 그는 성경적 믿음의 기본은 하나님의 부르심에 복종하는 것이라고 결론 내렸다. 성경적 믿음은 모든 세상적 보호 수단들을 포기하고 언제나 사랑하시며 지혜로운 하나님께 혹자 자신과 미래를 위탁하는 것이라고 주장했다. 그에게 있어서 이 하나님은 성경적 계시와 인간사에서의 하나님의 감춰진 행동 양자를 통해 드러났다. 그리고 최고로는 십자가상에서 그는 마지막 분석에서 신앙이 불신앙에 대해 일하고 있는 것은 믿음 그 이상이라는 것을 증명할 수 없다고 주장했다. 그러나 그럼에도 불구하고, 그/그녀의 삶과 보호 수단을 하나님께 일임한 사람에게 오는 믿음의 확신이 있다는 점을 강조했다. 그는 그러한 일임은 잘못 놓인 게 아니라고 주장했다. 더 나아가 그는 기독교 신앙에 대한 개관적 사실들만 받아들이는 그런 종류의 지식이 있다고 주장했다(그는 그것을 "무지의 앎"unknowing-knowing이라고 불렀다). 다른 한편, 그는 십자가에 대한 설교에서 우리에게 오시는 하나님 안에서 믿음을 실천한 자들에 의해서만이 이해되는 특별한 앎도 있다고 주장했다("앎의 앎"knowing-knowing). 이 종류의 앎은 역사가로서 작업하는 역사가에게는 유용하지 않다. 그러나 오히려 하나님을 믿음을 실천하는 자에게 온다.

우리가 우리 자신을 하나님의 권위에 일임하려고 하는 한 모든 성도들에게 있어서 하나님만이 궁극적으로 신앙의 참된 기준이다. 만약 성경 정경이 지속적으로 우리에게 삶을 바꾸는 신앙을 요구하고, 우리에게 하나님의 백성으로서의 정체성을 제공하고, 이생과 다음 생의 소망을 제공하며 또한 오늘의 삶을 위한 지침을 제공한다면, 그것은 지속적으로 유효성을 지니고 있다.

"정경 속의 정경"이 존재하는가?

역사적으로 기독교인들은 일반적으로 성경이 신앙과 행위의 모든 문제들에 있어서 권위 있는 것이라는 점과 삶에 있어서의 신념과 지침을 위해 근본적이라는 데 동의했다. 성경이 교리 및 행위의 문제들을 해결하는 데 매우 중심적이기 때문에 성경의 기원에 대한 질문들은 하찮은 문제들일 수 없다. 그러나 성경이 어떻게 함께 수집되었는지와 개신교 구약 성경 안에 있는 책들이 로마 가톨릭 교회 혹은 동방 정교회 성경들의 책들과 다른지 아닌지가 문제가 될까? 다른 전통들에 속한 성경의 추가적인 책들이 얼마나 중요하며, 그것들을 소유하지 않음으로 개신교 전통에서 상실된 그 무엇이 있는가? 아마도 더욱 중요하게, 구약에서든 신약에서든 간에 오늘날 교회에서 광범위하게 무시되고 있는 성경 내의 책들이 무엇인가?

잠시 동안 앞선 논점을 한층 더 조사해 보자면, 만약 기독교인들이 성경의 명령들이나 그들 중 많은 수를 무시한다면 성경이 얼마나 규범적일 수 있겠는가? 많은 그리스도인들이 무엇이 그들이 좋아하는 성경 부분 혹은 부분들인지를 말하는 것은 비정상적인 것은 아니다. 그러나 그들이 성경의 많은 부분을 무시하고 (혹은 읽지도 않고) 또한 그 대신 그들이 좋아하는 책들에 집중하는 것을 듣는 것은 결코 드문 일이 아니다. 이에 대한 어떤 결과들이 있는가? 나는 학적 환경에서뿐만 아니라 많은 교회들에서도 규칙적으로 말한다. 교회에서 나는 성도들이 구약 성경이 단지 어렵기 때문에 그들이 구약의 많은 책들을 무시하고 있다는 점을 인식하고 있다는 것을 들었다. 그들은 대부분 『시편』에, 그리고 몇몇 선지서들과 복음서들 및 바울 서신들 중에서 한두 개에 중점을 둔다. 그들에게 있어서, 『레위기』, 『히브리서』, 『요한계시록』과 같은 책들의 경우에서처럼 여러 성경책들이 이해하기 어렵기 때문에 그들은 그들이 그 책들을 "당분간 유보"하고 있다는 것을 인정한다. 기독교인들은 성경의 모든 책들을 정식으로 확인한다. 그러나 그것들 중 선택된 몇몇만 읽는 것은 일반적이다. 그리고 그것들은 그들의 신념들과 행위에 영향을 준 근본적인 책들이다.

성경학자들은 종종 이 실천의 결과를 "정경 속의 정경"이라는 별칭으로 붙어왔다. 많은 기독교인들이 성경의 많은 부분들을 무시하는 것이 문제인가? "정경 속의 정경"을 소유한 이러한 실행은 종종 성경이 많은 부분들이 무지한 상태로 그리고 연구되지 않은 상태로 남겨져 있다는 것을 의미한다. 내가 성도들을 위해 성경 공부를 이끌었을 당시 몇몇 경우에, 내가 신명기 22:13-29, 사사기 19-21장, 시편 109편 및 열왕기상 1:1-4의 경우들에서처럼 구약의 다양한 율법들과 의식들의 일부를 언급했을 때 일부 성도들은 불신으로 반응했다. 그들은 "어떻게 그러한 것들이 성경에 있을 수 있는가?"라고 반문했다. 우선, 구약의 일부 율법들과 규정들이 그것들을 읽은 이들을 자극했을 뿐만 아니라(사실, 그들 중 많은 수는 여러 묵상 후에도 자극적으로 남아있다), 엄격한 징계 실행의 경우에서처럼(행 5:1-11) 신약의 다른 자극적인 관습들이 있다. 흥미롭게도, 구약 및 신약을 그들의 성경으로 인정한 사람들에게 중요한 이 본문들 모두에 중요한 메시지가 있을 수도 있다. 그러나 신약 및 구약을 정규적으로 읽지 않은 이들에게 있어서, 그 본문들은 우리의 근대화되고 명백히 차이나는 서구 문화에서 확실히 이상해 보인다.

교회력을 따르고 또한 성경 읽기, 설교하기 및 교회에서의 가르침을 위한 표준 성구집을 사용하는 기독교인들은 그들의 성구집들이 성경의 모든 부분으로부터의 본문들을 거의 담고 있지 못한다는 점을 대부분 깨닫지 못한다. 오늘날의 성구집들은 그것들이 수년을 넘게 지속될 때조차 성경의 모든 책들을 포함하지 않는 경향이 있다. 아마도 그것이 좋은 일일 것이다. 왜냐하면 모든 성경책들이 필연적으로 오늘날의 그리스도인들에게 동등한 가치를 갖지는 않기 때문이며, 또한 교회의 교훈과 선포의 상당한 양이 예수의 삶, 가르침 및 운명 그리고 『출애굽기』와 이스라엘 백성에 대한 하나님의 보존과 같은 구약의 중추적 사건들에 초점을 두고 있다는 것 역시 필수적이기 때문이다. 그럼에도 불구하고, 성구집을 사용하는 기독교인들은 그들이 예배나 교회의 지침에서 그 모두를 읽을 기회를 갖지 못하던 때조차 성경 전체를 경전으로 정식으로 확인한다. 성구집들은 『역대상』, 『역대하』, 『나훔』, 『하박국』, 『베드로후서』, 『요한이서』, 『요한삼서』, 『유다서』, 『요한계시록』

으로부터의 발췌문들을 포함하는 경우가 거의 없다. 만약 그들이 그렇게 한다면, 성구집들은 성경책들로부터 단지 선택된 부분들만을 포함하는 것이다. 보다 보수적인 교회들에 속한 기독교인들은 종종 성구집의 사용을 거절한다. 그러나 비록 그들이 성경 전체가 신앙과 행위의 모든 문제들에 있어서 최종적 권위라는 점을 주장할 때조차, 다른 기독교인들처럼 그들 역시 종종 성경의 많은 부분들을 무시한다.

때때로 우리의 습관들이 우리가 성경 정경 전체를 가지고 신앙을 지키는 것을 방해하는 요소가 될 수 있다. 보수적인 교회에서조차 예배에 참석해서 많은 그리스도인들이 예배를 위해 성경을 가져오지 않는 것을 발견하는 일이 더 이상 드문 일이 아니다. 목회자들은 그들이 성도들을 위해 성경 본문을 비디오 프로젝트 스크린에 띄울 때 부주의하게도 이러한 일을 격려하고 있게 된다. 매우 대중적인 이 관행이 모든 독자들로 하여금 동일한 번역 성경을 함께 읽도록 하게는 하지만, 그 이면은 성경을 교회에 가지고 오지 않은 이들이 설교 혹은 가르침을 위해 선택된 본문의 문맥을 거의 알지 못한다는 것이다.

나는 이따금씩 성경의 권위를 자랑스럽게 지지하고 또한 "성경 교회"Bible Church라고 주장하면서도, 종종 전통적인 주류 교회들보다 그들의 교회에서 성경을 보다 적게 읽는 그런 교회 목사들을 비난한다. 전통적인 주류 교회는 구약 및 신약 성경 각각에서 한 장 혹은 두 장을 규칙적으로 읽는다. 그러나 일부 보다 더 보수적인 교회들은 예배 시간에 때때로 단지 한 장, 종종 단지 몇 구절만 읽는다. 다시 한번 말하지만, 이것은 성도들이 이 구절들의 보다 넓은 문맥을 아는 것을 어렵게 만든다. 성도들은 하나님의 말씀을 만나는 데 적은 기회만 얻게 되는 것이다. 결과적으로 성도들은 읽히는 본문의 문맥에 더욱 생소하게 될 것이다. 문맥은 이해를 가지고 성경을 읽기 위한 필수적인 사항이다.

유사하게, 목회자들이 그들의 대다수 관심을 복음서들과 바울 그리고 구약의 일부 유명한 이야기들에 초점을 맞추는 것은 일반적이다. 그러면서 (고의든 아니든) 성경의 나머지 부분을 무시하게 된다. 비록 정경적으로 보면 제한적일지라도 성구집들은 종종 단지 좋아하는 성경을 선별하는 이들이 하는 것보다 교회의 성경의 폭넓은 선택을 하는 것을 더 잘 처리한다. 예를 들어, 소문으로는 필라델피아의 텐스 장로교회Tenth Presbyterian Church의 전 목사, 고 도널드 그레이 반하우스the late Donald Grey Barnhouse는 약 7-9년 동안 매주 바울의 『로마서』만을 설교했다고 한다. 그의 후임자 고 제임스 몽고메리 보이스the late James Mongomery Boice도 그와 같이 동일한 관행을 따랐다. 그리고 그의 선임자가 로마서를 설교했던 것보다 훨씬 더 오랜 기간 동안 『요한복음』을 매주일 설교했다! 이들은 명백히 아주 드문 예들일 것이다. 그러나 그들은 일부 목회자들이 원리적으로는 성경 정경 전체의 영감과 권위를 지지하면서도, 실천에 있어서 그들이 설교나 가르침에서 사용한 본문들에 대해 매우 선별적이라는 것을 실례로 보여 준다. 이 사안의 이면은 교회에 정체성과 사명을 제공하도록 의도된 성경에 대한 점차적으로 증가하는 무지이다.

다른 책들: 읽어야 하는가 아니면 읽지 말아야 하는가?

우리가 보아 왔듯이 지난 130년 혹은 그 이상 동안 성경 고고학자들과 다른 이들이 성경의 기독교 모음집에 더 이른 시기에 포함되었으나 후대에 배제된 많은 책들을 발견했다. 그 배제 이후 이 고대 본문들의 많은 수가 소실되었다. 왜냐하면 교회가 그것들의 복사본을 만드는 일을 중단했기 때문이었다. 소실되었다가 후에 발견된 일부 책들은 『디다케』(혹은 『열두 사도들의 가르침』*Teaching of the Twelve Apostles*)과 『도마복음서』, 『클레멘스 1서』와 『바르나바스의 편지』 그리고 다른 많은 것들을 포함한다. 이 책들은 이제 기독교의 성경 모음집에 포함되어야만 하는가? 이는 답변하기에 쉬운 질문이 아니다. 그러나 어떤 책들이 교회와 교회의 최고의 권위인 예수에 대한 신앙을 적절하게 반영해 주고 있는지에 대해 질문이 떠오른다.

최종적으로 성경 정경에 포함되지 않은 이 책들의 많은 수는 우리가 예수 시대의 유대교의 정황과 더불어 초대 기독교의 발전 기간 동안 성경의 많은 본문들의 정황과 심지어 해석까지 이해하도록 돕는 데 상당한 가치를 가지고 있다. 최초 교회들 중 일부는 최종적으로 제외된 책들과 매우 친밀했다. 사실 그들은 그들의 행동 양식뿐만 아니라 신학적 입장을 형성하는 데 그 문헌들을 사용했을 뿐만 아니라, 때때로 그것들을 "성경"으로 언급하곤 했다.

최근에, 앞서 열거된 제외된 책들이 이전 세대에 있었던 경우보다 신학교들에서 상당히 많은 주의를 받고 있다. 신학교나 대학원의 신학적 입장과 관계없이(자유주의, 중도파 혹은 보수주의), 이것이 사실이다.

많은 교수들이 제외된 여러 책들이 종종 성경책들과 초대 기독교 정황에 대한 우리의 이해를 증진시키는 데 유용한 정보를 제공한다는 것을 발견했다. 이 제외된 책들이 최초 기독교인들의 신앙을 형성하는 데 많은 기여를 했을 때조차도, 궁극적으로 제외된 책들로부터 정보를 얻기 위해 성경 정경을 확대하는 것이 필요한 것은 아니다.

결론

마지막으로, 지난 400년의 그 어떤 때보다도 오늘날 성경 정경의 범위와 심지어 유효성에 대한 더 많은 논의들이 있어 왔다. 일부 성경학자들이 장려하듯이, 만약 성경의 범위가 바뀌었더라면, 그것이 교회에 중요한 차이를 만들었을까? 만약 일부 책들이 제거되고 다른 것들이 추가되었더라면, 그것이 교회의 하나님에 대한 이해, 그들의 정체성, 공동체의 삶 및 사명에 있어서 어떤 차이를 만들었을까? 만약 "마지막 때"와 종종 두 번째 오심the Second Coming이라고 불리는 예수의 재림에 주목한 본문들이 교회의 성경으로부터 제거되었는지 아닌지가 중요한 것이었을까? 비록 많은 질문자들이 성경 정경 외형의 변화가 추가적인 교회 분열을 가져올지도 모르는 폭넓고 장기적인 영향력을 충분히 고려하고 있지는 못할지라도, 성경의 외형에 대한 질문들은 오늘날 교회들을 직시한 질문들이다. 우리가 이 책에서 반복적으로 확인했듯이, 최초 기독교인들의 신앙을 형성한 그 동일한 책으로 지도받기 위해 성경에 포함된 책들이나 본문들을 바꿀 필요는 없다. 성경에 포함되지 않은 고대 책들을 읽는 이들은 종종 정경의 다른 구절들을 설명하는 데 유용하고 도움이 되는 보석들을 발견한다.

나는 지금까지 수십 년 동안 성경 정경 종결을 위한 *어떤 성경적 혹은 신학적 논의가 없었고* 또한 고대 교회는 하나의 정경을 제작하지도 않았다는 것을 말해 왔다. 그러나 고대 교회가 묘사하고 있는 본래 사건들에 대한 최초 및 가장 근접한 이 책들은 역사적 교회가 교회의 성경으로 수용했던 책들이라는 한에서, 고대 교회는 *역사적* 논쟁을 제공했다. 이 역사적 논쟁은 많은 교회들로 그들의 성경 모음집들로부터 배제된 책들을 지속적을 읽는 것을 금하지는 않았다. 그러나 그것은 이 교회들에게 그들이 예수의 최초 추종자들의 신앙, 예수 자신의 품성과 구원하시는 사역 및 초대 교회의 가르침의 기본적인 핵심들을 가장 잘 제시한다고 믿었던 책들을 최우선으로 여기도록 허락한 논쟁을 제공했다.

정경 형성과 관련된 용어집

다음의 개념 정리는 이 책의 독자들에게 도움이 될 것이다. 이것들은 어떻게 교회가 성경을 갖게 되었는지에 대한 이야기를 이해하는 데 있어서 중요한 전문 용어들이다. "정의" 혹은 "설명" 내의 어떤 용어 앞에 *의 사용은 그 용어의 의미가 이 소사전 위 혹은 아래 항목 어딘가에 포함되어 있다는 것을 가리킨다.

- 게니자(*geniza/genizah*. 히브리어="은폐 장소"). 일반적으로 회당에 있는 특별한 방은 오래된 그리고/혹은 낡아지는 *성경 혹은 거룩한 본문들의 부분들을 쌓아 놓는 데 사용되었다. 만약 한 책이 거룩한 이름들을 담고 있다면, 거룩한 이름들에 대한 존경심에서 이교도 작품까지도 게니자에 보관되었다.

- 게마라(*gemara*. 아람어="완성"). *미쉬나에 대한 *아모라임의 추가와 설명. 최종적으로 이 게마라가 두 개의 *탈무드*Talmudim*, 즉 바블리*Bavli*(바벨론 탈무드)와 이에루샬미*Yerushalmi*(예루살렘 탈무드)가 되었다.

- 교부의(학)(patristic[s]). 초대 교부들과 그들에 대한 연구에 대한 언급. 교부 저술가들은 주후 2세기에서 6-7세기까지 저술했다.

- 교회/에클레시아(*ekkleisa*. 헬라어="회합" 혹은 "모임"). 이 용어는 신약

에서 종종 예수의 추종자 무리들에 대해 사용되었다. 이 용어는 때때로 "하나님의" 혹은 "그리스도 안에 있는" 혹은 그와 같은 단어들로 수식된다. 이 용어는 독일어와 영어 성경들에서 가장 빈번히 "교회"로 번역된다. 이 용어 자체는 중립적이며 해당 모임 혹은 회합과 관련하여 고대 세계에 매우 잘 알려져 있었다. 기독교인들은 이 용어를 유대인들의 모임에 대한 유사한 용어인 (함께 모인다는 개념을 함축하고 있는) "회당"을 사용한 유대인들과 자신들을 구별하기 위해 사용했던 것 같다.

- 『구-라틴역』(Old Latin). *성경의 주후 2세기 및 후대의 라틴어 판본들. 이것들은 히에로니무스의 주후 4세기 라틴어 『불가타』 역이 이전에 제작된 것들이다.

- 그리스-로마의(Greco-Roman). 이는 그리스 문화와 로마의 통치력이 분리될 수 없고 상호 강력한 영향을 받았던 대략 주전 1세기에서 주후 5세기에 이르는 지중해 세계의 문화를 가리킨다.

- 노미나 사크라/거룩한 이름들(*nomina sacra*. 라틴어="거룩한 이름들"). 단어가 단축되었다는 것을 지시하기 위해 철자들 위에 줄이 그어진, 일반적으로 한 이름의 첫 철자와 마지막 철자를 담고 있는 고대 기독교 성경 사본들에는 여러 약어화된 이름들이 있다. 처음에 이 약어들의 목록에는 하나님, 예수님, 구세주, 영과 같은 이름들이 포함되었다. 그러나 후대에는 아버지, 아들, 어머니 등 다른 인기 있는 이

름들과 명칭들과 같은 초대 기독교에 잘 알려진 십여 개의 다른 이름들보다 더 많은 것을 포함했다.

• 네비임(*Nebi'im*. 히브리어="선지서"). 전선지서(『여호수아』, 『사사기』, 사무엘서, 열왕기서) 및 후선지서(『이사야』, 『예레미야』, 『에스겔』, 『12 소선지서』)로 구성된 예언의 책들을 언급하는 히브리어 *성경Bible의 세 부분들 중 두 번째 것.

• 다수 본문(Majority or Received Text). 이 이름은 기독교 *성경Scriptures의 비잔틴계 본문들을 담은 사본들의 모음에 붙여진 것이다. 이 본문들은 현존하는 성경 사본들의 대부분을 형성한다. 그러나 주후 4세기 이전에는 이 본문 전통의 증거는 없다. 비잔틴계 본문들은 대다수의 사본들로 구성되었다. "다수 본문"은 유사하게 수용 본문Received Text을 언급하는 데 사용된다.

• 도편(ostracon. 복수. ostraca). 영수증이나 짧은 메시지들과 같은 비-형식적 필기와 전통적으로는 투표할 때도 사용된 도자기 혹은 질그릇 파편들.

• 디아스포라(*Diaspora*. 헬라어="흩어짐" 혹은 "분산"). *이스라엘 땅 밖에 살고 있는 유대인들에 대한 전문 용어. 이는 가끔씩 바벨론에 포로로 잡혀간 유대인들 혹은 그들의 후손이면서 고향 밖에 거주하던 사람들에 대해 사용되었다(이 용어가 기독교인들과 관련되어 나타나

는 곳으로 약 1:1 및 벧전 1:1을 보라).

- 마소라(*Masorah*. 히브리어="전통"). 마소라의Masoretic, 마소라 학자Masorete. 성경 본문을 복사하고 전수하는 것을 지배하는 유대인 규칙들. 마소라 학자들은 (이 규칙들에 따라) 히브리어 *성경Bible의 본문을 안정화시키고 모음 점들을 추가하여 이전에 단지 자음들로만 기록되었던 단어들이 정확하게 발음될 수 있도록 추가한 유대인 복사자들이다. 유대교 *성경Scriptures(*타나크)의 히브리어 본문에 대한 조심스러운 보존은 주후 7세기부터 시작된다. 현존하는 유대교 성경의 가장 완전한 마소라 본문은 레닌그라덴시스 코덱스Codex Leningradensis(주후 975년)이며, 이 본문은 주후 1947년에 상당히 손상된 후 부분적으로 보존되다가 현재 이스라엘에 소장되어 있는 보다 이른 시기의 (시리아의 알레포에서 앞서 제작된) 알레포 본문Aleppo text에 기초를 두고 있다.

- 메길로트(*Megillot*). 보다 구체적으로, 하메쉬 메길로트*Hamesh Megillot*(히브리어="다섯 두루마리들"). 두루마리들에 기록되고 다양한 유대 축제날들에 읽는 히브리 *성경의 "축제" 책들"Festival" books에 대한 언급. 이 두루마리들은 『룻기』, 『아가』, 『전도서』, 『예레미야애가』 및 『에스더』를 담고 있다.

- 메쥐스쿨(majuscule). *언샬과 함께 이 용어는 모두 대문자로 기록되고 또한 단어들 사이에 공간이 없도록 기록된 고대 사본들에 대한

일반적인 명칭이다. 이는 주후 2세기에서 주후 9세기까지의 기독교 사본들을 포함한다. 주후 9-10세기에, 사본들에서 단어들 간의 공간을 가진 채 소문자가 사용되기 시작했다. 이 소문자 사본들은 "미뉘스쿨"minuscules로 알려져 있다. 문자들이 동일한 단어에서 함께 연결되어 있을 때 그것들은 종종 "흘림체"cursives(커시브)로 언급된다.

• 묵시, 묵시적(Apocrypha, apocryphal. 헬라어="계시", 혹은 "드러남"). 이는 주의를 마지막 시대로 향하게 하는 환상의 문학들을 규정하는 데 사용되는 전문 용어다. 묵시들은 종종 "역경의 시대를 위한 소책자"라고 불리며, 보다 이전에는 드러나지 않았던 마지막 때에 대한 계시들에 초점을 맞춘다. 유대인 및 기독교인 모두 이 문학 장르를 제작했고, 신약에 『요한계시록』이 포함되어 있을 만큼 매우 대중적이었다. 이 용어는 또한 아사야 24-27장 및 마가복음 13장과 같은 이 용어의 설명에 적당한 개별적 구절들에도 적용된다.

• 미쉬나(*Mishnah*. 히브리어="반복되는 것" 혹은 "반복"). 미쉬나의 Mishinaic. 대략 예수 시대부터 랍비 유다 하-나시Rabbi Judah ha-Nasi(주후 약 10년에서 200-220년)의 연대에 속하는 유대 구전 전통에 대한 편집물과 법전 편찬. 이는 상징 *m*으로 언급되며, 총 64개의 소논문들을 가진 6개의 명령 혹은 구분을 포함한다. 유대 구전 전통이 마가복음 7:1-13에서 예수에 의해 언급된다. 많은 유대인들은 이것이 모세가 성문법을 받았을 때 시내산에서 그에게 주어진 "구전" "율법"이라고 믿고 있다.

• 바라이타(*baraita*. 히브리어="외적인"; 복수. 바라이토트*baraitot*). 기록되어 있으나 *미쉬나를 구성하고 있는 구전 전통의 모음집에 포함되기 위해 충분히 알려졌거나 승인받지는 못한 랍비 전통을 따르는 구전 전통. 주후 2세기에 이 바라이토트가 어느 정도까지 알려졌거나 광범위하게 수용되었는지는 불분명하다.

• 복음/유앙겔리온(*euangelion*. 헬라어="좋은 소식"). 우선, 이 단어는 좋은 소식 혹은 기쁜 일들, 특별히 황족의 출생, 승리 및 그와 같은 것들에의 선언들에 대해 그리스-로마 세계 주변에서 사용되었다. 영어 성경의 "복음서"이라는 단어가 이 단어에서 기인한 것이다. 이 용어는 기독교인들에 의해서 먼저 하나님께서 예수 그리스도 안에서 행하셨던 것에 대한 메시지를 확인하는 것에 사용되었다(막 1:1). 그러나 주후 2세기에는 이 용어가 현재 복음서로 알려진 예수에 대한 기독교 문헌들을 묘사하는 데 일반적으로 사용되었다.

• 본문 비평(textual criticism). 원-분문을 혹은 원본에 가장 가까운 것으로 생각되는, *성경Scriptures의 가장 신뢰할 만한 본문을 만들기 위한 목적을 가지고 고대 성경 사본들을 연구 및 비교하는 학자들의 실습. 가장 이른 시기의 가장 신뢰할 만한 본문을 세우는 데 있어서 본문 비평가들이 따르는 많은 규칙들과 지침들이 있다.

• 『불가타』/벌게이트(Vulgate). 주후 4세기 후반에 히에로니무스에 의해 번역되었고, 비록 번역 후 몇 세기 동안 대부분의 로마 가톨릭 교회

에 의해 사용되었을지라도 주후 16세기에 로마 가톨릭 교회에 의해 공식적으로 채택된 라틴어 *성경.

• 비문(inscription). 돌, 나무 혹은 금속에 새겨진 글.

• 성경(Bible. 헬라어, *biblion*="책"; 복수. *biblia*=책들; 때때로 "두루마리" 혹은 "서류"). 이는 최종적으로 기독교인들의 거룩한 *경전 모음집을 언급하게 된 용어이다.

• 성경/책/경전(Scripture. 라틴어=*scriptura*, "문헌들", 헬라어=*graphai*, "문헌들"). 유대인들과 기독교인들이 그들의 거룩한 문헌들(기독교인들은 이를 *성경으로 부름)을 가리키기 위해 사용했던 표제. 초대 기독교인들은 "경전"을 최종적으로 성경에 포함된 종교 본문들과 관련하여 사용했다. 그러나 이 용어는 궁극적으로 포함되지 않았던 일단의 종교 본문들을 가리키기도 했다.

• 성구집(lectionary). 보통 기독교 절기에 맞춰 기독교 예배에서 읽힌(읽히고 있는) 선별된 성경 혹은 *성경 구절들 (성구들)의 모음집. 성구집들은 교회의 초기 단계까지 거슬러 올라간다.

• 수용본문(Received Text). 주후 1519년, 1522년, 1527년 및 1535년에 에라스무스에 의해 제작되었고, 후대에 테오도레 베자에 의해 수정 및 교정된 초기 판본들인 수용 본문 혹은 절대 본문*Textus Receptus*. 이

헬라어 본문은 *성경의 『킹 제임스 성경』의 기초가 되었다.

• 스티코메트리(stichometry). 한 본문의 고대 줄에서 철자들의 숫자를 세고 배열하고 또한 한 쪽에 줄을 배열하는 관례. 이는 여러 쪽들을 복사했던 사람에 대한 본문과 수고료의 재구성을 허락해 준다. 스티코메트리의 관례는 기독교 *성경의 일부로 수용되고 또한 거절되었던 책들의 목록을 제시하는 "니케포루스의 스티코메트리"(주후 약 850년)와 같은 고대 본문들에서 발견된다.

• 아그라파(*agrapha*. 헬라어="기록되지 않은"). 이 용어는 정경 복음서들에서 발견되지 않는 예수의 말씀을 언급한다. 단수 형태인 아그라폰*agraphon*은 개개의 말씀을 언급한다. 이 말씀들 중 일부는 적어도 고대 성경 사본들의 이문들과 초대 교부들의 문헌들 및 일부 기독교 외경 문헌들에 보존되어 있다.

• 아모라임(*Amoraim*. 히브리어 *amora*의 복수 형태="교사" 혹은 "암송자"). 이들은 주후 220년부터 탈무드 기간까지(주후 500-550년)에 속한 랍비 전통을 따르는 교사들이다. 이 교사들은 종종 유대교 *성경에 대한 참고 사항들을 제공하는 *미쉬나에 대한 두 개의 주석들(*게마라)을 제작했다.

• 언샬/대문자(uncial. *메줘스쿨을 보라). 이 용어는 단어들 사이에 공간이 없는 대문자로 기록된 성경 사본들을 지시한다. 대부분의 언샬/

대문자 사본들은 주후 2-10세기의 것들이다. 주후 4세기와 그 이후에 기록된 언샬/대문자 사본들은 일반적으로 파피루스 대신 양피지에 기록되어 있다.

• 외경, 외경적(Apocrypha, apocryphal. 헬라어="감춰진"). 우선, 이 용어는 개신교 구약 *성경과 동일한 책인 24권의 책을 담고 있는 유대교의 *맛소라 본문에 포함된 책들 뒤에 구약에 포함되었던 문헌들에 대해 사용되었다. 로마 가톨릭 교회는 때때로 이 문헌들을 "제2 정경", 즉 두 번째 정경에 속한 문헌들이라고 언급했다.

• 위경(Pseudepigraph. 단수. pseudepigraphon). 위경의(pseudepigraphal). 다른 사람의 이름하에 기록된 문서들. 즉 그것들은 익명의, 문학적으로 "거짓 이름[하에]" 작성된, 문헌들이다. 고대 위경 문헌들은 전형적으로 에녹 혹은 플라톤과 같이 유명한 사람의 이름으로 제작되었다. 그러한 문헌들은 유대교 및 초대 기독교 문헌들에서 일반적이었고, 신약의 경우 전형적으로 유명한 성경적 이름들 혹은 사도적 인물들 하에서 기록되었다. 예를 들어, 지혜 문헌들은 종종 솔로몬에게 돌려졌고, 시편들은 다윗에게 돌려졌다.

• 유대주의자(Judaizers). 이들은 이방인 기독교인들에게 (유대인 정체성으로의 입문 의식과 유대교로부터 기독교로서의 입문 의식으로서) 할례를 강요하려고 시도했으며 이방인들에 반한 그들의 차별로 알려진 유대 기독교인들이었다. 갈라디아서 2:11-13, 3:1-5 및 사도행전

15:1-5을 보라.

• 원본(autograph). 본문 비평학자들이 현존하는 고대 사본들을 비교하여 만든 성경책의 원- 사본에 대해 사용되는 용어. 성경책들의 어떤 원-사본도 고대에 살아남지 못했다.

• 이스라엘(Israel). 이스라엘의 땅을 보라.

• 이스라엘의 땅(Land of Israel). 고대에서 이스라엘의 이름을 적절하게 규정하는 것은 어렵다. 왜냐하면 그 당시에 사용되지 않던 (혹은 다르게 사용되던) 팔레스타인 및 이스라엘과 같은 현대적 호칭들은 정치적 암시들을 가지고 있으며, 또한 시대착오적이기 때문이다. 나는 본서에서 우리가 이스라엘의 남부, 즉 유다에 대해 이야기할 때만 이따금씩 "이스라엘의 땅"을 사용하기로 결심했다. 고대 그리스의 경우에서처럼 그 땅과 그것의 정확한 국경선들에 대한 적절한 호칭들을 발견하기는 어렵다.

• 장르(genre. 불어="종류" 혹은 "유형"; 파생 형용사는 "generic"). 문학 혹은 예술의 종류; 성경학자들에 의해 *성경을 이루고 있는 서로 다른 종류의 문학들, 예를 들어 선지서, *묵시, *복음서, 역사, 편지, 지혜 문학 등을 언급하는 데 사용됨.

• 정경(canon. 헬라어="측정용 막대기", "표준", "자"). 우선, 이 용어는

거리를 측정하는 막대기나 자에 대해 사용되었다. 그러나 시간이 지나면서 이것은 예술, 건축, 철학 영역에서 표준 혹은 지침을 언급했고, 심지어 저자들이 따라야 할 문학적 표준들을 언급하게 되었다. 최종적으로 이 용어는 기독교 *성경을 구성하는 거룩한 *경전 모음집을 언급하게 되었다.

• 『칠십인 역』(Septuagint). 주전 281-280년에 시작하여 주전 약 100년 전에 종결된 히브리어 *성경Scriptures의 헬라어 번역. 이 번역은 종종 이 번역본을 제작했던 번역자의 숫자에 대한 전승에 근거해서 "LXX"(로마 숫자로 70)로 상징된다. 예수 시대에 헬라어 구약 성경을 구성하고 있었던 책들이 무엇이지는 불분명하다. 그러나 그것은 *디아스포라로 있던 *헬라 문화의 영향을 받은 유대인들의 성경일 뿐만 아니라 초대 기독교 공동체들의 *성경이기도 했다.

• 타나크(Tanak). 히브리어 *성경의 세 부분, *토라(Torah, 율법), *네비임*Nebi'im*(선지서), *케투빔*Ketubim*(성문서)의 첫 철자들에 기초를 한, 그래서 타나크(TaNaK 혹은 Tanak)라고 읽히는 히브리어 *성경에 대한 두문자어acronym. 성경 문학에 대한 랍비 전통의 용어는 미크라miqra(히브리어= "[크게] 읽히는 것")이며, 그것은 거룩한 작품들의 중요한 기능, 즉 그들이 회중들 중에서 크게 읽혀야 했다는 것을 표현해 준다.

• 타르굼(*Targum*. 복수. 타르구밈*Targumim*; 아람어="번역"). 성경의 히

브리어 본문을 읽을 후에 회당에서 읽히곤 했던 유대교 *성경의 아람어 번역 및 주석들. 주후 5세기에 가장 유명한 타르굼들인 *토라(율법)에 대한 옹켈로스 타르굼*Targum Onqelos* 및 선지서에 대한 요나단 타르굼*Targum Jonathan*이 존재했다. 이 둘은 모두 주후 3세기에 저술되었던 것이다. 타르굼들은 초기 단계의 히브리어 *성경 본문에 대한 중요한 증거이다.

• 탈무드(Talmud. 히브리어="배움"). 탈무드는 *미쉬나와 *게마라 혹은 주석과의 조합물이다. 주후 3-6세기의 랍비 전통을 따르는 교사들이 *미쉬나와 *토세프타의 문헌들을 해석했다. 그때 종종 그것들을 위해 성경적 지지를 덧붙이고, 이 전통들에 자신들의 해석을 덧붙였다(게마라, 아람어= "완성"). *미쉬나 논문들의 순서를 따라 대체로 주후 4-6세기 사이에 제작된 두 개의 주요 탈무드들(복수. 탈무딤)이 있었다. 이 두 탈무드들 중 하나는 팔레스탄에서 기원했고, 이에루샬리미(상징은 y)라고 불렸고, 다른 하나는 바벨론에서 기인했고 바블리(상징은 b)라고 불렸다. 히브리어 *성경(개신교 구약 성경에 상응함. 그러나 다른 순서를 가지고 있음)에 속한 책들 외에, 거룩한 유대 문헌들은 미쉬나, 토세프타 및 두 개의 탈무드들을 포함한다.

• 탄나임(*Tannaim*. 히브리어="교사" 혹은 "암송자"). 이들은 주후 약 10-200년에 속하는 랍비 전통을 따르는 교사들이다. 예수 시대와 중복되는 이 교사들 중 가장 유명한 사람은 샴마이Shammai와 힐렐Hillel이다. 사도 바울은 한때 예수의 초기 추종자들을 구원해 주려고

했었던 가말리엘Gamaliel이라는 1세기의 매우 잘 알려진 랍비와 함께 공부했다(행 5:33-40; 22:3).

• 토라(Torah). 율법 혹은 히브리어 *성경의 처음 다섯 책들(『창세기』, 『출애굽기』, 『레위기』, 『민수기』, 『신명기』); 토라(혹은 오경)는 또한 히브리어 성경의 세 구분들(율법, 선지서, 성문서)의 첫 번째 것을 구성한다.

• 토세프타(Tosefta, 복수. 토사포트*Tosafot*; 히브리어="보충" 혹은 "추가"). 이 문헌들은 *미쉬나에 대한 대체로 주후 3-4세기의 주석들이다. 특별히 토세프타는 미쉬나에 포함되지 않은 문헌들이다. 토세프타의 상징은 *t*이다.

• 파피루스(papyrus. 복수. papyri). 고대 세계, 특별히 이집트에서 필기 재료를 만들기 위해 사용된 식물. 파피루스에 기록된 많은 문서들이 이집트에서 발견되었고 헬레니스틱 세계의 언어와 관습을 설명하는데 도움을 준다. 이 용어는 사본 자체에 대해서도 사용되며 또한 영어 단어 "종이"paper의 어원이기도 하다.

• 팰림프세스트(*palimpsest*. ["복기지"], 헬라어="다시 문질러진" 혹은 "다시 벗겨진"). 원 자술물이 벗기거나 씻는 것으로 제거되어, 그 표면이 다시 부드럽게 되어 새로운 문학 본문을 위해 재차 사용될 수 있는 사본.

• 케투빔(*Ketubim*. 히브리어="문헌들"). 히브리어 *성경의 세 부분들, 즉 율법, 선지서 및 성문서의 세 번째. 이 모음집은 후기 구약책들(『시편』, 『잠언』, 『욥기』, 『아가』, 『룻기』, 『예레미야애가』, 『전도서』, 『에스더』, 『다니엘』, 『느헤미야』, 『열왕기상』, 『열왕기하』)을 담고 있다.

• 코덱스(codex. 복수. codexes 혹은 codices. 기본적으로 책 형태임). 고대 두루마리를 대신하는 것으로 코덱스는 책 양식으로 문헌들을 제공했다. 처음에 코덱스들은 메모지 혹은 비-형식적인 저술 매체였다. 그러나 주후 2세기가 시작하면서 기독교인들은 그들의 대부분 문헌들을 위해 코덱스를 채용했다. 주후 4세기에 이르러 그리스-로마 세계의 대다수 저자들은 그들의 문헌들을 위해 코덱스 양식을 채용했다.

• 쿰란(Qumran). 사해 근처의 유대 에세네파 정착지 유적. 그곳 11개의 근처 동굴들에서 일반적으로 사해 사본으로 알려진(종종 약어는 DSS로 표시됨) 수많은 성경적 및 성경 외적인 본문들이 발견되었다.

• 하기오그라파(*Hagiographa*. 헬라어="거룩한 문헌들"). *케투빔으로도 알려져 있는 유대교 *성경Scriptures의 세 번째 부분에 대한 특별한 명칭.

• 헬레니스틱/헬라 문화에 영향을 받은(Hellenistic). 주전 4세기에서 주후 4세기의 기간을 표시하는 용어. 그 가간 동안 고전 헬라어와 문화의

영향이 지중해 세계 전반에 퍼졌고 또한 유대인 및 초대 기독교인들의 사상, 그리고 그들의 *경전에도 영향을 미쳤다; 이 용어는 또한 이 영향력 자체를 가리키기도 한다.

선별된 참고 문헌

다음은 기독교 성경 정경 형성사에 대한 중요하고 (가장) 최근 출판물들 중 일부를 모아 놓은 것이다. 이 모음집은 완전하지는 않다. 그러나 독자들에게 내가 이 책에서 제공할 수 있었던 것보다 훨씬 더 상세하게 성경의 기원에 대한 추가적인 탐구에 매우 도움을 줄 자료들의 합리적인 모음집이다.

Barr, James. *Holy Scripture: Canon, Authority, Criticism*. Philadelphia: Westminster, 1983.

Barrera, Julio Trebolle. *The Jewish Bible and the Christian Bible: An Introduction to the History of the Bible*. Translated by W. G. E. Watson. Grand Rapids: Eerdmans, 1998.

Barton, John. *Holy Writings, Sacred Text: The Canon in Early Christianity*. Louisville, KY: Westminster John Knox Press, 1997.

______. *How the Bible Came to Be*. Louisville, KY: Westminster John Knox, 1997.

______. *Oracles of God: Perceptions of Ancient Prophecy in Israel after the Exile*. London: Darton, Longman and Todd, 1986.

______. *The Spirit and the Letter: Studies in the Biblical Canon*. London: SPCK, 1997.

Beckwith, R. T. *The Old Testament Canon of the New Testament Church*. Grand Rapids: Eerdmans, 1985.

Blair, Edward P. *The Bible and You: A Guide for Reading and Understanding the Bible*. New York and Nashville: Abingdon Press,

1953.

Bruce, F. F. *The Canon of Scripture*. Downers Grove, IL: InterVarsity Press, 1988.

Campenhausen, H. von. *The Formation of the Church Bible*. Translated by J. A. Baker, Philadelphia: Fortress, 1972.

Carr, David M. *The Formation of the Hebrew Bible: A New Reconstruction*. Oxford: Oxford University Press, 2010.

Childs, B. S. *The New Testament as Canon: An Introduction*. Philadelphia: Fortress, 1985.

Cross, F. M., Jr. *From Epic to Canon: History and Literature in Ancient Israel*. Baltimore and London: Johns Hopkins University Press, 1998.

Davies, P. R. *Scribes and Schools: The Canonization of the Hebrew Scriptures*. Library of Ancient Israel. Edited by D. Knight. Louisville, KY: Westminster John Knox, 1998.

Farmer, W. R. *Jesus and the Gospel: Tradition, Scripture and Canon*. Philadelphia: Fortress, 1982.

Farmer, W. R. and D. M. Farkasfalvy. *The Formation of the New Testament Canon*. New York: Paulist, 1983.

Ferguson, E. "Canon Muratori: Date and Provenance." *Studia Patristica* 18 (1982): 677-83.

Freedman, D. N. "The Symmetry of Hebrew Bible." *Studia Theologica* 46 (1992): 83-108.

______. *The Unity of the Hebrew Bible*. Ann Arbor, MI: University of Michigan Press, 1991.

Gamble, H. Y. *Books and Readers in the Early Church: A History of Early Christian Texts*. New Haven and London; Yale University Press, 1995.

______. "Canon, New Testament." Pages 852-61 in vol. 1 of *The Anchor Bible Dictionary*. Edited by D. N. Freedman. 6 vols. New York: Doubleday, 1992.

Grant, R. M. "The New Testament Canon." Pages 294-308 in vol. 1 of *The Cambridge History of th Bible*. Edited by P. R. Ackroyd and C. F. Evans. 3 vols. Cambridge: Cambridge University Press, 1976.

Hahnemann, G. M. *The Muratorian Fragment and the Development of the Canon*. Oxford Theological Monographs. Oxford Clarendon Press, 1992.

Hannah, D. "New Testament Manuscripts: Uncials, Minuschles, Palimpsests and All That Stuff." *Bible Review* 6.1 (Feb. 1990): 7-9.

Jeremias, J. *The Unknown Sayings of Jesus*. 2d ed. London: SPCK, 1964.

Jones, B. A. *The Formation of the Bible of the Twelve: A Study in Text and Canon*. SBLDS 149. Athlanta, GA: Scholars Press, 1995.

Koester, H. *Ancient Christian Gospels: Their History and Development*. London: SCM; Philadelphia: Trinity Press International, 1990.

______. "Apocryphal and Canonical Gospels." *HTR* 73 (1980): 105-30.

Kraemer, D. "Formation of the Rabbinic Canon: Authority and Boundaries." *JBL* 110 (1991): 613-30.

Leiman, S. Z. *The Canon and Masorah of the Hebrew Bible: An Introductory Reader*. New York: Ktav, 1974.

______. *The Canonization of the Hebrew Scripture: The Talmudic and Midrashic Evidence*. Hamden, CT: Archon. 1976.

______. "Josephus and the Canon of the Bible." Pages 50-58 in *Josephus, the Bible, and History*. Edited by L. H. Feldman and G. Hata. Detroit: Wayne State University Press, 1989.

Lightstone, J. N. *Society, the Sacred, and Scripture in Ancient Judaism: A Sociology of Knowledge*. Studies in Christianity and Judaism 3. Waterloo, Ontario: Wilfrid Laurier University Press, 1988.

Lim, Timothy H. *The Formation of the Jewish Canon*. New Haven: Yale University Press, 2013.

McDonald, L. M. *The Biblical Canon: Its Origin, Transmission and Authority*. Grand Rapids, MI: Baker Academic, 2011.

______. "Canon." Pages 777-809 in *The Oxford Handbook of Biblical Studies*. Edited by John Rogerson and Judith Lieu. Oxford: Oxford University Press, 2006.

______. "Canon of the New Testament." Pages 536-47 in vol. 1 of *The New Interpreter's Dictionary of the Bible*. Edited by Katherine Doob Sakenfeld. 5 vols. Nashville: Abingdon Press, 2006.

______. *Forgotten Scriptures: The Selection and Rejection of Early Religious Writings*. Louiville, KY: Westminster John Knox, 2009.

______. "Identifying Scripture and Canon in the Early Church: The Criteria Question." Pages 416-40 in *The Canon Debate*. Edited by L. M. McDonald and J. A. Sanders Peabody, MA: Hendrickson, 2002.

______. *The Origin of the Bible: A Guide for the Perplexed*. New York: T&T Clark, 2011.

______. "Wherein Lies Authority: A Discussion of Books, Texts, and Translations." Pages 203-39 in *Exploring the Origins of the Bible: Canon Formation in Historical, Literary, and Theological Perspective*. Edited by Craig A. Evans and Emmanuel Tov. Acadia Studies in Bible and Theology 6. Craig A. Evans and L. M. McDonald, series editors. Grand Rapids: Baker Academic, 2008.

McDonald, L. M. and James A. Sanders, eds. *The Canon Debate*. Grand Rapids: Baker Academic, 2002.

McDonald, L. M. and S. E. Porter. *Early Christianity and Its Sacred Literature*. Peabody, MA: Hendrickson, 2000.

Metzger, B. M. *The Canon of the New Testament: Its Origin, Development, and Significance*. Oxford: Clarendon Press, 1987.

Meuer, S., ed. *The Apocrypha in Ecumenical Perspective*. UBS Monograph Series 6. Translated by P Ellingworth. New York: United Bible Society, 1991.

Neusner, J., with W. S. Green. *Writing with Scripture: The Authority and Uses of the Hebrew Bible in the Torah of Formative Judaism*. Minneapolis: Fortress, 1989.

Patzia, A. G. *The Making of the New Testament: Origin, Collection, Text and Canon*. 2d ed. Downers Grove, IL: InterVarsity Press, 2011.

Roberts, C. H. "Books in the Greco-Roman World and in the New Testament." Pages 48-66 in *The Cambridge History of the Bible*. Edited by P. R. Ackroyd and C. F. Evans. Vol. 1. Cambridge: Cambridge University Press, 1976.

Ryle, H. E. *The Canon of the Old Testament*. 2d ed. London: Macmillan, 1914.

Sanders, J. A. "Adaptable for Life: The Nature and Function of Canon." Pages 531-60 in *Magnalia Dei: The Mighty Acts of God. Essays on the Bible and Archaeology in Memory of G. E. Wright*. New York: Doubleday, 1976.

_____. "Canon, Hebrew Bible." Pages 937-52 in vol. 1 of *The Anchor Bible Dictionary*. Edited by D. N. Freedman. 6 vols. New York: Doubleday,

1992.

______. *From Sacred Story to Sacred Text*. Philadelphia: Fortress, 1987.

______. "Spinning the Bible: How Judaism and Christianity Shape the Canon Differently." *Bible Review* 14.3 (June 1998): 23-29, 44-45.

Schneemelcher, W., ed. *New Testament Apocrypha*. Rev. ed. 2 vols. Louisville, KY: Westminster John Knox Press; Cambridge: James Clarke & Co., 1991.

Silver, D. J. *The Story of Scripture: From Oral Tradition to the Written Word*. New York: Basic Books, 1990.

Stevenson, J. *A New Eusebius: Documents Illustrative of the History of the Church to AD 337*. London: SPCK, 1957.

Sundberg, A. G., Jr. "Canon Muratori: A Fourth-Century List." *HTR* 66 (1973): 1-41.

______. *The Old Testament of the Early Church*. Cambridge, MA: Harvard University Press, 1964.

Talmon, Shemaryahu. *Text and Canon of the Hebrew Bible: Collected Essays*. Winona Lake, IN: Eisenbrauns, 2010.

Theron, D. J. *Evidence of Tradition*. Grand Rapids: Baker, 1957. Repr., Eugene, OR: Wife & Stock, 2009.

Wegner, P. D. *The Journey from Texts to Translations: The Origin and Development of the Bible*. Grand Rapids, MI: Baker Academic, 1999.

Zeitlin, S. "An Historical Study of the Canonization of Hebrew Scriptures." In *Proceedings of the American Academy for Jewish Research* 3 (1931-32). Repr. Pages 164-201 in *The Canon and Masorah of the Hebrew Bible*. Edited by S. Z. Leiman. New York: Ktav, 1974.

옮긴이의 글

옮긴이는 책을 번역할 때 항상 두 가지 사항들 고려한다. 즉, 저자의 의도를 바로 전달했느냐 하는 것과 번역하는 책의 내용을 다 수용하고 있느냐 하는 것이다. 첫 번째 질문은 원본과 번역어의 차이와 더불어 옮긴이의 전문 지식에 의존하는데, 옮긴이는 본서를 번역하면서 이 문제에 대해 최선의 노력을 다했다고 독자들에게 말할 수 있다. 두 번째 질문은, 비록 옮긴이가 좋아하고 존경하는 저자를 소개하기 위해 그/그녀의 작품(들)을 번역한다 하더라도, 옮긴이가 해당 저자의 모든 견해와 사상에 완전히 동의하지는 않을 수 있다고 답변할 수 있다. 다만 옮긴이 역시 학문을 정진하는 사람으로 다양한 견해를 배우고 또한 비판함과 동시에, 그러한 사항들을 독자들 역시 경험할 수 있도록 소개하는 것이다.

이 책을 출판함의 모든 과정에 깊은 관심과 수고를 아끼지 않은 도서출판 솔로몬 박영호 사장님 이하 모든 직원들께 감사드린다. 독자들이 책을 읽다가 발견되는 번역상의 아쉬운 점들이나 여러 실수들은 옮긴이의 부주의함 때문임을 미리 밝힌다.

저자인 리 마틴 맥도날드의 의도처럼, 『성경의 형성: 교회의 정경 이야기』를 접하는 이들이 기독교인들의 삶의 근거이며 지표인 성경의 형성과 역사를 배움으로 더욱더 하나님 말씀을 사랑하게 되기를 바란다.